Dr. Edmund Chein, M. D.

Zurück in die Jugend

Dr. Edmund Chein, M. D.

Zurück in die Jugend

Mit Vollgas bis 100
oder
Wie man immer jünger bleibt

Mit einem Vorwort von
Dr. med. Peter Ivanits

HERBIG
Gesundheitsratgeber

Aus dem Amerikanischen übersetzt von Gitta Mohrdieck

Gedruckt auf chlorfrei gebleichtem Papier

Die amerikanische Originalausgabe erschien unter dem Titel
»Age Reversal«

Umschlag: Wolfgang Heinzel
Satz: Walter Typografie & Grafik, Würzburg
Gesetzt aus: 11/13 Optima
Druck: Jos. C. Huber KG, Dießen
Binden: R. Oldenbourg, Kirchheim
Printed in Germany
ISBN 3-7766-2125-7

Inhalt

Vorwort: Die vorbeugende Hormontherapie – Eine Kampfansage an das Altern

Solange wir zurückdenken können, haben sich Menschen mit dem Älterwerden beschäftigt, und sie haben sich nie damit abfinden können. Immer wieder suchten sie Wege, Körper und Seele ewig jung zu erhalten und die Natur, das Schicksal oder die Vorsehung zu überlisten. Wie das Rad der Zeit zurückgedreht werden könnte, hat allerdings bisher niemand herausgefunden.

Der »Alterungsprozeß« ist neu definiert worden

Die Fortschritte der modernen Medizin ermöglichen es uns inzwischen, die Mechanismen des Alterns besser zu verstehen. Eine neue Definition des Alterungsprozesses ist entstanden und eröffnet neue Perspektiven. Altern kann als ein Komplex von Mangelerscheinungen begriffen werden, und es ist durchaus möglich, sie auszugleichen und damit ihre Folgen zu bekämpfen.

Die Anti-Aging-Medizin

Die Anti-Aging-Medizin beruht auf eben dieser Annahme. Sie ist eine Errungenschaft von Theorie und Praxis der letzten Jahre, und sie könnte sich als der lange gesuchte Jungbrunnen erweisen. Einer der Pioniere dieser Medizin ist Dr. Edmund Chein, der Autor dieses Buches.

Seine Theorie ist einfach und einleuchtend. Wenn wir versuchen, uns vorzustellen, wie sich unser Körper im Laufe der Jahre verändert, wird uns bewußt, wie sehr er mit der Zeit seine Aktivität und Leistungsfähigkeit verliert. Die Elastizität der Haut nimmt ab, wir bekommen Falten, und unser Aussehen verändert sich. Die körperliche und geistige Kraft läßt nach. Irgendwann sterben wir.

Unzählige Zellen in unserem Körper reagieren auf Informationen

In unserem Körper wirken unzählige Zellen, sie sind winzige Energieträger, die auf die Informationen reagieren, die sie erhalten. Alle sieben Jahre erneuern sie sich, eine neue Zellgeneration übernimmt die Arbeit in unserem Körper.

Warum aber erneuert sich nicht auch die Energie, die wir brauchen, um jung und aktiv zu bleiben? Woher wissen die neuen Zellen, wie alt wir biologisch sind? Warum funktionieren sie in späteren Jahren nicht mit der vollen Kraft zwanzigjähriger junger Menschen?

Der Pionier Dr. Edmund Chein

Edmund Cheins Theorie beruht auf Erkenntnissen, die in der Medizin nicht ganz neu sind. Die Informationen über den Alterungsstatus, die die Zellen erhalten, sind gekoppelt an den Status aller Hormone, die in unserem Körper vorhanden sind. In Laufe der Jahre läßt die Hormonproduktion nach, und niedrige Hormonspiegel sind für die Zellen das Zeichen, daß der Körper gealtert ist. Entsprechend »alt« reagieren sie.

Das Altern ist eine Mangelerscheinung

Dr. Chein fragte sich folgerichtig, was passieren würde, wenn man durch die Anhebung der Hormonspiegel den Zellen signalisierte, sie müßten wieder wie bei Zwanzig- bis Dreißigjährigen funktionieren. Er behandelt das Altern wie eine Mangelerscheinung.

Daß der Alterungsprozeß mit dem Hormonspiegel zusammenhängt, ist in der Medizin seit längerem kein Geheimnis mehr, wurde jedoch bis vor kurzem meist ignoriert. Das Gleichgewicht aller Hormone im Körper wurde nicht beachtet. Patienten, die wegen ihrer Beschwerden einen Arzt aufsuchen, machen die Erfahrung, daß immer nur die Hormone bestimmt werden, die zu ihrem jeweiligen Beschwerdebild passen. Danach werden sie behandelt. Kaum jemand hat aber bisher die Erfahrung gemacht, daß ein Arzt schon als Vorbeugemaßnahme den Gesamthormonstatus im Labor überprüfen läßt oder gar eine präventive Hormonsubstitution empfiehlt, wenn noch keine akuten Beschwerden aufgetreten sind.

Wie oft gehen wir zum Arzt und klagen über Erschöpfung und Antriebslosigkeit! Wir sind frustriert, weil wir nicht mehr alles so leicht bewältigen wie vor Jahren noch. Wenn wir keine ernsthaften Beschwerden oder Schmerzen haben, werden die meisten Ärzte unsere Klagen abtun mit der Bemerkung: »Sie werden eben älter, da kann man nichts machen.« Vielleicht werden dann ein paar Vitamine oder Mineralstoffe verschrieben, und wir sind entlassen.

Auch Sie können Ihr jugendliches Aussehen und Ihre Energie behalten

Dr. Chein hingegen fordert seine Patienten auf, sich mit diesem Zustand nicht abzufinden, sondern dagegen anzukämpfen. Er hat eine einfache Methode entwickelt, wie wir unsere Energie und Leistungsfähigkeit, unseren Körperbau und unser Aussehen erhalten und erneuern und auch die Potenz steigern können, ohne Risiken einzugehen. Dr. Chein gleicht das Niveau aller Hormone mit einem Cocktail aus naturidentischen Hormonen aus. Er konzentriert sich nicht nur auf jene, deren Mangel bereits Funktionsstörungen in unserem Körper hervorgerufen hat, sondern auf alle anderen

auch, deren Produktion zwar zurückgegangen ist, aber deren Mangel noch keine Beschwerden hervorgerufen hat.
Er praktiziert eine Präventivmedizin, die beginnt, wenn der Patient – in diesem Zusammenhang ist die Bezeichnung »Patient« eigentlich gar nicht angebracht – noch gesund ist, sich jedoch den Folgen des Alterns gar nicht erst aussetzen möchte.

Die Wirkung zeigt sich schon nach wenigen Wochen

Die Haut wird straffer, Falten verschwinden, der Körper verliert Fett, Depressionen verschwinden

Die Wirkung der Behandlung zeigt sich erstaunlich schnell. Schon nach drei bis vier Wochen erlebt man einen Energieschub. Das Aussehen beginnt sich zu verändern, die Haut wird straffer, Falten gehen zurück. In der Folgezeit verliert der Körper Fett und baut gleichzeitig Muskeln auf. Depressionen und Stimmungsschwankungen verschwinden. Das Gleichgewicht von Seele und Körper wird wiederhergestellt. Wenn der Körper funktioniert, fühlt sich die Seele wohl. Fühlt sich die Seele wohl, funktioniert der Körper besser.
Die Wirkungen der präventiven Hormonsubstitution, aber auch die Behandlungserfolge bei ernsthaften Erkrankungen wie der Osteoporose, der Arthritis und anderen Krankheiten, werden in diesem Buch ausführlich dargestellt.

Das European Life Extension Institute

Ich entschloß mich sofort, dieses Buch herauszugeben, sobald ich es in Händen hielt. Ich bin Facharzt für Orthopädie und praktiziere seit fünfzehn Jahren eine ganzheitliche Medizin, die die Prävention mit einschließt. Bei meiner intensiven Beschäftigung mit der Behandlung von Osteoporose stieß ich zum ersten Mal auf Berichte, die die schnelle positive Wirkung des Wachstumshormons und des Testosterons bei der Osteoporosebehandlung beschrieben. Dabei entdeckte ich auch die Publikationen Dr. Cheins, in denen er ein totales Hormonsubstitutions-Programm propagierte.

Hormonsubstitution hilft auch gegen Osteoporose

Neugierig geworden, nahm ich Kontakt zu ihm auf. Den ersten Diskussionen über wirksame Behandlungsmethoden bei Osteoporose und anderen Knochenerkrankungen folgten mehrere längere Aufenthalte in seinem »Palm Springs Life Extension Institute«. Dabei lernte ich nicht nur die dort angewandte Therapie kennen. Ich hatte auch Gelegenheit, mit etlichen Patienten zu sprechen. Sie alle berichteten von positiven Behandlungsergebnissen. Ihre Krankheiten verschwanden, sie wurden wieder gesund und müssen keine Medikamente mehr nehmen. Für sie hat ein neuer, »jüngerer« – und damit auch glücklicherer – Lebensabschnitt begonnen.

Interessant waren für mich aber auch die Patienten, die an dem Programm teilnahmen und zur Auffassung gelangten, daß die Hormonsubstitution als eine Art Lebensstil zu begreifen sei. Diese Menschen wollen nicht abwarten, bis sie krank werden, um sich dann behandeln zu lassen. Sie wollen gesund und energiegeladen ein höheres Alter erreichen. Die meisten waren fünfzig Jahre und älter, manche aber auch weit jünger. Sie kamen ursprünglich wegen Funktionsstörungen verschiedener Art in das Institut, doch ihre Probleme schwanden schnell.

Am Palm Springs Life Extension Institute beteiligen sich zur Zeit etwa 3 500 Personen an dem totalen Hormonsubstitutions-Programm. Dr. Chein spricht bewußt von einem Programm und nicht von einer Therapie, weil er Gesunde behandelt und keine Kranken. Selbstverständlich aber ist die Hormonsubstitution auch für Kranke eine kräftige Unterstützung ihres Immunsystems.

Auch in Deutschland, Österreich und der Schweiz wird die Hormonsubstitution angeboten

In Europa wird dieses Programm erstmalig im European Life Extension Institute in Frankfurt am Main angeboten, das eng mit dem amerikanischen Institut zusammenarbeitet. Auch in Österreich und der Schweiz wird dieses Programm bereits angeboten.

Altern ist eine Mangelerscheinung, der man vorbeugen kann. Das totale Hormonsubstitutions-Programm ist die Präventivmedizin der Zukunft, die wir schon heute praktizieren, damit Menschen länger, gesünder und zufriedener leben können.

Dr. med. Peter Ivanits

1 Das Prinzip des hormonellen Gleichgewichts

Ein kleiner Junge steht auf einem Spielplatz und ist gefesselt von einer leuchtend roten Wippe, deren eines Ende den Boden berührt, während das andere nach oben zeigt. Aufgeregt rennt der Junge hin, setzt sich auf das niedrige Ende und … nichts passiert. Er steht auf, er springt auf, er lehnt sich vor und zurück, und nichts geschieht. Schließlich bemerkt ein älteres Kind sein Problem und klettert auf die andere Seite der Wippe. Aber dieses Kind ist viel schwerer, und der kleine Junge hängt nun in der Luft. Dieses wundervolle leuchtend rote Ding funktioniert einfach nicht.

Eine gesunde Lebensweise reicht allein nicht aus, um sich wohl zu fühlen

Wenn wir uns nicht gut fühlen, sind wir genauso frustriert wie der Junge auf dem Spielplatz. Etwas in uns funktioniert nicht so, wie es sollte. Wir versuchen es mit einem Konditionstraining oder einer Diät, aber das hilft nicht. Auch eine spezielle Ernährung oder mehr Schlaf, worauf manche Leute schwören, sind nur Teile einer umfassenderen Lösung, die das Gleichgewicht in unserem Körper wiederherstellen soll. Ein Gleichgewicht ohne Erschöpfung, mit dem wir uns einfach wohl fühlen und das unsere Gefühle steuert. Verschiedene Faktoren können bewirken, daß unser Körper aus dem Gleichgewicht gerät wie jene Wippe.

Unsere Lebensweise, ob wir aktiv sind, wie wir uns ernähren, ob wir rauchen und trinken oder nicht, beeinflußt unser »Gleichgewicht«. Aber auch eine absolut gesunde Lebensweise ohne schlechte Gewohnheiten bewahrt uns nicht vor einem Ungleichgewicht, wenn wir älter werden. Wir leiden unter Erschöpfung, Krankheiten, mangelndem Enthusiasmus, und unser Gedächtnis läßt uns im Stich. Was aber können wir – die alternde Bevölkerung – tun, wie können wir auf der Wippe spielen, wie unseren Körper zurück ins Gleichgewicht bringen?

Das Problem heißt Gleichgewicht

Ist das Gleichgewicht gestört, funktioniert der Körper nicht mehr richtig

Im »Gleichgewicht gehalten« wird unser Körper vom endokrinen System. Es besteht aus Drüsen, die Hormone produzieren und in den ganzen Körper aussenden. Die Hormone wiederum lenken die Zellaktivitäten des Körpers. Wenn irgendein Hormonspiegel zu niedrig oder zu hoch ist, funktioniert unser Körper nicht so, wie er sollte. Die Funktionsweise der Hormone könnte man mit den Schmierstoffen vergleichen, die ein Auto braucht. Der Ölstand darf nicht zu niedrig sein, sonst geht der Motor kaputt. Auch zu viel Öl schädigt die Maschine, und am Ende muß man einem Mechaniker für die Behebung des Schadens viel Geld bezahlen.

Das körperliche Ungleichgewicht

Bei einem körperlichen Ungleichgewicht nehmen wir zu und sind oft erschöpft, der Sexualtrieb schläft ein, und wir verlieren unsere Begeisterungsfähigkeit. Außerdem können ernstere Erkrankungen wie Diabe-

tes, koronare Herzkrankheiten, Schlaganfälle, Krebs und Fettleibigkeit auftreten.
Für ein hormonelles Ungleichgewicht können unterschiedliche Aspekte unserer Lebensweise verantwortlich sein. Der Hormonspiegel verändert sich, wenn wir nicht gut schlafen, nicht ordentlich essen und wenn wir krank oder inaktiv sind. Die Probleme wachsen mit den Jahren. Je älter wir werden, desto niedriger ist unser Hormonspiegel, und es herrscht die Meinung, das gehöre zum Altern einfach dazu. Neuere Studien revidieren diese Ansicht. Unser Hormonspiegel sinkt nicht, weil wir altern: Wir altern, weil unser Hormonspiegel sinkt! Der Prozeß beginnt etwa mit 30 Jahren. Meistens aber sind die Folgeerscheinungen dieser allmählichen Abnahme zunächst so subtil, daß wir nicht darauf achten, bis wir 40 oder 50 sind.

Ein Hormonmangel läßt uns altern

Dann merken wir, daß wir trotz einer gesunden Lebensweise weniger Energie als früher haben, wir nehmen zu, bekommen graue Haare und entdecken Falten auf unserer vorher glatten Haut. Das sind Anzeichen eines schwächer werdenden Systems, die Haut wird dünner, der Stoffwechsel ist weniger wirksam, die Knochen werden spröder – alles das wird hervorgerufen von zu niedrigen Hormonspiegeln im Körper. Hormonmangel schwächt zudem die Organe, erhöht den Spiegel der Triglyceriden und des LDL (Low Density Lipoprotein – ein schlechtes Cholesterin), senkt den Spiegel des HDL (ein gutes Cholesterin) und erhöht das allgemeine Krankheitsrisiko.

Verjüngung der Hormonspiegel

Es gilt also, die Wippe auszubalancieren, die Hormone, deren Spiegel gesunken ist, müssen substituiert werden. Ab einem gewissen Alter reicht nämlich eine

Ältere Menschen können genau so viel Spaß an Sexualität haben wie junge Menschen

Änderung der Gewohnheiten allein nicht mehr aus, um optimale Hormonspiegel aufrechtzuerhalten. Seit einigen Jahren greifen darum immer mehr Menschen zu Pillen, Pulvern, Cremes oder Injektionen, um ihre Hormonspiegel so zu »verjüngen«, daß sie denen von 20- bis 30jährigen gleichen. Die Resultate sind überwältigend! Plötzlich haben die sogenannten älteren Bürger genausoviel Energie und Elan wie 25jährige. Ihre Libido erwacht aufs neue und bringt Schwung in ihr Sexualleben, Falten und graue Haare gehen zurück, sie verlieren Gewicht und entwickeln Muskeln, und als Krönung verschwinden ihre Alterskrankheiten. Diese Menschen gewinnen eine neue, positive Einstellung zum Leben, und scheinbar können sie den Alterungsprozeß stoppen und ihn in einigen Fällen sogar umkehren, und zwar allein dadurch, daß sie ihren Körper mit wesentlichen Grundstoffen auftanken. Im Krieg gegen die Zeit scheinen sie gegen das Altern gerüstet zu sein.

Auch seinen Körper kann man mit »Kraftstoff« auftanken

Die Bestandteile unserer inneren Wippe

DHEA

Dieses »Superhormon« wird im Gehirn und in der Nebennierenrinde produziert und spielt eine Rolle bei der Synthese anderer Hormone wie Testosteronen, Östrogenen und Progesteronen. DHEA stärkt die Antriebskräfte, weckt den Sexualtrieb, verbessert das Gedächtnis, senkt den Cholesterinspiegel im Blut, bekämpft Fettleibigkeit, Herzkrankheiten und Streß und stärkt das Immunsystem. Die Öffentlichkeit erfuhr von den wunderbaren Wirkungen dieses Hormons durch die Berichterstattung in den Medien.

Dort erzählten etliche Leute, daß sie auf einmal jünger aussehen und sich um Jahre jünger fühlen. DHEA kann so positiv auf verschiedene Organe und Systeme einwirken, weil dieses Steroidhormon im Körper am reichlichsten vorhanden ist. Als das alles bekannt wurde und DHEA ohne Rezept zu bekommen war, gewann es schnell eine große, treue Fangemeinde.

DHEA ist ein neuer »Vertrag mit dem Leben«

»Die Leute sagen, ich sehe besser aus, und ich fühle mich besser – es ist ein neuer Vertrag mit dem Leben … Alles ist merklich besser – mein Cholesterin sank von 195 auf 150 (übrigens ist es jetzt bei 100). Das Verhältnis meines HDL zu LDL war eines der besten, die mein Arzt je sah.« *Bob Jones*

»Dies könnte meine Antwort darauf sein, warum ich niemals ein Facelifting brauchen werde.« *Edna Popov*

Pregnenolon

Während viele Hormone in unserem Körper die physischen Bedürfnisse bedienen, versorgt Pregnenolon das Gehirn. Es kann positiv auf das Gedächtnis und die Konzentrationsfähigkeit einwirken und psychische Erschöpfungszustände bekämpfen. Patienten berichteten außerdem, daß sich ihre Stimmung verbessert hätte und daß sie streßresistenter als vorher seien. Wie DHEA ist Pregnenolon ein steroides Hormon, das im Gehirn und in der Nebennierenrinde produziert wird.

Pregnenolon hilft gegen Streß und Erschöpfung

»Energie und das Gefühl zu haben, die Dinge bewältigen zu können, wie man es mit zwanzig hat – das befriedigt mich möglicherweise am meisten bei dieser ganzen Sache.« *Bob Jones*

Östrogen

Östrogen ist das am häufigsten verschriebene Medikament der Vereinigten Staaten. Es gibt keine Akzeptanzprobleme, und man setzt es seit 40 Jahren in der Hormonsubstitution ein.

Östrogene wirken gegen Osteoporose, Alzheimer, Schlaganfall und Herzkrankheiten

Gebildet wird es in den weiblichen Sexualorganen, und es beeinflußt sie. Weil Östrogene schon so lange eingesetzt werden, haben wir konkrete Langzeitresultate – im Gegensatz zu den Hormonen, die man erst seit kurzem substituiert. Östrogene wurden zunächst den Frauen verabreicht, die Probleme mit postmenopausalen Symptomen hatten, aber dann entdeckte man, daß sie auch vor Herzkrankheiten und Osteoporose schützen – zwei häufig auftretenden Altersbeschwerden. Zudem verlängert die Östrogensubstitution das Leben nachweislich um mehr als drei Jahre, reduziert das Risiko tödlicher Herzanfälle, Schlaganfälle oder von Hüftbrüchen um 50 %, und es gibt deutliche Hinweise darauf, daß die Östrogensubstitution die Alzheimerkrankheit verhindern könnte.

»Es erhält mein Gewicht, ich habe die Energie von vor 20 Jahren, und es bewirkt, daß ich rausgehen und trainieren möchte.«
Jacque Bray

Progesteron

Die Östrogensubstitution allein reicht aber nicht aus, um Frauen vor postmenopausalen Symptomen und Knochenerkrankungen zu schützen. Heute enthalten darum die meisten Östrogenpräparate ein weiteres lebenswichtiges weibliches Hormon – das Progesteron. Auch das ist ein steroides Hormon, das in den weiblichen Sexualorganen produziert wird und dessen

Spiegel stark schwankt, wenn eine Frau die Menopause erreicht.
Tatsächlich beruht ein Großteil des Unbehagens, das Frauen empfinden, darauf, daß ihre Östrogen- und Progesteronspiegel aus dem Gleichgewicht geraten. Seit einigen Jahren gibt es Kombinationspräparate von Östrogenen und Progesteronen, die gegen Brustkrebs schützen und das Körperfett reduzieren sollen. Das Gleichgewicht von Östrogenen und Progesteronen stellt die Sexualfunktionen und die Libido wieder her, reduziert das Körperfett, verbessert die Stimmung und die Hautbeschaffenheit und schärft den Verstand.

Durch Progesteron verliert man an Körperfett und bekommt eine stärkere Libido

»Ich bemerkte, daß die Falten in meinem Gesicht allmählich verschwanden und daß die Struktur meiner Haut weit besser ist als seit vielen Jahren.«

Jacque Bray

Testosteron für Frauen

Neben dem Progesteronspiegel sollte bei Frauen auch der Testosteronspiegel substituiert werden. Obwohl man es gewöhnlich eher für ein männliches Hormon hält, spielt Testosteron eine wichtige Rolle im weiblichen Körper, vor allem bei der Steuerung der Libido. Ohne einen optimalen Testosteronspiegel ist der weibliche Körper nicht ganz im Gleichgewicht, denn gemeinsam mit den Östrogenen erfüllen die Testosterone viele wichtige Funktionen. In ihrer Rolle als Helfer bei Problemen in der Menopause beleben sie den Sexualtrieb der Frau neu, sorgen für die Knochendichte, kurbeln die Energie an, bauen Depressionen ab und wirken als Schutz gegen Autoimmunkrankheiten wie der rheumatoiden Arthritis und dem Lupus. Der Testosteronspiegel sollte weder

Testosterone beleben die Libido der Frau in der Menopause

bei Männern noch bei Frauen außer Acht gelassen werden.

»Zuerst bemerkte ich nach ungefähr einem Monat, daß ich mehr Energie hatte. Die Lebensqualität verbessert sich, weil man sich gut fühlt und zufrieden mit sich ist ... Man beginnt, sich anders zu verhalten und möchte aktiv sein, und man möchte rausgehen und das Leben wieder genießen.« *Kathy Pickett*

Testosteron für Männer

Was die Menopause bei der Frau ist, ist die Andropause beim Mann

Obwohl die Östrogensubstitution bei Frauen seit 40 Jahren eine Banalität ist, wird die Testosteronsubstitution bei Männern erst in jüngster Zeit stärker akzeptiert. Der Menopause der Frau entspricht die »Andropause« beim Mann. Ungefähr mit 17 beginnt der Testosteronspiegel zu sinken. Im »mittleren Alter« führt das zu einem Nachlassen der Körperkraft und zum Verlust des sexuellen Interesses oder der Sexualfunktion. Wenn dieses Hormon substituiert wird, können Männer Muskeln bilden, ihre Impotenz bekämpfen, ihr Geschlechtsleben wiederbeleben und das Allgemeinbefinden verbessern. Nachweislich senkt Testosteron den Cholesterinspiegel, reduziert das Körperfett, schützt gegen Herzkrankheiten, erhält die Knochen kräftig und ist eine gute Vorbeugung gegen Osteoporose.

Die Impotenz kann bekämpft werden

»Ich spürte wieder diese alte Erregung, das alte Verlangen und die Potenz, die mit diesem Verlangen harmonierte. Die Wirkung auf die Libido war ein unerwartetes Glück.« *Ron Fortner*

»Ich habe endlich meinen Mann wieder ... Und er ist jung, und er ist verspielt.« *Kathy Pickett*

Das Schilddrüsenhormon

Das Schilddrüsenhormon ist für den Energiehaushalt verantwortlich

Wie der Name sagt, wird dieses Hormon in der Schilddrüse produziert, der größten endokrinen Drüse, die am Hals sitzt. Dieses Hormon liefert den Kraftstoff für viele Funktionen des gesamten Körpers, es steuert die Körpertemperatur und den Energiehaushalt.

Wenn die Schilddrüse zu viele Hormone produziert, führt das zu Hyperaktivität und einem andauernden Wärmegefühl. Das andere Extrem erleben die meisten Menschen, wenn sie älter werden – einen drastischeren Energieabfall und eine deutliche Gewichtszunahme, weil die Aktivität der Schilddrüse mehr und mehr abnimmt. Patienten, deren Schilddrüsenhormone substituiert wurden, berichten, daß sie so viel Energie haben wie seit Jahren nicht mehr und daß ihre Körpertemperatur konstanter ist. Nachweislich stärkt das Schilddrüsenhormon auch das Immunsystem.

> *»Ich war erschrocken, festzustellen, daß, mein Gott – Ich fühle mich wie eine neue Frau! Ich habe eine überbordende Energie, es gibt gar nicht genug für mich zu tun!«*
> *Edna Popov*

Melatonin

Melatonin ist nicht nur ein natürliches Schlafmittel

Melatonin wird in der Zirbeldrüse im Gehirn produziert. Es ist das erste Hormon, das Schlagzeilen als Anti-Aging-Medizin machte. Neue Erkenntnisse, auch über seine Fähigkeit, den Alterungsprozeß umzukehren, machten es möglich, Altern als Krankheit zu betrachten und nicht für unvermeidlich zu halten.

Damit wurde eine Tür geöffnet, und man konnte den Nutzen weiterer Hormone entdecken. Melatonin kann das Leben verlängern und Alterserscheinungen aufheben, weil es die Zirbeldrüse, die als Alterungs-

Melatonin wirkt lebensverlängernd

Uhr des Körpers fungiert, »zurückstellen« kann. Melatonin reguliert unseren zirkadianen Rhythmus, indem es für einen regelmäßigen Schlaf sorgt und zum Beispiel den Jetlag bekämpft. Dieses Hormon fungiert außerdem als Antioxydationsmittel, das unser Immunsystem stärkt und gegen Streß, Krebs und Herzkrankheiten schützt. Menschen, die Melatonin genommen haben, berichten von einem wiederbelebten Sexualleben und mehr Energie.

> *»In den ersten dreißig Tagen begann ich, besser zu schlafen.«*
> *Bob Jones*

Das menschliche Wachstumshormon

Nach der Entdeckung von Melatonin und DHEA in den letzten Jahren richtete sich das Interesse nun auf das menschliche Wachstumshormon (HGH), und Wissenschaftler wie Patienten sind begeistert von der Wirkung. Das HGH wird in der Hypophyse gebildet und kontrolliert das Wachstum des gesamten Körpers. Es ist das mächtigste aller Hormone, weil es fast jedes Körpersystem beeinflußt, mit sehr schnellen, dynamischen Resultaten. Das HGH kann die Hormonproduktion und deren Ausschüttung stimulieren und anderen Hormonen im Körper zu ihrem optimalen Spiegel verhelfen. Und es besitzt eine Fähigkeit, die kein anderes Hormon hat – das HGH kann den biologischen Alterungsprozeß umkehren. Es kann ein sterbendes Herz wiederbeleben, Nierenversagen verhindern, und nachweislich läßt es Organe nachwachsen, einschließlich des Herzens, der Nieren, der Leber, der Milz und der Thymusdrüse, die wesentlich für

HGH kann den biologischen Alterungsprozeß umkehren

die Funktionen des Immunsystems ist. Das HGH kurbelt das Immunsystem an, indem es die T-Zellen reaktiviert. Es kräftigt das Herz, bekämpft die zerstörerischen Auswirkungen von Streß, unterstützt die Nieren und erhält jede Zelle so gesund wie möglich, indem es der DNS dabei hilft, sich selbst zu reparieren.

Das HGH kontrolliert das kindliche Wachstum und auch das in der Pubertät, und seit Jahren wird Kindern mit einem HGH-Defizit eine Substitutions-Therapie verschrieben. Wegen seiner unglaublichen Wirkungen wird das HGH nun auch als Anti-Aging-Medizin eingesetzt, mit der man voller Energie jung bleiben kann. Patienten, deren HGH-Spiegel aufgesättigt wird, bis er dem von 20jährigen entspricht, entwickeln Muskeln, verlieren Körperfett, berichten von einer verbesserten Potenz, haben einen niedrigeren Blutdruck und Cholesterinspiegel. Ihre Haut sieht jünger aus und hat weniger Falten. Manchmal wächst das Haar nach oder bekommt seine natürliche Farbe wieder; sie schlafen besser, haben ein besseres Gedächtnis und eine positivere Einstellung zum Leben. Altersbedingte Probleme mit der Sehkraft verschwinden.

Sogar Ihr Haar kann wieder nachwachsen

»Ich kann diese Erklärung ehrlich abgeben, und es ist eine sehr große, mutige Erklärung, wenn ich sage, … Ich glaube nicht, daß ich noch am Leben wäre ohne HGH. Aber ich bin am Leben, voller Vergnügen, und fühle mich hervorragend.« *Edna Popov*

»Das Beste, was dieses Programm bewirkt hat, ist mein Wohlbefinden. Ich werde nicht krank wie früher. Ich habe eine unbeschreibliche Energie, meine Libido ist die eines 25jährigen, und ganz allgemein habe ich das

Gefühl, daß sich das, was ich tue, harmonisch in meiner ausgezeichneten Gesundheit ausdrückt.« Ron Fortner

Erkenntnisse über das HGH

Die Erkenntnisse über das HGH sind neu und aufregend, und dieses Buch konzentriert sich auf die Funktionen und den Nutzen dieses besonderen Hormons. Die Kombination mit anderen Hormonen, ein umfassendes Verjüngungs-Hormontherapie-Programm, könnte der Weg zu einer jüngeren, gesünderen, energiegeladeneren Bevölkerung sein, die ein produktives, glückliches Leben führen könnte, bis über ein Alter von 100 Jahren hinaus. Tatsächlich ist das HGH der Schlüssel zum Jungwerden oder zum Jungbleiben.

Der Schlüssel zum Jungwerden und Jungbleiben heißt HGH

Das Streben nach dem langen Leben und guter Gesundheit

Ein langes Leben und besonders eine lange Jugend sind seit vielen tausend Jahren Symbole der Macht. Seit alters her haben Menschen nach einem Weg gesucht, ewig zu leben – unsterblich zu werden. Für manche Kulturen lag die Unsterblichkeit in einem Elixier der Götter. Uralte chinesische Mythen erzählen von einem Pfirsich der Götter, der ewiges Leben verleiht, wenn man ihn ißt. Andere glaubten, sie würden ewig leben, wenn sie das Blut anderer Menschen trinken.

Schon Alexander der Große war auf der Suche nach dem Jungbrunnen

Alexander der Große ging vermutlich nach Indien, um nach dem legendären Fluß des unsterblichen Lebens zu suchen. Und wer kennt nicht Ponce de Leon, den unglücklichen spanischen Forscher, der nach dem Jungbrunnen suchte, einer magischen Quelle, die allen, die in ihr badeten, Jugend und Gesundheit wiedergeben sollte. Der Brunnen wurde nicht entdeckt, aber Ponce de Leon stieß statt dessen auf Florida und die Bahamas. Ironie des Schicksals: Er starb später an einer Wunde, die er sich in Florida zugezogen hatte.

In unserer modernen Welt suchen wir nicht mehr nach Jungbrunnen auf geheimnisvollen Inseln, sondern nach einer Medizin, die uns helfen soll, länger zu leben. 1796 überprüfte Edward Jenner seine Theorie, daß der Kuhpocken-Virus Immunität gegen den Pockenvirus liefern könnte und fand so den ersten Impfstoff. 150 Jahre später entdeckten Albert Sabin und Jonas Salk Impfstoffe gegen Polio, und viele andere tödliche Krankheiten sind auf diese Weise zurückgedrängt worden. Impfstoffe sind die magischen Elixiere des frühen zwanzigsten Jahrhunderts.

Impfstoffe sind die magischen Elixiere des frühen zwanzigsten Jahrhunderts

Auch die medizinische Technologie trug mit der Entwicklung von Antibiotika, Mikro- und Laserchirurgietechniken, Organtransplantationen und künstlichen Organen dazu bei, das Leben zu verlängern. Sie ist hilfreich bei unserer Suche nach der Jugend und dem langen Leben. Tatsache ist, daß Menschen heute älter werden. 1900 lag die durchschnittliche Lebenserwartung für einen Mann bei 47 Jahren, 1985 bei 74,7 Jahren, Tendenz steigend. Aber nicht nur die Lebenserwartung ist gestiegen, sondern auch die Lebensqualität hat sich verbessert. Heute können Menschen bis ins »hohe Alter« psychisch und physisch gesund bleiben. Die Technologie hat sich mit blitzartiger Geschwindigkeit entwickelt, und unsere Fähigkeiten und unser Wissen sind auf einem solch hohen Niveau, daß schon in naher Zukunft die Vorstellung, 120, 150 oder 175 Jahre alt zu werden, nicht länger nur den Phantasien von Wissenschaftlern entspringt. Bereits in einer Generation kann das Realität sein!

Es ist gut möglich, daß die nächste Generation weit über 100 Jahre alt wird

Um den jüngsten Durchbruch in der Forschung über Langlebigkeit und die Hormon-Revolution zu verstehen, müssen wir zunächst begreifen, wie unser Körper funktioniert. Statt trügerische, imaginäre und magische Elixiere zu verwenden, werden Hormone eingesetzt – natürliche Bestandteile des Körpers, die konstant unsere Gesundheit und unser Wohlbefinden sichern.
Was also sind diese mystischen Hormone? Und warum sind sie so wichtig für einen gesunden Körper?

Hormone: die magischen Botenstoffe

Das endokrine System und das Nervensystem haben ähnliche Funktionen

Hormone, chemische Botenstoffe auf der Basis von Aminosäuren und Cholesterin, sind Bestandteile des endokrinen Systems des Körpers. Das endokrine System und das Nervensystem erfüllen eine ähnliche Funktion – die Übertragung von Informationen und Befehlen vom Körper zum Gehirn und wieder zurück zum Körper.
Das Nervensystem ist sehr schnell, gewöhnlich kontrolliert es unmittelbare Reaktionen wie die Muskelkontraktionen im Bein beim Gehen. Das endokrine System hingegen ist viel langsamer und steuert Prozesse wie den Stoffwechsel und das Zellwachstum.

Das griechische Wort »hormaein« bedeutet »in Bewegung setzen«

Während das Nervensystem seine Informationen überträgt, indem es ein System von Signalen durch ein komplexes Netzwerk von Nerven im Körper schickt, benutzt das endokrine System Hormone. Der Begriff Hormon stammt von dem griechischen Wort »hormaein« – in Bewegung setzen. Das genau ist die Aufgabe der Hormone in unserem Körper – alle biologischen Funktionen in Bewegung zu setzen, die uns gesund erhalten.

Das Informationssystem des Körpers

Die Schlüsselorgane des endokrinen Systems sind die Drüsen im ganzen Körper, die spezifische Hormone in den Blutkreislauf abgeben. Zwei der Hauptdrüsen sind die Zirbeldrüse und die Hypophyse, beide sitzen im Gehirn und geben Melatonin und das HGH ab. Die Gonaden – die Eierstöcke und die Hoden – sind Drüsen, die Sexualhormone freisetzen. Die Hormone sind die »Boten«. Sie befördern Informationen vom Gehirn zu jedem Teil des Körpers. Die Zielzellen empfangen das Hormon, und dadurch wird eine bestimmte Zellaktivität ausgelöst – zum Beispiel die Produktion und Replikation von Proteinen oder die Reparatur der Zelle. Solche Befehle gehören zu den Reaktionen des Körpers auf seine Umgebung und seine aktuelle Situation. Zusammen vermitteln die Hormone dem Körper, wie er zum Beispiel reagieren soll, wenn man erschrocken, müde oder krank ist.

Hormone sind Boten, die Informationen weitertragen

Bei der Kontrolle der Zellaktivitäten erstatten die Hormone Rückmeldung an die Drüsen und zeigen an, ob der Körper mehr oder weniger Hormone braucht. Dadurch werden verschiedene Hormone »abgestellt« und auf einem optimalen Spiegel gehalten, damit sie auf keinen Fall ein gefährliches Niveau erreichen.

Ein gesundes, gut funktionierendes, ausgewogenes endokrines System achtet auf Infektionen im Körper, bekämpft Erschöpfung und Streß und sorgt im Grunde dafür, daß alles glatt läuft. Umgekehrt kann eine Unausgeglichenheit im endokrinen System zu vielen Funktionsstörungen führen, von Reizbarkeit bis zu Diabetes. In diesen Fällen produzieren die Drüsen von einem spezifischen Hormon entweder zu wenig oder zuviel, was negative physische Antworten hervorruft.

Die meisten Hormone werden von den endokrinen Drüsen produziert, gemeinsam bilden sie das endokrine System

Das hormonelle Gleichgewicht: Theorie und Praxis

Die Östrogensubstitution für Frauen in der Menopause

Durch einen Ausgleich des Hormonspiegels werden Funktionsstörungen behoben

Viele Funktionsstörungen werden heute behandelt, indem einfach die individuellen Hormonspiegel ausgeglichen werden. Das ist allgemeine Praxis, vor allem bei der Östrogensubstitution für Frauen in der Menopause. Frauen haben damit nicht nur ein Mittel gegen Hitzewallungen und andere Begleiterscheinungen der Menopause, sondern ihr sexueller Antrieb erwacht wieder, und ihre Energie kehrt zurück. Bereits seit über 40 Jahren haben Frauen positive Erfahrungen mit der Wiederherstellung ihres hormonellen Gleichgewichts gemacht.

Auch Diabetes ist eine Funktionsstörung

Eine ähnliche Behandlung wird bei Diabetes angewendet. Unsere Nahrung wird in einen Glukose genannten Zucker zersetzt, der als Hauptkraftstoff des Körpers fungiert. Die Glukose wird ins Blut abgegeben und mit Hilfe des Hormons Insulin von den Körperzellen absorbiert. Diabetes ist eine Funktionsstörung, die auftritt, wenn die Bauchspeicheldrüse, das Organ, das Insulin produziert, geschädigt ist und der Körper nicht genug Insulin hat, um die Glukose völlig zu absorbieren. Bei einer weiteren Form der Diabetes kann der Körper das Insulin, das produziert wird, nicht benutzen. In beiden Fällen bleibt die Glukose im Blut, und die Nieren müssen besonders hart arbeiten, um den überschüssigen, nicht verwendeten Zucker zu filtrieren. Betroffene müssen oft urinieren, sind hungrig und durstig und in einem körperlich geschwächten

Zustand, weil ihr Körper die Energie der Nahrung nicht nutzen kann. Diabetes kann langfristig zu allen möglichen Komplikationen wie Erblindung und Nierenversagen führen. Ohne Behandlung können diese Patienten in ein lebensbedrohliches Koma fallen.

Diabetes kann langfristig zu schlimmen Nebenerkrankungen führen – dagegen kann etwas unternommen werden

Diabetiker müssen Diät halten und ihre Blutzuckerwerte genau überwachen. Aber die Hormonsubstitution kann der Unterschied zwischen Leben und Tod sein. Regelmäßige Insulininjektionen korrigieren das Ungleichgewicht im System der Patienten, die Körperzellen werden veranlaßt, Glukose aus dem Blut aufzunehmen, und die Blutzuckerwerte werden ausgeglichen.

Insulininjektionen heilen Diabetes nicht, aber sie halten die Blutzuckerwerte so nahe an der Norm wie möglich. Sie reduzieren dabei das Risiko der Hauptkomplikationen dieser Krankheit und ermöglichen Diabetikern ein normales, aktives Leben.

Hormonausgleich bei Körperschwäche

Die Schilddrüse ist die größte Drüse des endokrinen Systems

Hormonausgleich wird auch bei der Behandlung von Hypothyreose angewendet – eine Unausgeglichenheit, die von der Schilddrüse hervorgerufen wird (der größten Drüse des endokrinen Systems), wenn sie nicht genug Schilddrüsenhormone produziert. Das kann die Nebenwirkung einer schweren Krankheit sein oder das Resultat der Entfernung der Schilddrüse bei Krebs, auch kann die Schilddrüse von Geburt an fehlen. Dieses hormonelle Ungleichgewicht betrifft ein bis sechs Prozent der amerikanischen Bevölkerung und drückt sich in einer allgemeinen Schwäche des Körpers aus. Patienten haben schwache Muskeln, brüchige Haare und Nägel, trockene Haut, sind erschöpft und kälteempfindlich und leiden unter

Wer sich schwach fühlt, immerzu erschöpft ist, kälteempfindlich ist, trockene Haut und brüchige Nägel hat, kann unter einer kranken Schilddrüse leiden

Appetitlosigkeit. Hypothyreose scheint auch die Reflexe und die Herzfrequenz zu verlangsamen, sie kann das Gedächtnis beeinflussen oder in Extremfällen eine Entwicklungsverzögerung verursachen.
Wie auch immer, diese potentiell schwächende Krankheit kann mit einer Hormonsubstitution behandelt werden. Patienten bekommen ihre tägliche Schilddrüsenhormonsubstitution gewöhnlich in Form einer kleinen Pille. Bei der genauen Beobachtung des Hormonspiegels im Blut kann die korrekte Dosis bestimmt werden, die das natürliche Gleichgewicht des Körpers wiederherstellt.

Zu alt für Träume

Vor gar nicht langer Zeit machten Wissenschaftler eine unglaubliche Entdeckung. Das Hormon Melatonin, das von der Zirbeldrüse ausgeschüttet wird, war längst wegen seiner schlafregulierenden Fähigkeiten anerkannt, als die Forscher herausfanden, daß die Zirbeldrüse in einem Alter von ungefähr 45 Jahren »runter fährt« und den Melatoninspiegel im Körper drastisch reduziert. Diese Melatoninreduzierung scheint eine »Kettenreaktion« auszulösen, bei der der Spiegel der anderen Hormone ebenfalls sinkt. Wenn das gesamte endokrine System immer weniger effektiv funktioniert, antworten unsere Körpersysteme darauf mit »langsamer werden«, wir sind erschöpft, nehmen zu, und es kommt zu jenen Immundysfunktionen, die man gewöhnlich altern nennt.

Das Altern kann als Krankheit betrachtet werden

Als man den Zusammenhang zwischen der Abnahme des Melatonins (und aller anderen Hormone) und der physischen Dysfunktion entdeckte, öffnete sich die Tür zu einer neuen Art des Denkens und vor allem einer neuen Art, das Altern zu betrachten. So wie

Hypothyreose und Diabetes Krankheiten sind, die Ursachen haben und behandelt werden, ist auch das Altern eine Krankheit. Damit wird deutlich, daß ein Hormonungleichgewicht kein Ergebnis des Alterns ist – das Altern ist das Ergebnis eines unausgeglichenen endokrinen Systems.

Zurück auf der Wippe

Wenn man akzeptiert, daß das Altern eine Funktionsstörung ist, beginnt man auch, eine Behandlung zu akzeptieren und vielleicht ein Heilmittel zu finden. Denn wie die meisten anderen Fehlfunktionen führt das Altern zum Tode. Wer würde bei einer Krebsdiagnose von einer Behandlung abraten? Aber für viele klingt es verrückt, wegen eines Medikaments gegen das Altern zum Arzt zu gehen, schon eher würde man deswegen einen Medizinmann aufsuchen. Und ist nicht das Altern, begleitet von Schwäche, Erschöpfung und Krankheit, letzten Endes ein zwangsläufiger Teil des Lebens?

Auch gegen das Altern gibt es eine Medizin

Das muß nicht sein. Wie bei Diabetes und Hypothyreose ist das Heilmittel gegen das Altern die Wiederherstellung des Gleichgewichts im Körper, und das funktioniert am besten durch den Ausgleich der Hormone. Man muß sich nicht zum Sterben niederlegen, nur weil die Geburtsurkunde sagt, man sei »alt«. Man kann das Altern bekämpfen und ein langes, gesundes, aktives und erfülltes Leben führen. Mit unserem Wissen müssen wir der Erschöpfung und den anderen Folgen des Alterns nicht mehr nachgeben. Wir müssen uns nicht länger darauf »zurückziehen«, herumzusitzen und auf den Tod zu warten.
Aufgrund der Forschungsergebnisse der letzten Jahre ist es heute üblich, Hormone wie Melatonin und

Der Kampf gegen das Altern geht positiv aus

DHEA zu substituieren, um das Altern und seine Begleitsymptome zu bekämpfen. Natürlich lesen sich die verblüffenden Wirkungen dieser Hormone, wenn sie in der richtigen Menge substituiert werden, auf dem Papier sehr gut. Den Beweis aber liefern Hunderte von Patienten, die von mehr Energie, weniger Krankheiten, einem besseren Sexualleben, einer allgemeinen Verjüngung und neu erwachter Lebenslust berichten.

Heute beginnt eine neue Ära. Wenn wir davon ausgehen, was wir bereits über Hormone gelernt haben, besonders über Melatonin und DHEA, sind wir nun bereit, die neueste und größte Waffe im Krieg gegen das Altern zu präsentieren. Wir fahren die »großen Geschütze« auf, indem wir das mächtigste und möglicherweise nützlichste Hormon substituieren – das HGH (Human Growth Hormone). Jede Hormonsubstitution, jede Anti-Aging-Behandlung wäre absolut mangelhaft ohne dieses Meisterhormon. Eine Therapie, die eine HGH-Substitution enthält, wird hingegen bessere und schnellere Resultate bringen und die Menschen glücklicher und gesünder machen.

2 HGH – Das Meisterhormon

Ursprünglich nahm man an, das HGH (Human Growth Hormone), das unser Körperwachstum kontrolliert, wäre nur während der Adoleszenz wichtig, wenn sich der Körper verändert und sehr schnell wächst. Seine Funktion gab dem Hormon den Namen. Weil man glaubte, nach der Wachstumsphase würde das HGH nicht länger gebraucht, übersah man viel zu lange, wie notwendig es für unsere gesamte Gesundheit ist. Erst vor kurzem erkannte man die Wahrheit: Das HGH ist nahezu das wichtigste Hormon im Körper.

HGH ist ein Protein

Das Wachstumshormon ist ein Protein, das alle endokrinen Drüsen, das Wachstum und die Entwicklung fast aller Organe und des Gewebes beeinflußt. Es reguliert den Stoffwechsel der Proteine, Elektrolyten und Kohlenhydrate und kontrolliert den Fettverbrauch des Körpers. Es wird von den somatrophen Zellen des Hypophysenvorderlappens am untersten Teil des Gehirns ausgeschüttet. Weil das HGH in den somatrophen Zellen entsteht, heißt es international auch Somatropin. In diesem Buch bleiben wir bei der Bezeichnung HGH oder menschliches Wachstumshormon.

Die machtvolle Wirkung dieses Hormons entwickelt sich in einem spezifischen Abgaberhythmus.

Die Ausschüttung des Wachstumshormons

Das HGH unterscheidet sich von vielen anderen Hormonen dadurch, wie es von der Hypophyse ausgeschüttet wird. Im Gegensatz zu der gleichmäßigen Ausschüttung anderer Hormone während des ganzen Tages wird das HGH innerhalb von 24 Stunden in Impulsen abgegeben – wie von einem Damm zurückgehalten, der die Wasserfluten kontrollieren soll, sie aber nicht vollständig stoppt.

Zwei gegensätzliche Hormone steuern den HGH-Ausstoß

Die Forschung zeigte, daß die Hypophyse das HGH nur zweimal am Tag abgibt, den größeren Teil davon während der Nacht, eine bis zwei Stunden nach dem Beginn des tiefen REM (rapid eye movement)-Schlafes.

Der pulsierende Ausstoß des HGHs wird von zwei anderen Hormonen gesteuert, die im Hypothalamus produziert werden – das Steuerhormon des Wachstumshormons (growth hormone releasing hormone/ GHRH) und das Unterdrückungshormon des Wachstumshormons (growth hormone inhibiting hormone/ GHIH). Die Forschung hat ergeben, daß das GHRH den ganzen Tag in regelmäßigen Intervallen pulsiert, in einem Rhythmus, der nicht der zweimaligen Abgabe des HGHs entspricht. Das GHIH ist also der »Torwächter« des HGHs. Normalerweise in großer Menge vorhanden, sinkt das GHIH gelegentlich auf einen niedrigen Spiegel ab und ermöglicht die Abgabe von HGH in den Blutkreislauf. Wenn sich die beiden gegensätzlichen Hormone, GHRH und GHIH, im Gleichgewicht befinden, kann der Körper genau die Menge an HGH produzieren, ausschütten und verwenden, die er braucht.

Wenn das HGH zweimal am Tag für 15 Minuten in den Blutkreislauf ausgeschüttet wird, schießt der Spiegel nach oben und erreicht für kurze Zeit seinen Höchststand. Danach sinkt er wieder sehr schnell und scheint praktisch zu verschwinden. Weil das HGH pulsierend ausgeschüttet wird, ist es sehr schwierig, den HGH-Spiegel zu messen – für direkte und genaue Messungen entsprechender Mengen müßte man den genauen Augenblick kennen, in dem das HGH freigesetzt wird. Um also eine exakte Vorstellung vom HGH-Spiegel einer Person zu bekommen, können wir nur ein Produkt der HGH-Produktion daraufhin testen. In diesem Fall ist das Produkt der Insulin-Wachstumsfaktor 1.

Das HGH ist schwer meßbar, getestet werden muß daher ein Produkt

Der IGF-1-Spiegel

Der Insulin-Wachstumsfaktor 1 (IGF-1), auch Somatomedin C genannt, ist ein Protein, das mit Hilfe des HGHs in der Leber produziert wird. IGF-1 bindet andere Proteine und unterstützt das HGH dabei, seine wachstumsfördernden und regenerativen Aufgaben noch wirksamer zu erfüllen. Es existiert eine deutliche Verbindung zwischen dem Spiegel des IGF-1 und dem des HGHs. Wenn der eine hoch ist, ist es auch der andere. Ist der eine niedrig, zeigt das ein Defizit beim anderen an. Aber die IGF-1-Spiegel im Körper sind sehr viel konstanter und darum leichter zu messen als das HGH. Mit der Prüfung des IGF-1-Spiegels können wir so sehr genau feststellen, wieviel HGH der Körper ausschüttet. Was bedeutet es nun, wenn unser IGF-1-Spiegel, und damit unser HGH-Spiegel, niedrig ist?

IGF-1-Spiegel sind leichter zu messen als das HGH

Seit mehr als 50 Jahren wurde das HGH fast ausschließlich bei einer Unterfunktion der kindlichen Hypophyse eingesetzt. Wenn die Hypophyse nicht genug HGH produziert, wird das Wachstum des Kindes gehemmt, und das führt zu Zwergwuchs. Bei Kindern mit normaler Hypophysenproduktion übermittelt das HGH dem Körper, wann und wieviel er wachsen soll. Am höchsten ist der HGH-Spiegel während der Adoleszenz, wenn der Körper schnell sehr viel wächst. Weil die Ausschüttung von HGH mit dem Schlaf zusammenhängt, brauchen Jugendliche oft mehr davon, um ihren HGH-Spiegel auf den notwendigen Maximalwert zu steigern. Das erklärt auch, warum wir uns so träge und müde fühlen, wenn wir nicht gut geschlafen haben. Wenn wir das REM-Stadium des Schlafes nicht erreichen oder in diesem Stadium nicht lange genug verweilen, bekommen wir nicht genügend HGH, um den Tag über gut zu funktionieren.

Nicht nur Kinder und Jugendliche brauchen HGH

Unser Körper irrt sich

Ist damit aber nach der Adoleszenz, wenn wir ausgewachsen sind, der Bedarf an HGH wirklich gedeckt? Unser Körper scheint so zu denken. Nach einem großen Wachstumsschub in den Jugendjahren nimmt unser HGH-Spiegel immer weiter ab, je älter wir werden. Bei Menschen unter 21 gibt es einen regelmäßigen Rückgang des wachstums- und gesundheitsfördernden GHIHs. Wenn wir jedoch älter werden, steigt der GHIH-Spiegel und beginnt, sich auf hohem Niveau zu stabilisieren, wodurch das HGH nicht regelmäßig in den Blutkreislauf gelangen kann. Tatsächlich belegen Studien, daß der HGH-Spiegel bei 40jährigen nur noch 40 % von dem eines 20jährigen beträgt. Die Abnahme setzt sich fort, und mit 80 sinkt unser HGH-Spiegel auf nur noch 5 % der früheren Höhe.

Schon 40jährige haben verglichen mit 20jährigen einen auf 40 % reduzierten HGH-Spiegel

Jahrelang hielten Mediziner diesen Rückgang für eine normale und vorhersehbare Alterserscheinung. Wenn

Patienten über einen Mangel an Energie, Initiative und körperlicher Kraft klagen, lautet die konventionelle Antwort von Ärzten: »Was erwarten Sie? Sie sind nicht mehr so jung, wie Sie einst waren.«
Neuerdings beginnt man aber zu begreifen, daß bestimmte Symptome mit der Abnahme des HGH-Spiegels zusammenhängen. Wenn der Spiegel sinkt, folgen daraus direkt ein höheres Gewicht und mehr Körperfett, weniger Muskelmasse, Knochenmasse und Knochenstärke, eine niedrigere Lebenserwartung, ein geschwächtes Immunsystem, Kälteempfindlichkeit, trockene Haut, ein reduzierter Grundumsatz, Schlafstörungen, niedrigeres HDL (gutes) Cholesterin, Konzentrationsschwierigkeiten, ein schlechteres Gedächtnis und Reizbarkeit.

Sinkt der HGH-Spiegel, bekommt man körperliche Beschwerden

Ändern Sie Ihren Blickwinkel

Die Existenz dieser »Symptome« klassifiziert das HGH-Defizit als Funktionsstörung oder klinisches Syndrom, das wie bei Kindern mit einem HGH-Defizit als Krankheit anerkannt werden muß. Auch das Altern können wir nun als Krankheit begreifen, weil wir seine »Ursache« entdeckt haben. Wir wissen, daß sie wenigstens teilweise in der Abnahme der Hormonspiegel und einem HGH-Defizit zu suchen ist. Unter diesem Blickwinkel muß die Krankheit des Alterns behandelt werden. Es ist völlig sinnlos, herumzusitzen und zu sagen »laß der Natur ihren Lauf« und nichts zu unternehmen, um den physischen Verfall zu stoppen. Trotzdem hat die medizinische Zunft erst in den letzten Jahren begonnen, das Altern als Krankheit zu akzeptieren und die weltweite Epidemie des Wachtumshormon-Defizits bei Erwachsenen zu behandeln.

Den physischen Verfall kann man stoppen

Das ist kein Kinderspiel

Wenn Sie je Kinder beim Spielen beobachtet haben, werden Sie deren scheinbar unerschöpfliche Energie und ihren Enthusiasmus bemerkt haben. Kindern tut der Gebrauch ihrer Muskeln nicht weh, und Beulen, Quetschungen und Schrammen dämpfen ein Kind nur so lange, wie es braucht, um sich ein Pflaster zu besorgen. Sie können scheinbar alles essen, ohne dick zu werden. Sie sind begierig, die Welt zu erforschen und zu entdecken. Wir alle waren früher so energiegeladen und enthusiastisch und bewegten uns vom Aufstehen bis zum Schlafengehen mit Tempo 100. Was ist passiert?

Früher bewegten auch wir uns vom Aufstehen bis zum Schlafengehen mit Tempo 100

Sie sind seit Jahren krank. Vielleicht nicht offensichtlich krank, aber mit der Zeit kann Ihr Körper nicht mehr all das tun, wozu er in der Kindheit in der Lage war. Und das, weil einige essentielle Grundstoffe fehlen. Auch ein Auto fährt ohne Benzin nicht mehr weit oder schnell. Um wieder auf der Höhe zu sein, müssen Sie deshalb auffüllen, was fehlt. Sie müssen auftanken. Im Fall des Alterns ist der »Kraftstoff«, den Ihr Tank braucht, das HGH.

Frühe HGH-Untersuchungen

Die ersten Untersuchungen über den Einsatz von Hormonen zur Bekämpfung der Symptome des Alterns wurden Ende der sechziger Jahre von dem russischen Gerontologen Vladimir Dillman durchgeführt. Seine Forschungen lieferten den Beweis, daß wir mit zirka zwanzig anfangen zu altern, wenn unsere HGH-Produktion langsam nachläßt. Viele andere Forschungsarbeiten fußten auf diesen Erkenntnissen und förderten unser Verständnis dafür, wie grundlegend wichtig Hormone für die Verjüngung des Körpers sind.

Eine der ersten Studien über das »Auftanken« von HGH bei Erwachsenen wurde 1989 von Dr. Jorgensen in Schweden durchgeführt. Er verabreichte HGH an Erwachsene in einer sorgfältig kontrollierten Doppelblind-Studie. Diese Studie sollte den Nutzen der HGH-Substitution bei Erwachsenen evaluieren, deren Muskelumfang, Kraft und Leistungsfähigkeit nachgelassen hatte – was als natürlicher Teil des Alterungsprozesses definiert wurde. Jorgensen stellte in allen drei Bereichen eine deutliche Verbesserung fest. Die isometrische Kraft und Leistungsfähigkeit wuchsen an, ebenso das durchschnittliche Muskelvolumen der Oberschenkel. Das Gesamtgewicht des Körpers blieb dasselbe, weil die Menge des Fettgewebes proportional zum Anwachsen der Muskeln abnahm.

HGH verbessert den Stoffwechsel und baut Fett ab

Eine Studie von Salomon berichtete 1989 ähnliches über die signifikanten Auswirkungen der HGH-Substitution. Salomon und seine Kollegen verabreichten das HGH an 24 HGH-defizitäre Erwachsene und überwachten die Verbesserung des Stoffwechsels, die Zunahme der fettfreien Masse des Körpers und die Abnahme des Körperfetts.

Die vielversprechendste Forschung über die HGH-Substitution bei Erwachsenen machte dann Dr. Daniel Rudman vom Medical College of Wisconsin. Rudman ist der Pionier der HGH-Substitutions-Forschung, und seit 1990 seine Studie über die Auswirkungen der HGH-Substitution bei alternden Männern im New England Journal of Medicine publiziert wurde, weckte er sowohl die Neugier der Ärzte als auch der Patienten. Dr. Rudman hatte folgende Fragen formuliert: »Kontrollieren Hormonspiegel den Alterungsprozeß? Falls das so ist,

Statt Fett werden Muskeln aufgebaut

kehrt dann die Aufsättigung der Hormonspiegel auf eine jugendliche Höhe die Folgen des Alterns um?« Rudman führte seine Studie mit 26 Männern zwischen 61 und 80 durch, die in einem Veteranenheim lebten. Diesen Männern wurde eine für ihr Alter gute Gesundheit bescheinigt, aber alle wiesen einen niedrigen HGH-Spiegel auf. Am Ende einer nur sechsmonatigen Behandlung mit HGH gab es erstaunliche Ergebnisse.

Zerstörungen können behoben werden

Dr. Rudman berichtete von einer Zunahme der fettfreien Masse des Körpers und einer Abnahme des gesamten Körperfetts (bis zu 14% weniger). Außerdem wiesen diese Männer eine größere Hüftknochendichte und eine Festigung des Hautgewebes auf. Rudman schloß daraus, daß die üblicherweise mit dem Altern assoziierten unerwünschten Nebenwirkungen (schwächere Muskeln, ein höherer Fettanteil, dünner werdende Knochen) zumindest teilweise durch ein HGH-Defizit verursacht wurden. Und noch vielversprechender war seine Aussage, daß diese Nebenwirkungen durch eine HGH-Substitution gestoppt und einige Zerstörungen sogar rückgängig gemacht werden könnten. Die Wiederherstellung der Festigkeit der Haut und der Knochenmasse zeigte diesen Umkehreffekt. Rudman sagte: »Die Wirkungen von sechs Monaten HGH auf die fettfreie Masse des Körpers und die Masse des Fettgewebes entsprechen in ihrer Bedeutung den Veränderungen eines zehn- bis zwanzigjährigen Alterungsprozesses.«

Feste Knochen, feste Haut sind auch im Alter möglich

Die Wirkung der HGH-Substitution

Stellen Sie sich das vor. Es dauerte nur sechs Monate, die Zerstörungen einer Dekade des Alterns zu reparieren. Rudmans Studie ebnete den Weg für die heutige Forschung, die bewiesen hat, daß wir schon heute wieder jung werden können!

In nur sechs Monaten fühlen Sie sich wie ein junger Mensch

Zwischen 1990 und 1992 wurden Hunderte wissenschaftlicher Studien durchgeführt, um die Wirkung von HGH auf altersbedingte Veränderungen im menschlichen Körper zu erforschen. Nach der Auswertung der Studien, die nachwiesen, daß das HGH altersbedingte Veränderungen rückgängig machen kann, schlossen die medizinischen Forscher der Stanford University 1992, »es sei möglich, daß die physiologische HGH-Substitution einige der ›zwangsläufigen‹ Folgen des Alterns umkehren oder ihnen vorbeugen könnte.« Die Studien haben folgende Wirkungen der HGH-Substitution nachgewiesen:

Studien haben positive Wirkungen der HGH-Substitution nachgewiesen

1. Rückgang des Prozentsatzes an Körperfett, während die schiere Muskelmasse wächst, indem die Fähigkeit des Körpers stimuliert wird, die Proteinsynthese zu verstärken
2. Anwachsen der Knochenmasse, Aufhebung der Schäden, die zu Osteoporose führen
3. Umkehrung der Degeneration neurologischer Funktionen
4. Verbesserung der Herzfunktionen
5. Verbesserung der Spannkraft, Straffheit und Elastizität der Haut
6. Verbesserung der Lungenfunktion
7. Verbesserung des Funktionierens des Immunsystems
8. Verbesserung der Nierenfunktion
9. Verbesserung der Leistungs- und Lungenkapazität und der Ausdauer
10. Schnellere Heilung der Wunden

11. Verbesserung der Knochensynthese für kräftigere Gelenke
12. Umkehrung der »normalen«, altersbedingten Schrumpfung der Organe wie der Leber und der Milz
13. Anstieg der Basaltemperatur
14. Sinkender Cholesterinspiegel
15. Stimulierung der Fähigkeit des Körpers, Aminosäuren und andere lebenswichtige Nährstoffe zu transportieren und zu absorbieren
16. Auswirkungen auf die endokrinen Drüsen und Einfluß auf das Wachstum
17. Verjüngung der Sexualität

Das Meisterhormon heißt »HGH«

Diese Studien belegen, daß das HGH den Platz des Meisterhormons verdient hat, zum Teil auch deswegen, weil es alle anderen Hormone und Organe im Körper beeinflußt. Aber auch Hormone wie das Melatonin und das DHEA beeinflussen den gesamten Körper. Der Unterschied besteht darin, daß die HGH-Wirkungen viel mächtiger und dramatischer sind und schneller offenkundig werden. Wie bereits erwähnt, hat das HGH erstaunliche Instandsetzungs- und Restaurierungsfähigkeiten, es kann Zerstörungen aufheben und sogar versagende Organe wieder nachwachsen lassen. Das können andere Hormone nicht.

Die Verfügbarkeit des menschlichen Wachstumshormons

Das HGH ist eine komplexe Kette von 191 Aminosäuren

Warum hat es bei solch erstaunlichen Ergebnissen so lange gedauert, bis das HGH für Erwachsene verfügbar war? Vor allem stand bis vor kurzem kaum HGH zur Verfügung. Das HGH ist eine komplexe Kette von

191 Aminosäuren, zusammengeringelt wie eine Klapperschlange, und konnte nicht so einfach synthetisiert werden wie zum Beispiel DHEA und Östrogen auf der Basis von Cholesterin. Das HGH ist zudem artspezifisch, was bedeutet, daß ein tierisches Wachstumshormon nicht für Menschen geeignet ist. Jahrelang war die Hypophyse menschlicher Leichen die einzige HGH-Quelle, was zu einer spärlichen Versorgung führte und die Verwendung auf die Behandlung von Kindern mit HGH-Defizit begrenzte. Außerdem war die Methode der HGH-Gewinnung nicht völlig sicher. Vermehrt traten bei Patienten, die mit dem HGH der Leichen substituiert wurden, die Creutzfeldt-Jakob-Krankheit, der sogenannte Rinderwahnsinn, und infektiöse Viruserkrankungen auf. Das war beängstigend und schreckte viele Wissenschaftler sogar von der Erforschung der HGH-Substitution ab. In den siebziger Jahren wurde die HGH-Gewinnung aus Leichen schließlich von der US-Regierung verboten.

Gesundheitsgefährdungen wurden ausgeschlossen

Die oben erwähnten Studien konnten erst mit dem Beginn der rekombinierten DNS-Technologie durchgeführt werden, die die Herstellung eines biosynthetischen oder rekombinierten HGHs (rHGH) ermöglichte. Eine Gesundheitsgefährdung durch dieses Hormon war damit ausgeschlossen.

Das rekombinierte Wachstumshormon

Die rekombinierte DNS-Technologie überträgt die DNS, die einer Zelle des menschlichen Wachstumshormons entnommen wurde, in eine andere Zelle (am häufigsten werden E-coli Zellen und Zellen aus der menschlichen Brust genommen), die sich schnell teilt und reproduziert. So gewinnt man eine große Anzahl von Zellen, die in jeder Weise identisch sind

Das rekombinierte HGH verursacht keine Nebenwirkungen

mit denen eines gesunden Wachstumshormons der eigenen Hypophyse. Die produzierte Zelle ist ein identischer Zwilling, weil das rekombinierte HGH aus der »genetischen Blaupause« des körpereigenen HGH dupliziert wurde. Da es identisch ist, kann das rekombinierte HGH keine Krankheiten oder unangenehme Nebenwirkungen verursachen. Es ist vielmehr wie Wasser trinken. Unser Körper besteht bis zu 60 % aus Wasser. Wenn wir mehr Wasser trinken, akzeptiert unser Körper das, weil es molekular identisch mit dem körpereigenen ist. Es spielt dabei keine Rolle, ob das Wasser aus der Flasche oder dem Hahn kommt.

Die Entwicklung der rekombinierten Technologie machte den Weg frei für die bahnbrechende Forschung, die in diesem Buch dokumentiert wird. Forschung, Technologie und professionelles Know-how helfen, den Kampf gegen das Altern heute zu gewinnen!

Es gibt keinen Grund zu zögern

The National Institute on Aging finanziert gegenwärtig die Arbeit von neun Forschungsteams über die Wirkungen der HGH-Substitution bei Erwachsenen. Das sind vielversprechende Nachrichten für die Zukunft der Anti-Aging-Medizin. Aber es wird noch sieben bis neun Jahre dauern, bis die Ergebnisse publiziert werden. Für manche ist das buchstäblich ihre restliche Lebenszeit. Wir haben aber die Forschungsgrundlagen und die Erfahrung für den sicheren und wirksamen Einsatz des HGHs jetzt.

Dr. Chein und das Palm Springs Life Extension Institute

Meine Ausbildung absolvierte ich in physikalischer Medizin und Rehabilitation, und mein Interesse für die Hormonsubstitution erwachte bei der Behandlung von Patienten, die sich von Verletzungen erholten, bei denen auch Drüsen betroffen waren. Nach einer Hormonsubstitution trat bei ihnen eine rasche Besserung ein. Schnell entwickelten sie wieder Muskeln und stärkere Knochen. Weil die Hormonsubstitution bei diesen Patienten so gut wirkte, begann ich mich zu fragen, was ich für mich selbst tun könnte. Mit 42 hatte ich begonnen, an Halsentzündungen zu leiden, meine Cholesterin- und Triglyceridspiegel waren hoch, ich nahm zu und hatte Schmerzen in der Brust. Kurz, ich wurde älter, und mein Kardiologe empfahl mir, weniger zu arbeiten, sonst riskierte ich gravierende Gesundheitsprobleme.

Es hatte sich gezeigt, daß Hormone wie Melatonin und DHEA das Altern verlangsamen können. Aber nichts auf dieser Welt konnte das Altern umkehren, bis Rudman bewies, daß das HGH dazu in der Lage ist. Ich beschloß, die HGH-Substitution an mir selbst zu testen. Ich wollte meine Hormonspiegel wieder auf die Höhe eines Zwanzigjährigen bringen und herausfinden, ob ich damit mein biologisches Alter zurückschrauben könnte. Meine These war, daß ich heute nicht mehr körperliche Beschwerden haben dürfte als mit zwanzig, wenn es mir gelänge, entsprechende Hormonspiegel herzustellen. Mein Cholesterin und mein Triglycerid müßten sinken, und meine Brustschmerzen müßten verschwinden.

Dr. Chein unternahm einen Selbstversuch mit der HGH-Substitution

Der Selbstversuch

Ich machte also den Versuch, und innerhalb von sechs Monaten hatte ich keine Schmerzen mehr in der Brust, mein Cholesterin und Triglycerid waren normal, und mein dicker Bauch begann zu verschwinden. Mein Arzt und ich staunten.

Man spricht bewußt von einem Programm und nicht von einer Therapie, weil man Gesunde behandelt, nicht Kranke

1994 eröffnete ich das Palm Springs Life Extension Institute, wo wir mit der Überzeugung arbeiten, daß die Hormonsubstitution heute die beste Option ist, den Krankheiten und Nebenwirkungen des Alterns vorzubeugen. Normalerweise ist es üblich, erst dann zum Arzt zu gehen, wenn man krank ist. Der Arzt stellt eine Diagnose und beginnt eine Behandlung. Wenn man wieder gesund ist, sieht man den Arzt nicht mehr bis zur nächsten Krankheit. So entsteht ein Kreislauf: Krankheit, Arzt, Gesunden, Krankheit, Arzt ... Nach meiner Ansicht ist dieser Kreislauf völlig verkehrt. Statt dessen sollte es so sein: Sie gehen zum Arzt, wenn Sie sich gut fühlen, und lassen sich zum Beispiel eine Krankengymnastik verschreiben, damit Sie sich weiter wohl fühlen. Das ist Vorbeugung. Es kostet weniger als die Behandlung einer Krankheit, und den Patienten geht es langfristig besser. So arbeiten wir im Palm Springs Life Extension Institute. Wir verordnen eine Behandlung, die Alterserkrankungen vorbeugen soll.

Wir leben im Hier und Jetzt

Gegenwärtig besteht die einzige Möglichkeit, die Wirksamkeit von Therapien für ein langes Leben oder gegen das Altern wirklich zu ermitteln, darin, 50 bis 100 Jahre zu warten und die Resultate retrospektiv zu evaluieren. Diese Methode ist sehr unpraktisch für uns, weil wir jetzt leben und heute etwas für unsere Gesundheit und gegen den Alterungsprozeß unternehmen wollen. Wir müssen deshalb Mittel und Wege finden, möglicherweise lebensverlängernde Behandlungsmethoden in einer kurzen Zeitspanne von etwa zwei bis fünf Jahren auszuwerten. Am besten entwickelt man dafür Tests, mit denen das biologische Alter gemessen wird, prüft die Wirkungen der Behandlung in Relation zu den Testergebnissen und ermittelt, ob eine Person weiter altert oder biologisch jünger wird.

Wie alt sind Sie wirklich?

Bei unserer Geburt wurde eine Geburtsbescheinigung mit unserem Namen, dem unserer Eltern und dem Geburtstag ausgestellt. Für die meisten Menschen bestimmt dieser Tag ihr Alter, die Zahl sagt aber lediglich etwas drüber aus, wie lange man schon lebt. Es ist keine genaue Messung, wie alt ein Körper ist oder wie weit der Verfall der Zellen und Organe vorangeschritten ist. Anstatt also einfach eine Behandlung zu verschreiben, die sich auf das chronologische Alter bezieht (jenes, das durch das Geburtsdatum festgelegt ist), bestimmen wir zunächst das biologische Alter. Das chronologische Alter hat sehr wenig mit dem Prozeß zu tun. Ein Zwanzigjähriger kann aus Krankheits- oder Verletzungsgründen das biologische Alter eines ungefähr Fünfzigjährigen haben. Umgekehrt kann ein aktiver Fünfzigjähriger biologisch den Status eines Mittdreißigers haben.

Das biologische Alter muß nicht dem chronologischen Alter entsprechen

Die Meßverfahren

Wie also bestimmt man das biologische Alter? Der erste und leichteste Test umfaßt die Bestimmung des Prozentsatzes des Körperfetts, die Messung der Hormonspiegel und Aufnahmen von der Haut, die deren Straffheit dokumentieren. Die Festigkeit der Haut kann man auch testen, indem man sie auf dem Handrücken nach oben schiebt und die Zeit mißt, die sie braucht, um wieder in ihre normale Position zurückzufinden.

Der Test zur Bestimmung des biologischen Alters

Die Bestimmung des biologischen Alters schließt auch Funktionstests der Leistungsfähigkeit ein. Sie messen die forcierte Vitalkapazität, die Muskelfunktion, die Herzleistung, die Lungenleistung, die Nierenfunktion und beinhalten eine neurologische Untersuchung.

Forcierte Vitalkapazitätstests bestimmen die Kapazität der Lunge und ihre Kraft durch die Messung der Menge an Luft, die ein Patient in einer Sekunde aus den Lungen pressen kann. Je älter jemand biologisch ist, desto niedriger ist seine Vitalkapazität, weil die Lungen und die sie umgebenden Muskeln schwächer werden. Einer der einfachsten Muskelfunktionstests ist die Bestimmung der Stärke des Handgriffes, die mit einem Dynamometer oder mit isokinetischen Computern gemessen wird.

Die Leistungsfähigkeit läßt Rückschlüsse auf das biologische Alter zu

Um das biologische Alter des Herzens zu testen, bestimmt man den kardialen Auswurf. Die Herzfunktion kann durch einen Tretmühlentest in der Praxis eines Kardiologen gemessen werden. Lungenkapazitätstests messen den Energieverbrauch, wenn man eine bestimmte Strecke geht. Der Energieverbrauch steigt mit dem Alter. Die Nierenfunktion nimmt mit dem Alter ab, weil die Nieren ihre Aufgabe nicht mehr so effizient erfüllen. Die Nierenfunktion kann mit kreatininen Clearance-(Filtrations-)Tests aufgezeichnet werden. Die neurologische Funktionsweise bestimmt man mit einer Gedächtnisanalyse, durch Reaktionszeiten und taktile Sensibilitätstests.

Der zelluläre Zustand des Körpers

Das biologische Alter läßt sich auch bestimmen, indem man den Körper auf seinen zellulären Zustand untersucht. Diese Tests beinhalten die Messung des Knochenrückgangs, des Fingernagelwuchses und des

Rückgangs der Immunfunktion. Der Knochenrückgang ist ein signifikantes Problem, das zum Skelettkollaps und zu Brüchen führt. Das ist die häufigste Ursache von Behinderungen bei älteren Frauen. Veränderungen der Knochenmasse können mit einem radioisotopen Knochen-Scan gemessen werden, den die meisten radiologischen Stationen der Krankenhäuser durchführen. Der Wuchs der Fingernägel, der wirklich einfach zu messen ist, nimmt im Laufe des Lebens über 50 % ab und kann ein guter Indikator für das biologische Alter sein. Die Immunantwort verringert sich ebenfalls signifikant mit dem Alter und kann mit Hilfe eines Hautallergietests und der Aufzeichnung der Körperreaktion gemessen werden. Wichtig ist, die Anzahl und das Verhältnis der T-Lymphozytzellen und Killerzellen im Körper zu beachten, weil diese beiden mit steigendem biologischem Alter anwachsen.

Der Knochenrückgang führt zu Behinderungen bei älteren Frauen

Sobald das biologische Alter bestimmt wurde, können anschließende Tests zeigen, wie schnell jemand altert. Noch wichtiger dabei ist, daß uns das biologische Alter einen Maßstab liefert, mit dem wir den Fortschritt messen können, wenn sich jemand in unsere Behandlung begibt und jünger wird. Die Determinanten des biologischen Alters liefern uns eine schnelle und genaue Beschreibung, wie der Körper auf irgendeine Anti-Aging Behandlung antwortet. Es ist schlicht und einfach nicht notwendig, fünfzig Jahre auf die Resultate der lebensverlängernden Therapie zu warten.

Tests können zeigen, wie schnell jemand altert

Im Palm Springs Life Extension Institute liegen die Behandlungsresultate heute vor. Wir arbeiten mit der Überzeugung, daß ein junger Körper ein gesunder Körper ist. Darum widmen wir uns der Aufgabe, die-

Ein junger Körper ist ein gesunder Körper

sen Körper so jung wie möglich zu erhalten. Und deswegen haben wir die Theorien über die Hormonsubstitution, einschließlich des HGHs, in die Praxis umgesetzt. Wir behandeln mit der HGH-Substitution, und haben inzwischen über 1500 Patienten. Diese Forschungsgrundlage ist groß genug. Wir müssen keine fünf bis sieben oder 50 Jahre auf die Ergebnisse der HGH-Substitutionstherapie warten.

3 Die Wirkung des Wachstumshormons

Im letzten Kapitel führten wir die erstaunlichen Wirkungen auf, die das HGH auf unseren Körper haben kann. Studien über die Wachstumshormonsubstitution aus den letzten Jahren und die Daten aus dem Palm Springs Life Extension Institute liefern weitere Beweise dafür, wie machtvoll dieses Hormon ist. Belegt werden konnte die Wirkung des Wachstumshormons auf alle spezifischen Körpersysteme.

Der Puppenspieler namens HGH verleiht dem Körper Leben und Gesundheit

Um noch besser verstehen zu können, wie das HGH im Körper wirkt, ziehen wir als Vergleich einen Puppenspieler und seine Puppen heran. Die sanften Bewegungen der Marionetten, wenn sie über die Bühne tanzen, erstaunen uns immer wieder. Nie sieht man die Hände, die jede Geste der Puppe dirigieren. Das HGH läßt sich mit diesen Händen vergleichen, weil es das Funktionieren des gesamten Körpers beeinflußt. Der Puppenspieler bewegt die Arme der Marionette, ihre Beine und manchmal sogar ihren Mund oder ihre Augen – er bewirkt alles, was wir sehen. Das HGH liefert den Organen Energie und verleiht dem Körper Leben und Gesundheit. Die Puppe würde ohne die Hand, die ihre Bewegungen kontrolliert, wie ein lebloser Haufen auf der Bühne liegen.

Die Funktionsweise des HGHs

Natürlich ist das HGH nicht das einzige Element, das unser Körper braucht, um gut zu funktionieren. Wenn der Marionette zum Beispiel ein Arm oder ein Bein fehlt, kann der Puppenspieler sie nicht anmutig tanzen lassen. Eine Puppe ohne Gliedmaße entspricht einem Wachstumshormon ohne ein anderes Hormon oder Organ. Wenn all die anderen »Körperteile« da sind, kann der Puppenspieler, das HGH, sie beeinflussen und mit Energie versorgen. Der Puppenspieler ist die Variable mit dem größten Einfluß auf das Stück.

Der Spiegel des Wachstumshormons muß optimal sein

Das HGH ist der Generalschlüssel für positive Einflüsse

Man könnte sich das HGH auch als Generalschlüssel für ein Gebäude vorstellen. Dieser Schlüssel öffnet nicht nur die Eingangstür, sondern auch jede andere Tür des Hauses. Andere Schlüssel (andere Hormone) können mehrere, aber nicht jede Tür öffnen. Das kann nur der Generalschlüssel. Mit dem Öffnen der Türen läßt das HGH auffrischende, stärkende und verjüngende Einflüsse herein, die jedes Organ des Körpers wiederbeleben.

Neue Studien unterstützen die These der starken Verbindung zwischen dem HGH und einem gesunden Funktionieren des Körpers.

Ein HGH-Defizit kann physische und psychische Probleme hervorrufen

Diese Studien zeigen, daß Erwachsene mit Hypophysenerkrankungen (HGH-Defizit) unter physischen und psychischen Problemen leiden, die bei gesunden Erwachsenen nicht auftreten. Diese Probleme verschwinden trotz einer Substitution des Adrenalin-, Thyroid- und gonadalen Hormonspiegels nicht. Auch ein anomaler Körperbau, reduzierte Kraft und Aus-

dauer, reduzierte Knochendichte und erhöhtes Cholesterin sind Bedingungen, die nur durch einen optimalen Spiegel des Wachstumshormons im Blut korrigiert werden können.
Längere Zeit ging man davon aus, daß die Substitution mit Kortikosteroiden und Sexualhormonen ausreichend für die Therapie von Hypophysenerkrankungen sei. Aber auch nach dieser Behandlung litten Patienten mit einem HGH-Defizit an einer Reduzierung ihres Grundumsatzes, ihrer Nierenfunktion, des Blutvolumens und der Herzfunktion. Diese Symptome sind direkte Hinweise auf ein HGH-Defizit. Nur eine Substitution kann eine signifikante Verbesserung des Allgemeinbefindens bewirken. Darum ist HGH das »Meister«-Hormon und die mächtigste Waffe im Krieg gegen das Altern.

Es gibt eine Waffe gegen das Altern

Das endokrine System

Jedes Hormon hat eine spezielle Aufgabe und soll eine besondere Botschaft zu den Zellen überall im Körper transportieren. Um seine einzigartige Aufgabe zu erfüllen, muß jedes Hormon den Rezeptor einer Zelle erreichen. Dort wird die Botschaft, die das Hormon mit sich trägt, empfangen. Es hat sich herausgestellt, daß das HGH die Effizienz der Hormonrezeptoren steigert und damit die Wirkung der anderen Hormone auf die Körperorgane. Die Rezeptoren können mit einem Faxgerät oder einem Telefon verglichen werden. Diese Kommunikationsmittel sind für die meisten Unternehmen und viele Haushalte lebensnotwendig. Wenn die Verbindungen zu diesen Geräten nicht optimal sind, sind die ankommenden

Die interne Kommunikation des Körpers kann gestört sein

Es ist eine Frage der guten Verbindung

Botschaften unvollständig oder verworren. Nach einer Reparatur der Verbindungen sind die Botschaften wieder deutlich und vollständig. Was im Geschäftsleben wichtig ist, trifft auch auf die Körperzellen zu. Eine gute Verbindung zwischen den Hormonen und den Zellen verbessert deren Kommunikation und läßt die Körperzellen optimaler funktionieren.

Das HGH kann die Produktion anderer Hormone durch die Drüsen des endokrinen Systems stimulieren, bis sie einen optimalen Spiegel erreicht haben. Weil das auch umgekehrt funktioniert, arbeiten alle Hormone synergetisch. Wenn die DHEA-, Melatonin- und Östrogenspiegel optimal sind, können sie die Hypophyse stimulieren, eine größere Menge von HGH zu produzieren und auszuschütten und seinen »natürlichen« Spiegel wieder herstellen. Weil aber das HGH seinen Höchststand mit der nächtlichen pulsierenden Sekretion erreicht, ist auch ein ausreichender Schlaf unerläßlich für die Aufrechterhaltung eines hohen HGH-Spiegels. Wenn der Schlafrhythmus gestört ist, wird möglicherweise kein HGH ausgeschüttet und kein Höchststand erreicht. Wenn das Melatonin in ausreichender Menge vorhanden ist, werden der normale Schlafrhythmus und die natürliche pulsierende Ausschüttung des HGHs wiederhergestellt.

Das Gleichgewicht des endokrinen Systems

Das Schilddrüsenhormon hat viele Funktionen

Das Wachstumshormon spielt eine besondere, eindeutige Rolle bei der Steuerung des Schilddrüsenhormons. Es ist zuständig für den Antrieb und die Versorgung des Körpers mit Kraftstoff. Es regelt auch die Körpertemperatur und sorgt dafür, daß sie weder zu niedrig noch zu hoch ist. Ein Defizit bei diesem

Hormon wird als Energiemangel erlebt, und nie ist es einem warm genug. Studien haben gezeigt, daß Patienten mit einem Thyroidmangel auch einen niedrigen HGH-Spiegel haben. Die HGH-Substitution steigert die Schilddrüsenfunktion und den HGH-Umsatz. Die Beziehung zwischen dem Wachstumshormon und dem Schilddrüsenhormon ist reziprok. Ein genügend hoher Schilddrüsenhormonspiegel kann die Synthese und die Ausschüttung des HGHs stimulieren.

Durch seinen Einfluß auf fast alle anderen Hormone kann das HGH auch die Körperfunktionen beeinflussen. In einer Studie wird die Vermutung angestellt, die Einnahme von HGH könnte im Grunde das gesamte endokrine System in sein natürliches optimales Gleichgewicht zurückversetzen. Die Hormonspiegel wären denen eines gesunden Zwanzigjährigen vergleichbar. Wenn das endokrine System im Gleichgewicht ist, arbeitet jedes Organ und System mit höchster Effizienz und produziert mehr Energie, Kraft und bessere Abwehrkräfte.

Noch einmal zwanzig sein muß kein Traum bleiben

Das Immunsystem

Unser endokrines System ist am engsten verbunden mit dem Immunsystem. Tatsächlich sind ihre Funktionen so verflochten, daß ihre Erforschung zu einer gemeinsamen Immuno-Endokrinologie weiterführt. Die größte Ähnlichkeit besteht darin, daß beide Systeme dem Körper dabei helfen, sich den Veränderungen der Umwelt durch die Feineinstellung der Reaktionen jeder Zelle anzupassen. Zum Beispiel reguliert das Schilddrüsenhormon als Teil des endokrinen Systems die Körpertemperatur. Ohne Anpassung würden wir

Das Schilddrüsenhormon reguliert Anpassung und Abwehr

bei kaltem Wetter sofort frieren, und wenn es warm ist, überhitzen. Die Nebenniere reagiert auf Veränderungen im Notfall mit einem extra Energieschub. Das Immunsystem trägt seinen Teil dazu bei, den Körper anzupassen, indem es Eindringlinge bekämpft.

Beide Systeme arbeiten zusammen, um Veränderungen im Körper aufzuspüren und jede Zelle bei der Adaption zu unterstützen. Dafür müssen beide Systeme konstant miteinander kommunizieren. Nur so ergibt es einen Sinn, daß ein gesundes endokrines System, beherrscht durch das HGH, einen starken Einfluß auf den Erhalt eines gesunden Immunsystems hat.

Natürliche Killerzellen bekämpfen den Krebs

Die Forschung hat die Verbindung zwischen einem HGH-Defizit und der Verschlechterung der natürlichen Killerzellen-Aktivität (NK) im Körper von Tieren und Menschen aufgezeigt. Natürliche Killerzellen sind die stärkste Verteidigung des Körpers gegen die Ausbreitung von Krebs. Ein HGH-Defizit, das in weniger NK-Zellen resultiert, könnte die Zunahme von Tumoren bei älteren Menschen erklären.

Die Fähigkeit des Körpers, Krankheiten abzuwehren

Die Verbindung zwischen dem HGH und dem Immunsystem geht über die NK-Zellen und die Fähigkeit, Krebstumore zu bekämpfen, hinaus. Forschungen haben eine deutliche Beziehung zwischen dem HGH-Spiegel und der Fähigkeit des Körpers, jede Krankheit abzuwehren, gefunden. Es wurde nachgewiesen, daß ein HGH-Defizit Immundefekte verursacht oder wenigstens zu ihnen beiträgt. Umgekehrt ist die HGH-Substitution eine wirksame Therapie zur Verbesserung der natürlichen Abwehrkräfte des ganzen Körpers gegen Krankheiten. Aber auch wenn das Immunsystem über genügend NK-Zellen und andere Abwehrkräfte verfügt, läßt sich beweisen, daß die HGH-Therapie deren Aktivität verstärkt, damit sie Infektionen und Krankheiten noch schneller und effektiver bekämpfen können.

Die Stärkung der natürlichen Abwehrkräfte ist notwendig für die Bekämpfung von Infektionen und Krankheiten

Die HGH-Therapie stimuliert das Immunsystem, weil das Wachstumshormon dazu beiträgt, neue Antikörper und T-Zellen zu produzieren. Es stimuliert auch den Ausstoß weißer Blutkörperchen und hebt die Produktion der roten Blutkörperchen an. Eine Reihe von Studien hat gezeigt, daß die HGH-Therapie Patienten dabei unterstützt, die Infektion durch den Hautallergietest zur Bestimmung des biologischen Alters zu bekämpfen. Das HGH reduziert auch die Infektionsrate nach Operationen. Patienten mit Verbrennungen zum Beispiel weisen mit der HGH-Therapie eine verbesserte Heilung auf und bleiben weniger lange im Krankenhaus.

Der Einfluß des HGHs geht über diese Stärkung des Immunsystems noch hinaus. Das Hormon hat nämlich auch eine ganz erstaunliche Wirkung auf ein sehr kleines, aber lebensnotwendiges Organ, die Thymusdrüse. Sie sitzt hinter dem Brustbein und ist ein Primärorgan des Immunsystems. Der Thymus ist wichtig für die Produktion der T-Zellen, die den Körper vor Viren schützen und fremdes Gewebe abstoßen. Aber aus irgendeinem Grund beginnt dieses Organ zu schrumpfen, wenn man ungefähr zwölf ist, und mit 60 oder 70 Jahren ist sie nahezu verschwunden. Ähnlich wie die Abnahme der Hormonspiegel hielt man auch die Schrumpfung des Thymus lange für ein normales physisches Phänomen, gegen das wir nichts unternehmen können. Aber Wissenschaftler haben zwischen der Schrumpfung des Thymus und der zurückgehenden Produktion der T-Zellen sowie der abneh-

Die Thymusdrüse beginnt zu schrumpfen

menden Immunfunktion beim Altern eine Verbindung entdeckt, und damit kann die Wiederherstellung des Thymus bei der des Immunsystems helfen.

Die vorderste Verteidigungslinie gegen die Krankheit

Dr. Keith Kelly, ein Wissenschaftler an der University of Illinois, bemerkte, daß die Blutserum-Spiegel des HGHs am höchsten sind, kurz bevor der Thymus zu schrumpfen beginnt. Das führte zu der These, die Substitution des HGH-Spiegels könnte das Nachwachsen der Thymusdrüse stimulieren. Er nahm alte Laborratten, deren Thymusdrüsen proportional zu ihrem Alter geschrumpft waren, und behandelte sie mit einem HGH-Sekretor. Die geschrumpfte Drüse entwickelte sich zurück zu einer Thymusdrüse der Größe bei einer jungen Ratte.

Möglicherweise ist der Hauptverantwortliche für dieses Nachwachsen der Insulin-Wachstumsfaktor 1 (IGF-1) und nicht das Wachstumshormon selbst. Aber das HGH stimuliert die Produktion des Proteins IGF-1. Zu den zahlreichen Aufgaben des IGF-1 zählt die Aktivierung der Thymusproduktion von T-Zellen. Diese Verbindung führte Dr. Ross Clark, Endokrinologe bei Gentech Inc. in San Francisco, zu der Annahme, daß IGF-1 auch der Schlüssel zur Erneuerung des Thymus sein könnte. Im Tierversuch fand er heraus, daß »die Thymusdrüse, die mit dem Alter bis zur Hälfte oder zu einem Viertel ihrer jugendlichen Größe schrumpft, mit IGF-1 wieder aufblühen kann.«

Ein gesundes Immunsystem senkt das Krankheitsrisiko

Die Aufsättigung des HGHs auf einen optimalen Spiegel kann die vorderste Verteidigungslinie gegen eine Krankheit sein. Das HGH stimuliert und stärkt fast jede Facette des Immunsystems. Wenn das System gesund ist, sinkt das Krankheitsrisiko drastisch. Der Schlüssel für ein langes Leben ist die Vermeidung von Krankheiten. Auf diese Weise könnte die HGH-Therapie die Antwort auf die Frage sein, wie man die Lebenszeit verlängert und wie die Lebensqualität dieser Jahre verbessert werden kann.

Das Knochengerüst

Das Knochengerüst ist der Teil des Körpers, der einfach für selbstverständlich gehalten wird. Wir tendieren dazu, unsere Knochen zu ignorieren, bis ein Problem auftaucht, und zu diesem Zeitpunkt ist es gewöhnlich bereits ein ernstes Problem. Postmenopausale Frauen, die Östrogenzusätze nehmen, wissen vielleicht die Wichtigkeit fester Knochen am meisten zu schätzen. Die Osteoporose, eine Schwächung der Knochen, ist für sie plötzlich sehr real geworden, und die Östrogensubstitution kann dieser Bedrohung entgegenwirken. Betroffen von der Schwächung der Knochen sind aber Frauen und Männer, es ist ein Teil der Krankheit, die Altern genannt wird. Ein starkes Knochengerüst ist lebenswichtig aus vielen Gründen. Starke Knochen bedeuten eine größere Mobilität, und sie sind grundlegend für den Schutz der wertvollen Organe. Stellen Sie sich vor, wie leicht Ihr Rückenmark, Ihr Herz und Ihre Lunge verletzt werden könnten, wenn Ihre Knochen sie nicht beschützten wie die starken Steinmauern einer mittelalterlichen Burg.

Die Osteoporose ist ein Teil der Krankheit, die Altern genannt wird

Das Ausbalancieren der Kräfte

Wie alles andere im Körper ist die Stärke des Knochenbaus eine Frage des Ausbalancierens von zwei gegensätzlichen Kräften. In diesem Fall haben wir es

Starke Knochen sind eine Frage des Gleichgewichts

mit den Osteoblasten (knochenbildende Zellen) und den Osteoklasten zu tun, die das Knochengewebe zerstören. Im Körper gesunder Kinder sind diese Kräfte so ausbalanciert, daß die Osteoblasten den Osteoklasten überlegen sind. Darum können die Knochen und damit die Kinder in ihren physiologisch entscheidenden Jahren wachsen. Wenn das Alter näher rückt, wird dieses Gleichgewicht gestört, weil die Osteoklasten in unserem Körper den größeren Einfluß gewinnen. Dadurch beschleunigt sich der Knochenabbau, die Knochen werden schwächer und schränken unsere Leistungsfähigkeit ein. Die Gefahr von Hüftfrakturen und anderen Verletzungen nimmt zu.
Ursprünglich spielte das HGH hauptsächlich eine Rolle als Wachstumshilfe für Kinder. Das ist aber nur dann sinnvoll, wenn das Wachstumshormon eine direkte Verbindung zu jenen Kräften hat, die das Knochenwachstum kontrollieren – in jedem Alter. Ein Symptom des HGH-Defizits ist der Rückgang der Knochendichte. Tatsächlich ist die Abnahme des HGHs direkt proportional zu dem Verlust von Knochenmasse. Ebenso hat sich gezeigt, daß die HGH-Substitution einen drastischen Anstieg der Knochenstärke in relativ kurzer Zeit bewirkt.

Die Dichte der Knochenmineralien

Eine geschwächte Knochenstruktur bewirkt überdurchschnittlich viele Brüche

In einer deutschen Studie wiesen Erwachsene mit HGH-Defizit eine Reduzierung der Knochenmasse um 51 % und eine Reduzierung der gesunden Anteile der Lendenwirbelsäule beziehungsweise des Unterarms um 73 % auf. Die geschwächte Knochenstruktur bewirkt überdurchschnittlich viele Brüche. Eine Erklärung für diese Schwächung ist der Verlust der Dichte der Knochenmineralien, der auch bei HGH-defizitären Erwachsenen auftritt. Das Wachstumshormon kann dem Körper diese Mineralien zurückgeben, was durch den Anstieg des Calciumspiegels nach der HGH-Substitution nachgewiesen wurde. Das HGH erhöht nämlich die Verfügbarkeit der Mineralien im Körper, indem es den Darm dabei unterstützt, mehr Calcium und Phosphat aus der Nahrung zu absorbieren. Diese Mineralien tragen dann zur Stärkung der Knochen bei. 1990 berichtete Rudmans Studie über die HGH-Substitution bei älteren Männern von einem 1,6prozentigen Anwachsen der Dichte der Lendenwirbel nach einer nur sechsmonatigen Behandlung. Das sind die Knochen, die unser Rückenmark schützen, das die Einheit der Kommunikation zwischen dem Gehirn und dem Rest des Körpers aufrechterhält. Wenn diese Wirbel stark sind, verbessert das den natürlichen Schutz, den wir brauchen. Und wenn auch die anderen Knochen des Skeletts stark sind, sind wir so mobil und unabhängig, wie wir sein wollen.

Wir können so mobil und unabhängig sein, wie wir wollen

Die Muskulatur

Die Muskulatur arbeitet mit dem Skelett zusammen. Oft werden beide zusammen erforscht und als Bewegungsapparat bezeichnet. Wie oben erwähnt, verleiht uns ein starkes Skelett eine größere Mobilität. In Kombination mit starken Muskeln wird Ihre Mobilität und Unabhängigkeit sogar noch größer. Auch die Muskeln dienen wie die Knochen dem Schutz der Organe.

Die Muskelmasse nimmt ab dem zwanzigsten Lebensjahr wieder ab

Unglücklicherweise verlieren wir diesen Schutz und auch die Mobilität, wenn unsere Muskeln schwächer werden. Es wurde nachgewiesen, daß die Muskelmasse ab einem Alter von 20 Jahren um 227 Gramm pro Jahr abnimmt. Übungen können die Muskeln stärken, aber sogar die gesunden Trainingsprogramme reichen nicht aus, um die Lebensweise beibehalten zu können, die man sich wünscht.

Aktiv wie in jüngeren Jahren

Der Schlüssel liegt in einer Zunahme der fettfreien Körper- (Muskel-)masse oder der Substitution dessen, was über die Jahre verloren gegangen ist. Studien, die die HGH-Substitution bei trainierten, gesunden Erwachsenen ausgewertet haben, belegen ein beeindruckendes Anwachsen der fettfreien Masse (schiere Muskeln) bei einer gleichzeitigen korrespondierenden Abnahme der Fettmasse. Eine Studie der United Medical School in London schloß daraus, daß die Zunahme der fettfreien Körpermasse dem Anwachsen der durch das HGH stimulierten Proteinsynthese zuzuschreiben war. Mit dem Anwachsen der Muskelmasse wächst gewöhnlich auch die physische Kraft. Einige Studien haben eine Zunahme der Kraft des Quadrizeps nach nur vier Monaten HGH-Substitution gemessen.

Treppensteigen und andere körperliche Aktivitäten fallen wieder leicht

Erhöhte Muskelkraft, kombiniert mit einer Fettabnahme, hat den Vorteil, daß Sie Ihre täglichen Pflichten leichter bewältigen können. Treppensteigen und das Heben von Gegenständen zum Beispiel wird Ihnen wieder so leicht fallen wie damals, als Sie um die zwanzig waren. Aber darüber hinaus ermöglichen kräftige Muskeln auch solche Aktivitäten, die Sie nicht Angriff zu nehmen wagten, seit Sie ein Teenager waren. Vielleicht möchten Sie einen Tauchgang wagen oder sich wieder an jenem Tanzturnier beteiligen, das Sie vor 30 Jahren gewonnen haben.
Diese neugewonnene Agilität wird den Skelettmuskeln zugeschrieben. Sie sind dafür verantwortlich,

wie gut sich Ihr Körper bewegen kann und wie kräftig Ihre Gliedmaßen sind. Die Forschung zeigt, daß die Skelettmuskeln 50 % der fettfreien Masse des Körpers ausmachen. Darum ist bei der Zunahme der Körpermasse insgesamt, die hormonsubstituierte Patienten erleben, ein großer Teil zweifelsfrei dem Anwachsen der Skelettmuskeln zuzuschreiben. In zahlreichen Studien zeigte die Computertomographie der Oberschenkel eine Zunahme der Muskelmasse um 5–8 %. Ein Urintest, der eine Kreatinin genannte Substanz nachweist, kann ebenso ein Indikator für Muskelmasse sein. Kreatinin ist ein Proteinkomplex, der hauptsächlich in den Muskeln produziert wird. Die Menge des Kreatinins, das vom Körper in einer 24stündigen Periode ausgeschieden wird, kann dem Arzt einen guten Hinweis auf die Muskelmasse liefern. In Salomons Studie erhöhte sich der Kreatininausstoß nach der HGH-Behandlung und belegte erneut, daß das HGH das Anwachsen der Muskelmasse stimuliert.

Mehr Muskeln bescheren eine neue Agilität

Die gesamte Muskulatur wird gestärkt

Die Rolle des HGHs bei der Zunahme der Muskelmasse wurde in einer frühen Studie von D.B. Cheek und D.E. Hill entdeckt. Diese Studie legt nahe, daß das HGH nicht bewirkt, daß die Muskelzellen größer werden, sondern daß durch eine Teilung der Muskelzellen und eine daraus resultierende größere Anzahl der Zellen die Muskelmasse anwächst und die gesamte Muskulatur gestärkt wird. Das Anwachsen der Masse der Muskelzellen stimmt überein mit Studien von Bengt-Ake Bengtsson, die eine Gesamtzunahme der Masse an Körperzellen um 6 % nach einer zwölfmonatigen HGH-Behandlung nachwiesen.

Das Herz-Kreislauf-System

Der wichtigste Muskel ist das Herz

Der wichtigste Muskel des Körpers, der gestärkt werden muß, ist das Herz. Die konventionelle Methode, diesen Muskel zu stärken sind Aerobic-Übungen, aber Forschungen haben gezeigt, daß das Herz eines alternden Körpers diesem Streß schlicht nicht gewachsen ist. Sogar bei aktiven Menschen wird der Herzmuskel geschwächt, wenn die Hormonspiegel sinken. Studien belegen, daß die Hormonsubstitution – und speziell die des HGHs – die Gesundheit des Herzens und des gesamten Herz-Kreislauf-Systems drastisch verbessern. Tatsächlich liefern uns diese Studien ein paar aufregende Neuigkeiten über das unglaubliche Potential des HGH.

Auch das Herz braucht das HGH

Weil das HGH die Muskeln des Körpers bildet, trifft das natürlich auch auf das Herz zu. Eine italienische Studie belegt, daß bei einem Patienten mit geschwächtem Herzen die Muskelmasse des linken Ventrikels nach einer kurzen HGH-Substitution anwuchs. Die Zunahme läßt sich mit der Echokardiographie erkennen. Dieser gekräftigte Herzmuskel verbessert die Stärke der Herzkontraktionen oder des kardialen Auswurfs. Das bedeutet, daß die Menge an Blut, die bei jedem Pumpen durch das Herz gedrückt wird, zunimmt. Vergleichbar mit einem Schachtelmännchen, einem »Jack-in-thebox«, das mit neuer Sprungkraft schnell und voller Energie aus der Schachtel springt. Aber wenn die Sprungfeder ausgeleiert ist, kann das Männchen nicht mehr so schnell und so weit springen. Die Kräftigung der Herzmuskulatur bewirkt, daß das Herz effizienter und effektiver arbeitet – mehr so wie die stramme Sprungfeder. Wenn der Muskel besser funktioniert, steigt auch die Leistungsfähigkeit des Patienten.

Ein starkes Herz ist eine neue Hoffnung

In diesem Land, wo Herzfehler, Herzattacken und Schlaganfälle zu den häufigsten Todesursachen zählen, ist ein starkes Herz eine neue Hoffnung. Rosen und Bengtsson von der Universität in Gøteborg erkannten, daß Patienten, die an solchen Krankheiten gestorben waren, auch einen niedrigen Spiegel des Wachstumshormons aufwiesen. Die Studie an 333 Patienten mit einer Unterfunktion der Hypophyse wies eine Sterblichkeitsrate auf, die fast doppelt so hoch wie die normale war, und 60% dieser Todesfälle wurden auf Herz-Kreislauferkrankungen zurückgeführt. Etliche Studien berichten von einem Anstieg der tödlich verlaufenden Herz-Kreislauferkrankungen bei HGH-defizitären Erwachsenen im Vergleich zu anderen Erwachsenen ähnlichen Alters, gleichen Geschlechts etc. mit genügend HGH.

Ein HGH-Defizit kann tödliche Folgen haben

Das ist teilweise auf die »Verhärtung« der Arterien zurückzuführen, die bei Patienten mit einer Unterfunktion der Hypophyse festgestellt wurde. Diese HGH-defizitären Patienten wiesen eine wachsende Menge arteriosklerotischen Plaques in den Arterien auf. Dabei handelt es sich um Ablagerungen, die von der Verfettung der Innenwand der Arterien verursacht werden. Am auffallendsten ist dieser Plaque in der Oberschenkelschlagader (Femoralarterie) und der Halsschlagader (Carotis), die das Blut zu den Beinen bzw. in den Kopf transportieren.

Die HGH-Substitution reinigt die Arterien von Verstopfungen und stärkt das Herz

Der Körper wird gereinigt und geschützt

Die HGH-Substitution stärkt den Herzmuskel und reinigt die Arterien von lebensbedrohlichen Verstopfungen. Eine neuere Studie von Dr. M. Volterrani von der Universität in Brescia, Italien, untersuchte zwölf

Patienten mit chronischer Herzinsuffizienz. Er behandelte die Patienten – alle in einem Alter zwischen 49 und 79 – mit dem HGH und berichtete von »... einer massiven Steigerung des kardialen Auswurfs und einem bemerkenswerten Abfall des pulmonalen Widerstandes.« Zwei weitere Studien belegen, daß das HGH eine sehr effektive Behandlung für GH-defizitäre Patienten mit ernsten Herzproblemen wie einer schweren Kardiomyopathie sein kann.

Ein anderer Faktor, der für ein gesundes Herz eine Rolle spielt, ist das individuelle Körpergewicht, und noch wichtiger sind der Cholesterinspiegel und der Prozentsatz des Körperfetts. Wie wir bereits nachgewiesen haben, hilft das HGH dabei, diese Faktoren zu regulieren und sie auf einem gesunden Spiegel oder Niveau zu halten. Dadurch reduziert sich das Risiko fast aller Herzkrankheiten.

Das HGH arbeitet in jeder Zelle für den Schutz des Körpers

Auch auf einer anderen Ebene, in jeder Zelle, arbeitet das HGH für den Schutz des Körpers. Studien haben ergeben, daß das HGH die Zellen vor freien Radikalen und anderen Eindringlingen schützt. Und es existiert die Ansicht, daß das Wachstumshormon die Reproduktion der DNS in jeder Zelle stimulieren kann.

Dieser zelluläre Schutz hat sich bei Schlaganfällen als sehr wichtig erwiesen. Ein Schlaganfall ist beängstigend, weil der Schaden, den er bei den Herz- und Hirnzellen anrichten kann, oft zum Absterben der Zellen führt. Ein Schlaganfall kann die Sprachfähigkeit zerstören, die Mobilität nehmen, er kann ein geschwächtes Herz zurücklassen und eine höhere Anfälligkeit für andere Herzprobleme. Studien belegen, daß durch eine ausreichende Menge von Wachstumshormonen im Körper die Herz- und Hirnzellen bei einem Schlaganfall vor dem Absterben geschützt werden können.

Hilfe für Herz und Lunge

Nach der HGH-Substitution können Herz und Lunge effizienter arbeiten

Bei dem Bemühen, unseren Körper gesund zu erhalten, arbeitet unser Herz sehr eng mit der Lunge zusammen, und das HGH hilft auch diesem wichtigen Organ. Wir erinnern uns, daß einer der Tests zur Bestimmung des biologischen Alters die Messung der Luftmenge enthielt, die ein Mensch in einer Sekunde ausstoßen kann. Eine Studie von Cuneo und seinen Kollegen untersuchte 1991 die Auswirkungen der HGH-Substitution auf die Belastbarkeit. Sie fanden heraus, daß HGH-defizitäre Erwachsene maximal 80 % der Sauerstoffmenge von Gesunden aufnahmen. Und die maximale Herzfrequenz bei fast maximaler Belastung betrug 90 % der Norm. Nach der HGH-Behandlung erreichten sowohl die maximale Sauerstoffaufnahme als auch die maximale Herzfrequenz einen gesunden Wert. Das verbesserte die physische Belastbarkeit, besonders bei submaximaler Belastung, die auf die meisten Tagesaktivitäten zutrifft.

Sogar Patienten mit chronisch obstruktiven Lungenkrankheiten, deren Lungenflügel nicht mehr so elastisch sind, erleben solche Fortschritte bei der forcierten Vitalkapazität mit der HGH-Therapie. Es gibt sogar Hinweise, daß das HGH das Lungengewebe regenerieren kann. Die Steigerung der Lungenkapazität erhöht die Belastbarkeit der Patienten. Das ist so, weil eine starke Lunge wie ein gesundes Herz effizienter arbeiten kann. Sie gibt den Sauerstoff besser an die Zellen ab, und das hilft, den ganzen Körper gesünder zu machen.

Eine Steigerung der Lungenkapazität erhöht die Belastbarkeit

Das gastrointestinale System

Das Wachstumshormon verhindert Mangelerscheinungen

Dieses System ist nicht so gründlich in bezug auf den HGH-Einfluß untersucht worden wie viele andere. Aber 1995 maß eine Studie die Wirkung von HGH, Glutamin und einer angepaßten Diät auf Patienten mit einem schweren Kurzdarmsyndrom.

Charakteristisch für diesen Zustand ist eine verminderte Darmresorption, was zu Dehydration, Entwässerung, und zu Malnutrition, Mangelernährung, führt. Nach einer HGH-Kur berichteten die Patienten von einer »gesteigerten Resorption aller Kalorien, Proteine, Kohlenhydrate, Wasser und Natrium. Die Fettaufnahme veränderte sich nicht.« Die gewachsene Resorption unterstützt den Körper bei der Verwertung der aufgenommenen Nahrung. Die Aufnahme der Energie, der Mineralien und des Wassers aus dem Darm in die Zellen macht den Körper gesünder. Das HGH spielt eine große Rolle bei diesem Prozeß, weil es die Darmzellen anregt, »besser zu arbeiten« und ihre spezifische Aufgabe zu erfüllen wie in einem gesunden, jungen Körper.

Nieren und Leber

Der Lungenkapazitätstest gehört zu den Tests, mit denen man das biologische Alter bestimmen kann. Der Nierenfunktionstest untersucht, wie gut die Nieren arbeiten. Er wird gemacht, weil ein Nierenversagen und die damit einhergehenden Beschwerden immer häufiger auftreten, je älter wir werden. Sowohl die Nieren als auch die Leber reinigen den Körper von unerwünschten, ungesunden Stoffen, indem sie sie aus dem Blut herausfiltern. Die Organfunktionen können erschwert werden durch Alkoholmißbrauch, Verletzungen oder die Abnahme der zellulären Effizienz im Alter. Schon 1963 zeigten Studien eine eindeutige Abnahme der glomerulären Filtrationsrate und des renalen Plasmaflusses bei Patienten mit einem HGH-Defizit. Die Nieren dieser Patienten arbeiteten nicht so effizient wie in einem gesunden Körper, und nicht alle unerwünschten Giftstoffe wurden aus dem System gewaschen.

Das HGH hat die Macht, Nieren und Leber zu verjüngen

Das HGH hat die Macht, sowohl die Nieren als auch die Leber zu verjüngen, so daß sie wieder optimal funktionieren. Die Nieren entfernen Abfallstoffe aus dem Blut und unterstützen den Körper bei der Aufrechterhaltung des richtigen Gleichgewichts zwischen Salz und Wasser. Mit dem Alter verschleißen die Nieren, und wir werden anfälliger für ein Nierenversagen – ein Zustand, in dem sich der Körper selbst vergiften kann. Um ein Nierenversagen zu behandeln, müssen Patienten an die Dialyse angeschlossen werden, ein teures Verfahren, bei dem das Blut aus dem Körper durch die Maschine gepumpt wird, um Verunreinigungen herauszufiltern. Meistens muß die Dialyse dreimal in der Woche stattfinden und das ganze Leben fortgesetzt werden, es sei denn, es kann eine Spenderniere transplantiert werden.

Transplantationen können vermieden werden

Das ist ein langer, schmerzhafter und lebensbedrohlicher Prozeß, der mit dem HGH vermieden oder wenigstens verzögert werden könnte. Studien mit Patienten, die eine Nierenverletzung erlitten hatten, zeigten, daß die HGH-Substitution die glomerulare Filtration erhöht und damit den Nieren hilft, mehr Giftstoffe zu filtrieren.

Der lebensnotwendige Filter

Die HGH-Substitution kann ebenso das Funktionieren der Leber unterstützen. Die Leber ist das größte Organ des Körpers und wiegt knapp 1,5 kg. Sie ist das chemische Zentrum des Körpers und erfüllt zwei Hauptfunktionen. Die erste besteht aus der Umwandlung von Zucker in Lipide und Kohlenhydrate, die der Körper zwischen den Mahlzeiten verbrauchen kann. Diese Funktion ist von größter Wichtigkeit für die Gehirntätigkeit und das Zentralnervensystem, weil beide nur durch sie gespeist werden. Die Leber wirkt also ähnlich wie die Nieren als Filter und reinigt das Blut von Giftstoffen. Die Leber kann durch Infektionen oder Alkoholkonsum geschwächt oder bei einem Unfall verletzt werden. Das belastet die Nieren, weil sie in solchen Fällen die Giftstoffe allein filtrieren müssen.

Das HGH hilft bei der Reparatur zerstörter Zellen

Weil eine Erkrankung der Leber, oder eine Leberzirrhose, aus einer kollektiven Zerstörung vieler einzelner Leberzellen resultiert, kann das HGH dabei helfen, diese Zellen zu reparieren. Dennoch gibt es einen Punkt, wo die Chancen sinken, wenn die Zerstörung bereits zu groß ist und sich schon zu lange ausbreiten konnte. Trotzdem können die aufbauenden Potenzen des HGHs den Proteinstoffwechsel positiv beeinflussen, was nahelegt, daß die HGH-Therapie bei der Behandlung chronischer Leberschäden eingesetzt werden könnte. Das HGH unterstützt eine weitere Leberfunktion, indem es ihre LDL (schlechten) Cholesterin-Rezeptoren stimuliert. Damit sind diese Rezeptoren in der Lage, eine größere Menge des unerwünschten Cholesterins aus dem Blut und möglicherweise ganz aus dem Körper zu entfernen. Das senkt den gesamten LDL-Cholesterinspiegel des Körpers.

Das Nervensystem

Viele Vorteile der HGH-Therapie, die wir bereits beschrieben haben, gelten auch für das Gehirn und das Zentralnervensystem. Das HGH kann jede Körperzelle schützen und stärken, einschließlich der Gehirnzellen, wie wir aus Studien über Schlaganfallopfer wissen. Auf der anderen Seite ist ein HGH-Defizit möglicherweise teilweise verantwortlich für den Gehirnschwund, der im Alter einsetzt. Der Nachweis, daß das HGH die Zellen des Herzmuskels regenerieren und stärken kann, weist darauf hin, daß wir mit der Aufsättigung des HGHs auf einen optimalen Spiegel auch die wertvollen Hirnzellen regenerieren könnten.

Noch ist das eine Hypothese, aber das HGH hat nachweislich viele Funktionen, die die Leistungsfähigkeit des Gehirns heraufsetzen. Zum Beispiel herrscht die Ansicht, daß das HGH die Konzentration von Neurotransmittern im Gehirn vergrößern kann. Neurotransmitter sind die Botenstoffe des Gehirns, die Informationen von Zelle zu Zelle transportieren. Je höher die Konzentration der Neurotransmitter ist, desto schneller werden Informationen transferiert und desto schneller ist die Responszeit.

Auch die Botenstoffe des Gehirns scheinen positiv durch das HGH beeinflußt zu werden

Das Erinnerungsvermögen und das HGH

Die Spekulationen um das HGH und das Gehirn hören nicht auf, besonders, weil wir dort nicht nachsehen können, welche Veränderungen stattgefunden haben. Aber wir können die Verbesserungen bei einzelnen Patienten beobachten, die mit HGH substituiert wurden. Wegen der erhöhten Konzentration der Neurotransmitter berichteten Patienten davon, daß sie insgesamt geistig reger seien. Noch mehr betonten sie, daß sich ihr Gedächtnis verbessert hätte, was ebenfalls einer größeren Neurotransmitterkonzentration zugeschrieben werden kann. Wie oft haben wir nicht jemanden sagen hören: »Ich kann mich nicht erinnern. Ich glaube, ich werde alt.« Gedächtnisverlust wurde lange mit dem Altern verbunden, aber jetzt haben Wissenschaftler eine direkte Verbindung zwischen dem Erinnerungsvermögen und der Menge des im Körper vorhandenen HGHs entdeckt.

Diese Neuigkeiten lassen hoffen, weil viele sich vor dem Verlust ihrer geistigen Fähigkeiten mehr fürchten als vor dem Verlust ihrer physischen. Das HGH kann sowohl den Geist als auch den Körper vor den Verheerungen durch die Zeit beschützen.

»Du bist nur so alt, wie du dich fühlst«

Zusammen mit dem Schutz des Gehirns und der Rückkehr geistiger Fähigkeiten scheint das HGH auch ein »jugendliches Gefühl« und ein allgemeines Wohlbefinden zu vermitteln. Der alte Spruch, »du bist nur so alt, wie du dich fühlst«, erhält plötzlich eine neue Bedeutung, weil diejenigen, die das HGH einnehmen, mehr Energie und das Gefühl haben, alles, was sie möchten, tun zu können.

Der Verlust des Selbstwertgefühls

Sie gewinnen mehr Energie, emotionale Stabilität und eine Einbettung in das soziale Leben

Im großen und ganzen teilen HGH-defizitäre Patienten diesen Enthusiasmus nicht. Tatsächlich offenbarten sie beim Ausfüllen von Fragebögen, daß sie überzeugt sind, überdurchschnittlich viele physische und psychische Probleme zu haben. Sie klagen über wenig Energie, emotionale Instabilität und soziale Isolation. Erschöpfung, Konzentrationsschwierigkeiten und Gedächtnisprobleme können die Arbeitsfähigkeit beeinträchtigen und damit nicht nur die Karriere und den sozialen Status gefährden, sondern auch das Selbstwertgefühl. Eine Studie von McGauley, Cuneo und Salomon zeigte, daß mehr als ein Drittel dieser HGH-defizitären Patienten auf einer Skala psychologisch auf einem Platz rangierten, der normalerweise professionelle psychiatrische Hilfe mobilisieren würde.

Eine Folgestudie zeigte, daß die Patienten in der HGH-Therapie innerhalb nur einer Woche einen Energieschub erlebten und den Interviewern nach sechs Monaten bescheinigten, daß ihr psychischer Allgemeinzustand sich verbessert hätte. Durch die Auswertung von Fragebögen zur Selbsteinschätzung im Palm Springs Life Extension Institute wissen wir von einer signifikanten Verbesserung der emotionalen Befindlichkeit und des Erinnerungsvermögens. Die befragten Patienten erklärten, sie hätten wieder soviel Energie wie mit zwanzig; sie fühlten sich emotional stabiler und hatten eine positivere Einstellung zum Leben. Auch ihre Gedächtnisleistungen hatten sich signifikant verbessert.

Der Energieschub für die Psyche wird von besseren Gedächtnisleistungen begleitet, Depressionen verschwinden

Die Welt sieht wieder anders aus

Diese Untersuchung deutet darauf hin, daß das HGH auch als Antidepressivum im Gehirn wirken könnte. Eine Studie über schwer Depressive von Fiasche und Kollegen aus Argentinien belegte, daß ein niedriger HGH-Spiegel mit Neurotransmitterschäden korrespondierte und die Krankheit hervorrief. Die Verjüngung des HGH-Spiegels auf seinen optimalen Wert könnte die Neurotransmitter stimulieren und die Depression bezwingen. Wir wissen noch nicht mit Bestimmtheit, was diese unglaublichen Reaktionen des Nervensystems verursacht. Möglicherweise beeinflußt das HGH die psychische Gesundheit durch die Erhöhung der zerebralen Durchblutung oder durch eine direkte Einwirkung auf das Zentralnervensystem. Auch der bessere psychische Zustand kann zumindest teilweise den drastischen physischen Verbesserungen zugeschrieben werden, die die Patienten sehen und fühlen. Sie nehmen ab und entwickeln Muskeln, sind energiegeladener und haben mehr Antriebskraft, was bedeutet, daß sie mehr mit ihrem Leben anfangen können. Darum fühlen sie sich mit sich und der Welt insgesamt besser.

Haut und Haare

Woher wissen Sie beim ersten Zusammentreffen, daß jemand »alt« ist? Oft läßt die äußere Erscheinung das Alter vermuten. Falten und graue Haare fallen auf, bevor man Krankheiten, Gedächtnisverlust oder einen Kräftenachlaß bemerkt. Deswegen achten viele Leute mehr auf ihre äußere Erscheinung als auf ihre innere Gesundheit. Der universelle Wunsch, auszusehen, als sei man zwanzig, macht Faltencremes, Haarfärbemittel, Jugendlichkeits-Rezepturen und kostspielige plastische Operationen zum großen Geschäft.

Die »Jugend aus der Flasche« ist keine adäquate Wahl

Aber nichts davon ist adäquat. Statt dessen müssen wir zuerst herausfinden, wo die Ursachen für die Alterserscheinungen der Haut und der Haare liegen und dann die Kräfte hinter diesen Zerstörungen aufhalten. Falten treten zum Beispiel auf, wenn die Haut dünner und trockener wird und an Elastizität verliert. Die äußere Hautschicht auf unserem Körper heißt Epidermis, und die Zellen in dieser Schicht besitzen die einzigartige Fähigkeit, sich unbegrenzt oft zu teilen und zu replizieren. Aber unterhalb der Epidermis liegt die Dermis. Die Zellen dieser Schicht sind vorprogrammiert auf eine festgelegte Anzahl von Teilungen. Wenn eine

Zelle sich nicht mehr teilt, stirbt sie ab. Je älter wir werden, desto weniger gesunde, lebende Zellen hat unsere Dermis. Darin liegt die Ursache für eine dünnere Haut, die an Elastizität verliert und Falten bekommt.

Schadensregulierung

Obwohl die Technologie noch nicht ganz an dem Punkt ist, wo das Absterben der Zellen in der Dermis verhindern werden könnte, kann das HGH eingesetzt werden, um einen Großteil des Schadens zu beheben. Das HGH stimuliert auch hier das Wachstum neuer Zellen, stärkt und schützt die existierenden und bewirkt, daß sich die alten Zellen wie neue verhalten. Rudman fand in seiner Studie heraus, daß die HGH-Therapie die dermale und epidermale Dicke verstärkt. Zusätzlich wird die Kollagen-Synthese des Körpers bei HGH-Einnahme verbessert. Kollagen ist ein Protein des Bindegewebes. Es ist eine Art Klebstoff, der etwas zusammenhält. Die Kollagen-Synthese nimmt mit dem Alter ab und verursacht, daß die Haut schlaff wird. Aber sobald man diese Synthese verstärkt, wird die Haut in einen guten Zustand zurückversetzt und bleibt dann so.

Wir haben schon beschrieben, wie das HGH das Muskelwachstum in etlichen Systemen stimuliert. Dasselbe bewirkt das HGH bei den Muskeln unter der Haut, speziell bei den Gesichtsmuskeln. Durch ihre Stärkung wird die Haut gestrafft, und Linien und Falten verschwinden. Das HGH verringert auch die Menge des Körperfetts, inklusive das der Ablagerungen unter der Haut. Die Fettreduzierung ist eine weitere Möglichkeit, der Haut bei der Rückkehr zu einem jugendlichen Aussehen zu helfen.

Die Haut wird gestrafft, Linien und Falten verschwinden – das ist natürliche kosmetische »Chirurgie«

Der Einsatz von HGH ist praktizierte kosmetische plastische Chirurgie. Aber es ist völlig natürlich. HGHsubstituierte Patienten berichten von einem fast unmittelbaren Dickerwerden ihrer Haut, weniger Linien und Falten und größerer Elastizität. Das umfassende Ergebnis ist ein jüngeres Gesicht, und glattere, festere Haut am ganzen Körper.

Aber was können wir tun gegen dünner werdendes Haar? Sollen wir Tausende für Haarersatz ausgeben? Weil Haarausfall und grau werdendes Haar fast ausschließlich mit dem Altern zusammenhängen, kann das HGH diese Veränderungen so positiv beeinflussen wie die Haut. In frühen Studien des Palm Springs Life Extension Institute wiesen 38 % unserer Patienten eine allgemeine Verbesserung der Haardicke und der Haarstruktur auf. In einigen Fällen kehrte die natürliche Haarfarbe zurück, oder das Haar wuchs nach.

Haare wachsen wieder, sogar die Farbe kann zurückkehren

Mit dem HGH fühlt man sich nicht nur besser, weil repariert wird, was im Inneren des Körpers »zusammengebrochen« war, sondern die Substitution verhilft auch zu einem besseren Aussehen. Es verpaßt dem Äußeren einen neuen Schliff. Danach wird selbst das schärfste Auge Schwierigkeiten haben, Ihr wirkliches Alter zu erkennen.

Heilung des Körpers

Auch nach Operationen wird HGH eingesetzt

In mehreren unterschiedlichen Studien wurde beobachtet, daß das HGH einen sehr positiven Einfluß auf die Heilung des Körpers hat. Das HGH wurde in Krankenhäusern eingesetzt, damit sich Patienten nach der Operation schneller von ihren Wunden erholten. Weil das HGH die Zellteilung stimuliert, kann alles, angefangen bei Schnitt- und Schürfwunden bis zu Knochenbrüchen und inneren Gewebsverletzungen, mit genügend HGH im System schneller heilen. Das HGH trägt zur Stärkung jeder einzelnen Zelle bei. Dadurch heilt die Verletzung besser, und Patienten stehen oft weniger Ängste aus. Darum wird das HGH bei der Behandlung von Patienten mit Verbrennungen eingesetzt. Auch die muskelbildenden Wirkungen des Wachstumshormons sind äußerst vorteilhaft bei Verletzungen. In vielen Fällen können Patienten den verletzten Muskel während des Heilungsprozesses nicht benutzen. Er wird geschwächt und verkümmert und braucht anschließend eine Krankengymnastik. Das HGH verkürzt die Genesungszeit, weil es den Muskel kräftigt, sogar wenn der Patient ihn noch gar nicht bewegen kann.

Verletzungen heilen besser, der Genesungsprozeß wird beschleunigt

Die Augen

Auch die Wirkungen des HGHs auf das Sehvermögen wurden im Palm Springs Life Extension Institute dokumentiert. Die Sehschärfe läßt im Alter meistens nach. Kurzsichtigkeit und Weitsichtigkeit sind weit verbreitet. Einige unserer HGH-substituierten Patienten berichteten, daß sie plötzlich ihre Brille nicht mehr brauchten. Auf vererbte Sehprobleme hat das HGH keinen Einfluß. Aber manchmal kann eine altersbedingte Verschlechterung mit einer geeigneten HGH-Behandlung rückgängig gemacht werden.

Plötzlich können Sie vielleicht wieder richtig sehen – ohne Brille

Das Wachstumshormon und die Sexualität

Generell berichten Patienten nach einer HGH-Therapie, daß sich ihr Geschlechtsleben verbessert habe. Das HGH stimuliert die Sexualhormone und entfacht die Libido. Plötzlich haben Leute, die ihren sexuellen Appetit verloren hatten, wieder genausoviel sexuelle Energie wie jemand, der dreimal so jung ist.

Sexuelle Abneigung und Dysfunktion gehören zu den altersbedingten Veränderungen, die viele für normal und unabänderlich halten. Trotzdem sind die meisten frustriert, wenn sie das erleben. Frauen und Männer, die früher sexuell aktiv waren, haben keine Energie mehr für den Sex und, noch schlimmer, das Begehren ist verschwunden. Manche Männer bekommen keine Erektion mehr, und Frauen haben Probleme mit der Lubrikation. Alle diese Veränderungen lassen sich zurückverfolgen auf die absinkenden Hormonspiegel.

In einer Studie mit 172 Männern, die im Palm Springs Life Extension Institute mit dem HGH substituiert wurden, berichteten drei Viertel der Gruppe von einem dramatischen Anstieg ihrer Libido, und über die Hälfte konnte eine Erektion über längere Zeit aufrechterhalten. Auch Frauen berichteten in der HGH-Therapie von einem solchen Anstieg ihres sexuellen Begehrens, ihrer Energie und intensiveren und sogar multiplen Orgasmen. Die gesteigerte Energie resultiert direkt aus der Stärkung verschiedener Körpersysteme und der Einwirkung des HGHs auf die Schilddrüsenhormone. Das größere Vergnügen wird möglicherweise dadurch verursacht, daß das Wachstumshormon das gesamte Nervensystem mit Energie versorgt. Das gesteigerte Begehren kann dem Einfluß des HGHs auf die Sexualhormone zugeschrieben werden.

Das sexuelle Begehren wird durch den Einfluß des HGHs gesteigert, Sexualorgane erhalten ihre ursprüngliche Größe zurück

Das HGH hat dieselbe umkehrende Wirkung auf die Sexualorgane wie auf gealterte Herzen und den geschrumpften Thymus. Das Ergebnis bei vielen Patienten war, daß ihr Penis oder ihre Klitoris durch die Wiederherstellung der Hormonspiegel auf die Höhe von Zwanzigjährigen ihre Originalgröße zurückerhielten. 1996 zeigte eine Studie der Mayo Klinik, daß allein die HGH-Therapie die normale Penisgröße bei HGH-defizitären Männern wiederherstellen konnte. Das HGH kann die Sexualfunktion auf etlichen Ebenen verjüngen. Zum Beispiel hat eine Studie dokumentiert, daß die HGH-Behandlung bei Männern, die vorher für unfruchtbar gehalten wurden, die Spermamotilität signifikant erhöhte.

Sie werden attraktiver

Die Hormonsubstitution ist ein attraktives Programm für Paare

Wir haben bereits über die positiven Auswirkungen des HGHs auf den Körperbau, die Haut und das Haar gesprochen. Eine attraktivere äußere Erscheinung mit stärkeren Muskeln und weniger Falten kann manchmal das größte sexuelle Stimulans sein. Mit adäquaten HGH-Spiegeln arbeiten alle Körpersysteme zusammen, um uns physisch und sexuell auf dem besten Niveau zu halten.

Mit der geeigneten Hormonbehandlung erleben Patienten, daß ihre Sexualität jetzt sogar besser ist als damals, als sie 20 waren. Ein freundlicher Hinweis sei jedoch gestattet. Es ist befriedigender, wenn beide Partner an dem Hormonsubstitutions-Programm teilnehmen. Denn fast genauso frustrierend wie der Verlust der Libido ist die Erkenntnis, daß die Bedürfnisse Ihres Partners oder Ihrer Partnerin nicht mit Ihren eigenen übereinstimmen. Aber wenn sich beide Partner in eine HGH-Behandlung begeben, können Sie die Freuden sexueller Verjüngung erleben.

Durch eine HGH-Behandlung können auch ältere Menschen die Freuden sexueller Verjüngung erleben

4 HGH und Krankheit

Wir haben nun erkannt, daß das Altern ein spezifisches klinisches Syndrom mit charakteristischen Symptomen ist. Dazu zählen die Neigung zum Übergewicht, ein anomaler Körperbau mit einem Übermaß an Körperfett, verhältnismäßig stark entmineralisierte Knochen, Lipidanomalitäten, ein Abfall der Insulin-Sensibilität, wenig Energie und ein HGH-Defizit. Die HGH-Substitution bei einem alternden Körper zielt auf alle diese Symptome, revidiert sie und beugt damit den bereits erörterten ernsthaften Problemen des Alterns vor.

Die HGH-Substitution dient der Vorbeugung

Schauen Sie sich dreißig Minuten lang eine beliebige Sendung des Fernsehprogramms an, egal ob die Nachrichten früh morgens oder die täglichen Talkshows und die Soaps. Sie werden in den Unterbrechungen ein wahres Sperrfeuer von Werbespots erleben, die alle versprechen, Ihnen dabei behilflich zu sein, Ihre unerwünschten Pfunde loszuwerden.

Fettleibigkeit, die Plage des 20. Jahrhunderts

Gehören auch Sie zu denen, die sich an jedem ersten Januar vornehmen, abzunehmen? Eine einfache Möglichkeit herauszufinden, ob Sie zuviel Fett haben, ist der Taille-zu-Hüfte-Verhältnis-Test. Dafür messen Sie Ihren Taillenumfang (an der schmalsten Stelle unterhalb der Rippen über dem Nabel) und Ihren Hüftumfang (an der weitesten Stelle). Teilen Sie den Taillenumfang durch den Hüftumfang. Ein Wert von 1,0 oder mehr liegt im gefährlichen Bereich.

Übergewicht wird normalerweise für ein kosmetisches oder ästhetisches Problem gehalten. Letzten Endes zielt die Werbung darauf. Aber in Wirklichkeit ist das Übergewicht (ein Hüfte-zu-Taille-Verhältnis von über 1,0) eine gefährliche Steigerung des Herzinfarkt- und Schlaganfallrisikos, sogar ohne andere Risikofaktoren (genetische Anlagen zum Beispiel).

Eine Gewichtsabnahme ist nicht nur eine ästhetische Frage, sondern kann lebensrettend sein

Übergewichtige Menschen erkranken häufiger an Diabetes und Arthritis. Deswegen würde eine Gewichtsabnahme nicht nur ihre äußere Erscheinung verbessern, sondern auch ihr Leben retten.

Je älter wir aber werden, desto schwieriger wird es, in die Kleider zu kommen. Und egal, wie sehr wir es versuchen, egal, wie gut wir uns ernähren oder wieviel wir trainieren, diese Extrapfunde und das Gepäck um unsere Mitte bleiben uns erhalten. Viele meinen, das sei normal und gehöre zum Älterwerden, wir müßten uns nur daran gewöhnen.

Was wir nicht tun. Und es gibt eine simple Methode, das Fett zu bekämpfen, ohne uns mit Appetitzüglern und irgendwelchen Mixturen zu munitionieren oder Gewichtsabnahme-Center zu bevölkern. Zunächst müssen wir verstehen, warum wir zunehmen.

Wir müssen verstehen lernen, warum wir zunehmen

Wie alles andere in unserem Körper ist auch die Gewichtszunahme ein Ungleichgewicht. Fettleibigkeit wird durch die Reduzierung des Stoffwechsels verursacht, was zur Fettspeicherung führt. Kurz, wir werden fett, weil die Stoffwechselkräfte des Körpers aus dem

Gleichgewicht geraten. Der Körper kann nicht länger so effizient arbeiten, daß er all das Fett verbraucht, das er aufnimmt. Und das Hormon, das den Stoffwechsel kontrolliert, ist kein anderes als das Wachstumshormon.

Der HGH-Spiegel bei Fettleibigkeit

Mit gesunden HGH-Spiegeln nimmt man ab

Untersuchungen belegen eine direkte Korrelation zwischen Fettleibigkeit und einem niedrigen HGH-Spiegel. 1996 zeigte eine niederländische Studie, daß HGH-defizitäre Erwachsene 75 % mehr Falten und 84 % mehr intra-abdominales Fett hatten als die Kontrollgruppe im selben Alter mit gesunden HGH-Spiegeln. Alle Studien über die HGH-Substitution, angefangen bei Rudmans bis zu unseren heute, dokumentieren einen beinahe sofortigen und drastischen Rückgang des Körperfetts. Wir haben herausgefunden, daß fettleibige Patienten, abhängig von ihrem jeweiligen Körperbau, pro sechsmonatiger Therapie 10–12 % ihres Körperfetts verlieren können. So kann zum Beispiel jemand mit einem extremen Übergewicht von 90 kg bei einer Größe von 1,62 m alle sechs Monate ca. 11 kg abnehmen. Prozentual nehmen diejenigen, die übergewichtig, aber nicht fettleibig sind, weniger ab. Eine andere Studie aus dem St. Thomas Hospital in London wies innerhalb eines halben Jahres einen Rückgang der Fettmasse um 18 % aus, wobei die Patienten im ersten Monat der Behandlung am meisten abnahmen. Die Meßergebnisse einer holländischen Studie zeigen einen Rückgang der gemessenen Hautfalten um 27 % und des abdominalen Fetts um 47 % nach der HGH-Therapie.

Es gibt keinen Jojo-Effekt

Normalerweise nimmt man die Pfunde, die man mit einer Diät verloren hat, hinterher genauso schnell wieder zu, meistens sogar mehr. Im Unterschied dazu verliert der Körper mit Hilfe des Wachstumshormons nicht einfach nur Fett, sondern die Botschaft, wie er das Fett verwenden soll, wird geändert. Das HGH bindet das Fett im Körper, spaltet es und macht es verfügbar. Es spaltet die Triglyceriden in Glycerine und freie Fettsäuren. Dieses Fett muß nicht länger gespeichert werden, weil es dem Körper nun als Kraftstoff dienen kann, statt ihn zu belasten.

Die Fettpolster, die sich um die alternde Körpermitte aufbauen, sind möglicherweise die gefährlichsten Abspeicherungen. Studien zeigen, daß HGH-defizitäre Patienten durchschnittlich einen Fettüberschuß von 7 % haben, und der größte Teil sitzt am Bauch. Leute mit einem Fettring um die Taille (abdominales Fett) haben ein höheres Krebsrisiko und erkranken mit größerer Wahrscheinlichkeit am Herzen als die, die einen »birnenförmigen« Körper haben und ihr Fett um die Hüften tragen. Bengt-Ake Bengtsson und seine Kollegen entdeckten, daß das HGH nicht nur das gesamte Körperfett abbaut, sondern speziell das abdominale Fett bekämpft und es innerhalb von sechs Monaten um 30 % reduziert. Im Vergleich dazu verloren andere Bereiche des Körpers 13 % Fett. Diese Verschlankung der Mitte stellt wieder den »normalen« Körperbau junger, gesunder Menschen her.

Die Verschlankung der Mitte entspricht einem jungen, gesunden Körperbau

Erhöhen Sie Ihre Stoffwechselrate

Ein weiterer Faktor beim Fettabbau kann der Grundumsatz sein. Jeder kennt den Satz, man würde ja abnehmen, wenn man nur einen besseren Stoffwechsel hätte. Dieser mysteriöse Begriff bezieht sich auf die Wärmemenge, die ein Körper in Ruhe abgibt,

Je höher der Grundumsatz eines Körpers ist, desto besser verarbeitet er den Kraftstoff

oder anders ausgedrückt darauf, wie schnell und effektiv unser Körper arbeitet, ohne daß wir ihn durch Bewegung anregen müssen. Je höher der Grundumsatz ist, desto besser verarbeitet der Körper den Kraftstoff, den man ihm zuführt. Tatsächlich können Menschen mit einer hohen Stoffwechselrate, besonders Teenager und junge Erwachsene, große Mengen essen, ohne zuzunehmen. Die meisten von ihnen müssen sogar viel essen, um ihren Körper mit der nötigen Energie für den Tag zu versorgen. HGH-defizitäre Patienten haben typischerweise einen sehr niedrigen Grundumsatz. Aber die Studie von Salomon zeigte einen Anstieg um 22 % nach einer einmonatigen HGH-Behandlung, der nach der sechsmonatigen Therapie immer noch bei 16 % über dem Stand vor der Behandlung lag.

Der Grundumsatz und der Cholesterinspiegel werden durch die HGH-Behandlung positiv beeinflußt

Verbunden mit dem drastischen Fettabbau ist eine Reduktion des LDL (schlechten) Cholesterinspiegels. Hohe Cholesterinwerte sind lebensbedrohlich und verstärken das Risiko von Herzerkrankungen, Arterienverstopfung und Schlaganfällen. Viele Amerikaner halten strenge Diät und nehmen Medikamente, um ihre Cholesterinspiegel im Blut zu regulieren. Das HGH aber bekämpft diesen Killer, indem es die LDL-Rezeptoren der Leber anregt. Dadurch kann das Blut besser filtriert werden, und das unerwünschte Cholesterin wird gänzlich aus dem Körper ausgeschieden. Bei annähernd 150 Patienten des Palm Springs Life Extension Institute zeigten der Mittelwert und der Median einen Abfall von 20 Punkten auf der Cholesterin-Skala. Auch auf der fünfzigsten Percentile gab es einen signifikanten Rückgang der Triglyceriden bei Patienten mit einem Abfall von 30 bis 40 Punkten.

Das gesunde muskulöse Gewicht

Zu den charakteristischen Merkmalen des HGHs gehört aber nicht nur der Fettabbau, sondern auch die Entwicklung von Muskeln. Das Ziel heißt weniger Fett und mehr schiere Muskelmasse. Die meisten Diäten und Methoden abzunehmen führen dazu, daß der Körper genausoviel oder mehr Muskelmasse wie Körperfett verliert. Aber weil sich das HGH bemüht, den gesamten Körper wieder ins Gleichgewicht zu bringen und nicht nur das Übergewicht zu bekämpfen, verlieren die Patienten zwar Fett, aber keine Muskelmasse, und diese wächst innerhalb von sechs Monaten sogar noch um 8–10 % an. Am wichtigsten aber ist, daß die cardiovasculäre Kraft des Körpers langfristig gestärkt wird, während das Risiko von Herzkrankheiten sinkt, wenn der Körper zu einem gesunden, muskulösen Gewicht zurückkehrt.

Es kommt darauf an, daß der Körper Fett abbaut, die Muskeln aber erhält

Arthrose beeinträchtigt die Lebensqualität

Zusammen mit der Osteoporose gehört die im Alter häufig auftretende Arthrose (Osteoarthrose) zu den Symptomen, die die Lebensqualität am meisten beeinträchtigen. Charakteristisch sind Schmerzen und eingeschränkte Bewegungsmöglichkeiten. Es fällt einem schwer, die täglichen Aufgaben zu erledigen. Die Osteoarthrose trifft hauptsächlich gewichtsbelastete Gelenke. Die Gelenkknorpel am Ende der Knochen nutzen ab, verursachen Schmerzen und schränken die Bewegung ein, wenn die Knochen gegeneinander reiben.

Die Forschung deckte einen Zusammenhang zwischen einem niedrigen HGH-Spiegel und der Osteoarthrose auf. Ein hoher HGH-Spiegel fördert das Knorpelwachstum, ein niedriger hingegen seinen Abbau. Darum empfiehlt sich auch in diesem Fall eine Behandlung mit dem Wachstumshormon. Zusätzlich kann das HGH den bereits angerichteten Schaden wieder beheben. Als Sie 20 waren, hatten Sie jedenfalls keine Osteoarthrose.

Zu den immer häufiger auftretenden Problemen gehört die Fibromyalgie. Hierbei breiten sich Muskel- und Gelenkschmerzen aus und schränken die Bewegungsmöglichkeiten ein. Auch Fibromyalgie-Patienten haben einen unterdurchschnittlichen Wachstumshormon-Spiegel, und die HGH-Substitution hat sich als wirksame Behandlungsmethode erwiesen.

Ein gesunder HGH-Spiegel stärkt das Immunsystem und bekämpft die Arthrose

Das HGH bekämpft Arthrose auch durch die Stärkung des Immunsystems. Wir haben bereits darauf hingewiesen, daß IGF-1 die Produktion der T-Zellen in der Thymusdrüse stimuliert. Diese Zellen bekämpfen aber nicht nur Bakterien und Krebs, sondern auch eine weitere Krankheit, die rheumatische Arthritis. Dabei handelt es sich um eine Autoimmunkrankheit, bei der der Körper nicht mehr in der Lage ist, seine Zellen zu schützen. Die rheumatische Arthritis greift die symmetrischen Gelenke in den Fingern, Händen, Füßen, Hüften und Knien an und kann auch außerhalb des Gelenkbereichs Nieren, Augen, das Herz und die Lunge schädigen. Darum beeinträchtigt diese Krankheit nicht nur unsere Lebensqualität, sondern kann lebensbedrohlich sein. Studien zeigen eine um drei bis sieben Jahre verkürzte Lebenserwartung bei Patienten mit rheumatischer Arthritis. Die Rückführung des HGH-Spiegels auf die Höhe von Zwanzigjährigen stärkt das Immunsystem und schenkt uns diese verloren geglaubten Jahre und noch einige mehr.

Schlaflosigkeit, ein verbreitetes Symptom

Ein verbreitetes Symptom des HGH-Defizits ist Schlaflosigkeit, begleitet von einem verminderten REM-Schlaf, verkürztem Schlaf insgesamt und schwerer Schläfrigkeit während des Tages. Es ist noch nicht abschließend geklärt, wie das HGH auf unsere Schlafstadien wirkt, aber es wurde nachgewiesen, daß die HGH-Substitution die Phase des REM-Schlafes (rapid eye movement) verlängert. Ärzte haben ermittelt, daß der REM-Schlaf körperlich am meisten guttut, obwohl die HGH-Substitution das REM-Schlafstadium erstaunlicherweise um 27 Minuten verlängert, während die Zeit, die Patienten insgesamt an Schlaf brauchen, kürzer wird. Ihr allgemeines Wohlbefinden steigert sich sichtlich, ebenso ihre Tagesenergie.

Sie schlafen besser, die Tagesenergie kehrt zurück

Krebs, der Stoff aus dem Alpträume gemacht sind

Sagen Sie einfach das Wort »Krebs«, und alle Anwesenden werden erstarren. Die Krebsforschung hat in den letzten Jahren große Fortschritte gemacht. Aber diese Krankheit, die sich über Jahre in zunehmender Abgeschlagenheit bemerkbar macht und zuletzt ausbricht, ist immer noch sehr furchteinflößend. Einige Behandlungsmethoden scheinen den Krebs erfolgreich zu bekämpfen, aber er wird so oft mit dem Tod in Verbindung gebracht, daß eine uninformierte Öffentlichkeit immer noch verunsichert ist. Alles, was nur entfernt mit Krebs in Verbindung gebracht wird, ist darum absolut beängstigend.

Die Krebsforschung hat Fortschritte gemacht

Weil das HGH die Zellteilung und das -wachstum steuert, geriet die HGH-Therapie in den Verdacht, krebsauslösend zu sein oder vorhandene Krebszellen anzuregen, sich zu vermehren und noch schneller auszubreiten. Weil es sich um eine schwere Krankheit handelt, die man nicht auf die leichte Schulter nehmen darf, haben sich mehrere Studien mit möglichen Zusammenhängen zwischen dem HGH und einer Krebserkrankung beschäftigt.

Kein Krebsrisiko durch HGH

Eine Forschungsreihe in Frankreich mit 5 546 Patienten über einen Zeitraum von 31 Jahren (1959–1990) kam zu dem Ergebnis, daß die HGH-Therapie keinen Anstieg von Leukämiefällen, Lymphomen oder bösartigen Tumoren verursachte. Eine andere Studie von S.A. Arslanian, die 1985 im American Journal of Diseases of Children veröffentlicht wurde, umfaßte 34 Kinder mit Gehirntumoren. 94 Prozent der Patienten litten nach der Krebstherapie, die keine Strahlenbehandlung beinhaltete, unter HGH-Mangel, und die Hälfte dieser Gruppe erhielt das HGH während der Genesungsphase. Die Anzahl der Tumorneubildungen war bei diesen Kindern geringer als in der Kontrollgruppe, woraus die Wissenschaftler schlossen, daß die HGH-Therapie nicht mit dem Wachstum von Tumoren oder deren Neubildung in Zusammenhang gebracht werden kann.

Die HGH-Therapie löst weder das Wachstum noch die Neubildung von Tumoren aus

Zur vielleicht ausgewogensten Einschätzung möglicher Zusammenhänge zwischen einer HGH-Behandlung und Krebs kam Dr. E. Martin Ritzen vom Karolinska Hospital in Schweden in seiner Studie, die untersuchte, ob das HGH das Risiko bösartiger Krebsarten erhöht. Er kam zu dem Ergebnis, daß »während

der geschätzten 150 000 Patientenjahre mit HGH-Behandlung zwischen 1988 und 1992 das Vorkommen bösartiger Krebsarten dasselbe oder niedriger war als in der übrigen Bevölkerung.«
Alle Studien, auch die des Palm Springs Life Extension Institute, kommen zu dem Schluß, daß die HGH-Behandlung nicht zur Bildung neuer Tumoren beiträgt. Im Gegenteil haben eine Reihe von Untersuchungen gezeigt, daß die HGH-Therapie eine sinnvolle Behandlung für Krebspatienten sein kann. Auch bei gesunden Menschen entwickeln sich täglich Krebszellen, aber normalerweise werden sie vom Immunsystem neutralisiert, bevor sie irgendeinen Schaden anrichten können. Man kann nicht über Krebs sprechen, ohne das Immunsystem zu erwähnen, und das HGH stärkt die Abwehrkräfte. Das dient der Prävention, und somit kann das Wachstumshormon dazu beitragen, daß die Krebszellen sich nicht ausbreiten und zu einem Problem werden.

Das Wachstumshormon dient der Prävention und kann dazu beitragen, daß sich die Krebszellen nicht ausbreiten

Das HGH in der Krebsbehandlung

Das HGH kann auch bei der Behandlung von Patienten eine Rolle spielen, die bereits an Krebs erkrankt sind. Obwohl es bisher nicht bewiesen ist, daß das HGH Krebs direkt bekämpfen kann, wissen wir mit Bestimmtheit, daß es alle Körpersysteme und Organe stärkt. Im Palm Springs Life Extension Institute können wir eine bemerkenswerte Geschichte erzählen. Ein schwerer Fall von Prostatakrebs entwickelte sich zurück, als der Patient mit dem Wachstumshormon substituiert wurde. Als er sich in unsere Behandlung begab, hatte er prostataspezifische Antigenwerte (PSA) von 50–60 (gesunde PSA-Werte liegen zwischen 0,0 und 4,0, bei Krebs liegen die Werte zwischen 10 und 20). Nach der HGH-Therapie fielen die PSA-Werte des Mannes, ohne daß wir es erklären können, in den Bereich von 3 bis 7.

Diabetes, das Ungleichgewicht beim Zucker

Auch Diabetiker können von der HGH-Therapie profitieren

Neben dem Verlust der Energie, der Kraft, des sexuellen Appetits und einem erhöhten Risiko von Herzerkrankungen wächst während des Alterns auch die Möglichkeit, Diabetes zu entwickeln. Diabetes ist eine Stoffwechselstörung, bei der eine ungenügende Menge des Hormons Insulin verhindert, daß die energiespendende Glukose aus dem Blutkreislauf in die Zellen gelangen kann, wo sie gebraucht wird. Dadurch steigen die Glukosewerte im Blut an. Weil aber die Zellen Energie benötigen, verlangen sie mehr Glukose. Die Leber reagiert darauf mit einer weiteren Erhöhung des Blutzuckerspiegels. Dieser Kreislauf mündet in einen Energieverlust des ganzen Körpers, eine besondere Belastung der Nieren, Gewichtsverlust, ein getrübtes Sehvermögen und häufige Infektionen. Schwere Fälle von Diabetes, die nicht behandelt werden, sind lebensbedrohlich.

Zu den sehr früh entdeckten Nebenwirkungen der HGH-Substitution gehörte ihr Einfluß auf das Insulin und die Blutzuckerwerte. Bei vielen Patienten stiegen sie an. Aber diese Veränderungen waren temporär und dauerten nicht länger als drei bis sechs Monate. Auf lange Sicht können Diabetiker von der HGH-Therapie profitieren. Studien zeigen, daß das Wachstumshormon die Sensibilität der Insulin-Rezeptoren erhöht, wodurch weniger Insulin für den Transfer der

Glukose aus dem Blut in die Zelle benötigt wird. Ein weiterer Vorteil, den Diabetiker aus der HGH-Substitution gewinnen, ist die Veränderung des Körperbaus. Wir haben bereits erwähnt, daß das HGH die Muskelmasse anwachsen läßt und die Fettmasse reduziert. Wenn diese Veränderungen bei Diabetikern auftreten, wird ihr Insulinbedarf noch weiter gesenkt. Wenn man die Insulin-Sensibilität in Relation setzt zum Gesamtfett, ist es wichtig, darauf hinzuweisen, daß die HGH-Behandlung zu einer Reduzierung des relativen Fettanteils und des Taille-zu-Hüfte-Verhältnisses führt (siehe den Abschnitt über Fettleibigkeit). Auch erhöht die Substitution den HDL (guten) Cholesterinspiegel signifikant und trägt gleichzeitig zu einer Senkung des gesamten Cholesterinspiegels bei.

Der Insulinbedarf wird gesenkt, aber Diabetiker brauchen neben einer besonderen Behandlung eine sorgfältige Überwachung

Natürlich brauchen Diabetiker eine besondere Behandlung, wenn sie sich einer HGH-Substitution unterziehen, und sie müssen sorgfältig überwacht werden. Aber alle Anzeichen sprechen dafür, daß Diabetiker von der HGH-Substitution profitieren können.

Unterernährung, ein Aspekt des Alterns

Auch Unterernährung im Alter wird durch ein HGH-Defizit verursacht

Einen Aspekt des Alterns, die Unterernährung, haben wir noch nicht beleuchtet. Es ist eine traurige Tatsache, daß alternde Menschen häufig auch an Unterernährung leiden, was zu oft ignoriert und noch öfter inadäquat behandelt wird. Dabei hat das Auswirkungen auf das tägliche Leben und kompliziert die anderen Altersprobleme.

Die Unterernährung wird direkt durch die reduzierte Ausschüttung des Wachstumshormons verursacht. Die Substitutionstherapie hilft auch hier, die Patienten nehmen zu, entwickeln Muskeln, und es gibt praktisch keine anderen Nebenwirkungen. In einer Studie nahm das Körpergewicht um mehr als zwei Kilo zu. Viele Wissenschaftler sind überzeugt, daß selbst bei einer adäquaten Nahrungsaufnahme untergewichtige ältere Patienten sehr von einer niedrig dosierten HGH-Substitution profitieren würden, weil das den Körper bei der Verarbeitung der aufgenommenen Nahrung unterstützt. Als hilfreich erweist sich die gestiegene Resorptionsfähigkeit des Darms, wodurch die Vitamine, Mineralien und Kohlenhydrate, die wir mit der Nahrung aufnehmen, im Körper zur Stärkung und Ernährung der Zellen verwendet werden können.

Aids, auch diese Krankheit findet Linderung

Von der HGH-Substitution können untergewichtige ältere Menschen ebenso profitieren wie Aids-Patienten

Viele Symptome des Alterns sind charakteristisch für Aids (acquired immune deficiency syndrome). Jemand, der an Aids erkrankt ist, ähnelt stark einer rapide alternden Person. Der Aids-Patient wird sehr schnell schwach, seine Muskeln, Knochen und seine Haut werden dünn, und der Körper verliert seine Abwehrkräfte. Es wurde nachgewiesen, daß das Wachstumshormon diesen Symptomen beim Altern entgegenwirken kann, und obwohl die HGH-Therapie Aids nicht heilt, kann sie auch hier Symptome lindern.

1990 zeigten zwei Studien von Jospe und Laue, daß etliche HIV-positive Kinder ein klassisches HGH-Defizit aufwiesen. Diese und noch weitere Studien wiesen darauf hin, daß die HGH-Ausschüttung und -Wirkung bei HIV-positiven Patienten dereguliert ist. 1989 entdeckte Kaufman diese Deregulierung bei zwei von drei hämophilen Jungen. Seine Studie gab zu der Vermutung Anlaß, daß der tägliche Anstieg und Abfall des HGH-Spiegels verantwortlich für die starke Wirkung auf den Körper sein könnte. Es hat den Anschein, daß dieser Wechsel bei HIV-Positiven fehlt.

Positive Untersuchungsergebnisse

Die HGH-Therapie hilft gegen die Auszehrung bei Aids-Patienten

Die Substituierung des HGH-Spiegels und die Stimulierung seines Rhythmus' kann sich auch bei Aids-Patienten positiv auswirken, Untersuchungsergebnisse bestätigen das. Am besten wirkte das HGH bei ihnen in der Behandlung der Auszehrung. Diese Auszehrung bei Aids, die der von unterernährten älteren Menschen ähnelt, ist ein unwillkürlicher Gewichtsverlust von mindestens zehn Prozent des normalen Körpergewichts. Er tritt auf, wenn der Körper beginnt, die Muskeln als Kraftstoff für biologische Prozesse einzusetzen, statt Fett zu verbrennen. Die Patienten sind sichtlich geschwächt und anfällig für tödliche Infektionen. Es wird geschätzt, daß die Auszehrung ein signifikanter Faktor in 90 % der Todesfälle bei Aids ist.

In einer im Herbst 1996 veröffentlichten Studie testeten Dr. Morris Schambelan und seine Kollegen am UC San Francisco und am San Francisco General Hospital die HGH-Behandlung an 178 Aids-Patienten, die an Auszehrung litten. Es handelte sich um eine zwölfwöchige placebokontrollierte Studie über die Veränderungen des Körperbaus und die aerobe Leistung. Nach der Auswertung ihrer Ergebnisse war die HGH-Therapie die erste Behandlung, die bei Auszehrung die schiere Körpermasse wiederherstellen konnte.

Vorbeugung gegen die Verwüstungen der Auszehrung

Die Aids-Patienten, die für diese Studie ausgewählt wurden, hatten durchschnittlich 14 % ihres Idealgewichts verloren und mußten fähig sein, mindestens 75 % ihres geschätzten Kalorienbedarfs zu sich zu nehmen. 90 Probanden erhielten tägliche HGH-Injektionen, 88 Patienten ein Placebo. Nach drei Monaten hatten die HGH-substituierten Probanden im Durchschnitt 1,6 kg zugenommen. Das resultierte aus einer durchschnittlichen Zunahme um 3 kg schierer Muskelmasse und einem Verlust von 1,4 kg Körperfett. Diese Patienten zeigten beim Tretmühlentest 13 % mehr Leistungsfähigkeit. Die placebokontrollierte Gruppe zeigte keine Gewichtsveränderung und nur 2 % Steigerung beim Tretmühlentest. Einige Patienten nahmen bei einer verlängerten HGH-Behandlung schließlich mehr als neun Kilogramm zu.

Die HGH-Substitution verbessert die Lebensqualität

Der Zuwachs schierer Muskelmasse bedeutet Prävention vor den Verwüstungen der Auszehrung, die die Aids-Erkrankung begleiten. Die Daten der UCSF-Studie deuten darauf hin, daß die HGH-Behandlung bei der Unterstützung dieser Gewichtszunahme eine wichtige Rolle spielen könnte. »Unsere Studie demonstriert, daß eine Therapie existiert, die den Gewebeverlust bei Aids-Patienten mit Auszehrung korrigieren oder rückgängig machen kann«, schreibt Schambelan. »Andere Therapien wie die Stimulierung des Appetits können eine Gewichtszunahme bewirken, sind aber nicht so erfolgreich bei der Wiederherstellung mageren Gewebes.«

Aids-Patienten geht es nach der Therapie nicht nur körperlich besser, sondern auch psychisch

Aids-Patienten, die das HGH bekommen haben, berichten, daß sie neue Hoffnung geschöpft haben. Sie sind kräftiger, können sich selbst versorgen und nehmen aktiv am Leben teil. Noch immer gibt es in diesem Bereich einen immensen Forschungsbedarf, aber schon heute steht fest, daß die HGH-Substitution eine wertvolle Behandlung ist; auch wenn sie AIDS nicht heilen kann, so verbessert sie die Lebensqualität von Aids-Patienten im fortgeschrittenen Stadium der Auszehrung.

Die Nebenwirkungen des Alterns

Das Wachstumshormon öffnet die Tür zur Gesundheit und zum Anti-Aging

Das HGH normalisiert den Körperbau, verbessert die Lipidmuster und die allgemeine psychische Befindlichkeit. Das Hormon vermehrt die Knochenmasse und stärkt damit den gesamten Knochenbau. Es kräftigt nicht nur unsere großen Skelettmuskeln, sondern auch die Muskeln der Organe und das Herz. Menschen mit einem optimalen HGH-Spiegel verfügen über die Energie und den Enthusiasmus, den sonst nur junge Leute um die zwanzig haben.
Während die Nebenwirkungen der HGH-Therapie minimal sind, sind es die des HGH-Defizits nicht: viele tödlich verlaufende Herz-Kreislauferkrankungen, reduzierte Leistungsfähigkeit und Muskelkraft, Störungen bei der Schweißabsonderung und der Regulierung der Körpertemperatur, ein anomaler Schilddrüsenhormon-Stoffwechsel, reduzierte myokardiale Funktion und die klinischen Symptome einer früh auftretenden Arteriosklerose. Alle diese Symptome können direkt mit einem HGH-Defizit in Verbindung gebracht werden. Wenn dieses Problem nicht behoben wird, werden Sie schnell und schmerzvoll altern. Die Alternative besteht in der Wiederherstellung Ihrer optimalen Hormonspiegel, Ihrer Gesundheit und Ihrer Lebensweise.

Die hier dargestellten Forschungsergebnisse über die Wirkungen des Wachstumshormons sind beeindruckend. Das HGH ist der Schlüssel, der die Tür zur Gesundheit und zum Anti-Aging öffnet, von der man dachte, sie sei fest verschlossen. Je mehr wir erkennen, desto mehr Türen werden wir öffnen und desto mehr Geheimnisse um unsere Gesundheit werden wir lüften.

5 Die Nutzung des menschlichen Wachstumshormons

Ein Werbespot würde nun eine Telefonnummer einblenden und versichern, eine Menge freundlicher junger Leute wäre bereit, Ihre Bestellung aufzunehmen. Natürlich möchte man ein Produkt, von dem man überzeugt ist, auch kaufen. Leider ist das beim HGH nicht so einfach wie bei einem x-beliebigen Produkt aus dem Supermarkt, es liegt nicht im Regal neben den Eiern und den Wasserflaschen.

Das Wachstumshormon bekommt man nicht im Supermarkt

Weil das HGH ein natürlicher Wirkstoff ist, könnte man glauben, eine gesunde Lebensweise allein genüge für seine ausreichende Produktion. Gesundes Leben meint hier Sport, ausreichend Schlaf und eine ausgewogene Ernährung, die die Ausschüttung des HGHs unterstützen sollen.

Eine gesunde Lebensweise fördert die HGH-Produktion

Körpertraining, besonders ein intensives anaerobes Training wie Gewichtheben, ist eine Möglichkeit, die HGH-Ausschüttung anzuregen. Studien haben gezeigt, daß dieses Training einen akuten Anstieg des HGH-Spiegels bewirkt. Das mag einer der Gründe dafür sein, warum Leute beim Trainieren einen Energieschub erleben. Ausreichender Schlaf ist wichtig für die nächtliche Freisetzung des Wachstumshormons. Die Spitze des HGH-Spiegels während des REM-Schlafes scheint einer der Hauptgründe zu sein, warum das HGH eine so einflußreiche und gesundheitsfördernde Wirkung auf den Körper hat. Auch bestimmte Nahrungsmittel, die zu einer normalen, gesunden Ernährung gehören, können die Hypophyse veranlassen, mehr HGH auszuschütten. Wichtig ist vermutlich eine angemessene Menge von Kohlenhydraten, aber auch einige B-Vitamine, darunter die Vitamine B_3 (Niacin) und B_6, können die Freisetzung des Wachstumshormons unterstützen.

Wachstumshormon-Releaser: Zauberkugeln?

Nur durch eine gesunde Lebensweise können altersbedingte Defizite nicht aufgehalten werden

Aber sogar mit ausreichendem Schlaf, gesunder Ernährung und einem Trainingsprogramm ist die HGH-Ausschüttung möglicherweise nicht ausreichend, um die schwächenden und degenerativen Alterserscheinungen zu verhindern. Wer sein ganzes Leben aktiv war und immer gesund gelebt hat, altert vielleicht ein wenig langsamer, entwickelt aber trotzdem die Symptome des altersbedingten HGH-Defizits.

Es gibt Präparate, die die Hypophysenproduktion stimulieren

Inzwischen wurden Produkte und Präparate entwickelt, die die Hypophysenproduktion stimulieren. Viele dieser Produkte sind frei verkäuflich, man kann sie sogar per Post bestellen, aber sie werden noch immer kontrovers diskutiert. Der Expertenstreit über ihre Wirksamkeit und die richtige Dosierung hält an. Auch wurden nach Berichten über unerwünschte Nebenwirkungen Forderungen laut, die Forschung über die »HGH-Releaser« (HGH freisetzende Medikamente) zu vertiefen.

Wachstumshormon-Releaser oder Sekretogene enthalten Nährstoffe (z.B. Niacin), Aminosäuren und andere Stoffe, die verschreibungspflichtig sind. Diese Substanzen veranlassen die Hypophyse auf ganz unterschiedliche Art zur Ausschüttung des HGHs. Viele Leute halten die Releaser für die sicherste, natürlichste und ökonomischste Weise, den sinkenden HGH-Spiegel wettzumachen.

Medikamente, die das Wachstumshormon freisetzen

L-Dopa ist ein wirksamer HGH-Releaser und ein gutes Anti-Aging-Medikament, allerdings verschreibungspflichtig

L-Dopa oder L-Dihydroxyphenylalanin gehört zu den bekanntesten rezeptpflichtigen Medikamenten, die als Hormonreleaser wirken. In den Vereinigten Staaten wird es zur Zeit nur zur Behandlung neurologischer Erkrankungen (besonders beim Parkinson-Syndrom) eingesetzt. Weil aber L-Dopa, eine Aminosäure, die Vorstufe verschiedener grundlegender Neurotransmitter ist, die das Funktionieren der Hypophyse steuern, ist es auch ein wirksamer HGH-Releaser.
1990 setzte J.W. Pritchet in einer Studie L-Dopa bei der Behandlung von Patienten mit sehr schweren Brüchen der Röhrenknochen ein. Er ging davon aus, das L-Dopa würde die HGH-Ausschüttung stimulieren, und seine These lautete, ein höherer HGH-Spiegel könne das Wachstum der Knochen und ihre Heilung unterstützen. Nach sechs Monaten konnten die Patienten die gebrochenen Glieder wieder voll und schmerzfrei bewegen. Das läßt die Vermutung zu, daß das HGH-stimulierende L-Dopa den Heilungsprozeß dieser schweren Knochenbrüche enorm verbesserte und verkürzte.

Dieser Wissenschaftler und andere, die L-Dopa als Anti-Aging-Medikament eingesetzt haben, erzielten sehr positive Ergebnisse. Es ist aber ein hochwirksames, verschreibungspflichtiges Medikament. Wegen möglicher Nebenwirkungen kann es nicht rezeptfrei verkauft werden.

GHB oder Gamma-Hydroxybutyrat ist ein weiterer HGH-Releaser, der nur unter ärztlicher Aufsicht genommen werden darf. GHB ist eine Vorstufe der Gamma-Aminobuttersäure (GABA), die als Neurotransmitter im Zentralnervensystem und als Stimulans der Hypophyse fungiert. Außer für die Anregung der HGH-Produktion ist das GHB auch für die Beruhigung, Entspannung und das Einschlafen zuständig. Bodybuilder und andere Benutzer schwören auf die Wirkung des GHB auf ihren HGH-Spiegel. Sie betonen außerdem, daß das GHB ihre Libido enorm verstärkt. Dennoch ist darauf hinzuweisen, daß das GHB in hohen Dosierungen einige ernsthafte Nebenwirkungen haben kann.

Das Stimulans der Hypophyse GHB kann in hohen Dosierungen Nebenwirkungen haben

Aminosäuren als HGH-Releaser

Möglicherweise sind Aminosäuren die billigsten und beliebtesten HGH-Releaser. Aminosäuren sind die Bausteine der Proteine in unseren Muskeln, Knochen, dem Gewebe und in etlichen Hormonen. Die meisten Aminosäuren kommen in unserem Körper natürlich vor, oder wir können sie mit der Nahrung aufnehmen. Wissenschaftler haben spezifische Aminosäuren isoliert, die dem Anschein nach die HGH-Ausschüttung der Hypophyse stimulieren. Sie vertreten die Ansicht, daß die Einnahme zusätzlicher Aminosäuren den Serumspiegel des HGHs erhöhen kann.

Aminosäuren sind die Bausteine der Proteine

- Arginin ist wohl die am wenigsten umstrittene und am häufigsten als HGH-Releaser eingesetzte Aminosäure. Tatsächlich zeigte eine Studie, daß die orale Argininsubstitution ein höheres Anwachsen der HGH-Produktion bewirkt als die Behandlung mit L-Dopa. Teilweise erhöht das Arginin wegen dieser Wirkung die Muskelmasse, es reduziert das Körperfett, bekämpft psychische und physische Erschöpfung, unterstützt die Heilung, stimuliert das Immunsystem in seiner Reaktion auf Bakterien, Viren und Tumorzellen. Es wird auch zur Behandlung von Lebererkrankungen eingesetzt, ist gut für die Gesundheit der Spermien und unterstützt die Entgiftung des zellvergiftenden Ammoniaks. Arginin wird allein oder in Kombination mit anderen Substanzen zur Erhöhung des HGH-Spiegels genommen. Zu den größten Nachteilen dieser Aminosäure gehört, daß man täglich eine Dosis von mehr als acht Gramm nehmen muß. Das ist deshalb so besonders schwierig, weil Arginin einen unangenehmen Geschmack hat.

Arginin, Lysin und Ornithin unterstützen die HGH-Produktion

- Lysin, ein wichtiger Proteinbaustein, wird häufig mit Arginin kombiniert. Der Zusatz von Lysin verstärkt die Wirkung des Arginins bei der Erhöhung des HGH-Spiegels, es unterstützt die Verbesserung des IGF-1-Stoffwechsels und stärkt das Immunsystem durch die Stimulation der Hormonausschüttung der Thymusdrüse. Allein ist Lysin ein Mittel gegen Herpes und wirkt hilfreich bei der Genesung von Operationen und Verletzungen, indem es die Bildung von Kollagen unterstützt.
- Ornithin wird gewöhnlich ebenfalls mit Arginin zur Stimulierung der HGH-Produktion kombiniert. Arginin ist eine Vorstufe des Ornithins, und beide

haben viele gemeinsame Funktionen. Eine gebräuchliche Ornithinsubstitution ist die Substanz OKG (Ornithin-Alpha-Keto-Glutarat) Es handelt sich dabei um eine Kombination von Ornithin und der Vorstufe einer anderen Aminosäure (Glutamin). Die Kombination erhöht den HGH-Spiegel stärker als Ornithin allein. Weil dabei außerdem die Produktion des Glutamins gefördert wird, steigt die Belastungsfähigkeit, während die Erschlaffung der Muskeln abnimmt.

Auch Glutamin, Glycin und Tryptophan sind HGH-Releaser mit vielen positiven Wirkungen

- Glutamin, die am reichlichsten im Körper vorhandene Aminosäure, kann der Muskelerschlaffung entgegenwirken, weil sie das Muskelgewebe nach dem Training schont. Auch das Gehirn profitiert vom Glutamin, wenn es in Glutaminsäure umgewandelt wird. Zum Teil, weil es das Gehirn stimulieren kann, bewirkt das Glutamin auch die Ausschüttung des HGHs.
- Glycin ist eine weniger bekannte Aminosäure und wird mit Arginin und Ornithin kombiniert. Eine japanische Studie hat aber gezeigt, daß Glycin auch allein wirksam als HGH-Releaser ist. Laut dieser Studie wiesen Patienten, die eine orale Glycinsubstitution verabreicht bekamen, eine zehnmal höhere Hormonausschüttung auf als die placebokontrollierte Gruppe. Glycin wirkt außerdem als »Muskelkraftstoff« und erhöht die Leistungsfähigkeit.
- Tryptophan ist wie L-Dopa und GHB eine Vorstufe der Neurotransmitter. Im Gehirn wird diese Aminosäure zu Serotonin und hat eine beruhigende Wirkung, die Streß, Ängste und Depressionen abbaut. Es wird auch bei Migräne eingesetzt. Tryptophan stimuliert die HGH-Ausschüttung durch seine direkte Wirkung auf die Hypophyse. Weil es

auch als Mittel gegen Schlaflosigkeit wirkt, kann es den normalen Schlafrhythmus wiederherstellen und damit die nächtliche HGH-Ausschüttung unterstützen.

- Carnitin ist als Mittel zum Abnehmen bekannt. Diese Aminosäure kann nämlich den Aufbau von Fettsäuren verhindern, indem sie lange Fettsäureketten zu den Muskeln transportiert, wo sie verbrannt und in Energie umgesetzt werden. Aber das Carnitin wirkt auch als Wachstumshormon-Releaser, weil es die abnehmende Anzahl der Glukokortikoid-Rezeptoren im Hippocampus erhöht, die Stelle des negativen Feedbacks zwischen der Hypophyse und den Nebennieren. Der altersbedingte Rückgang dieser Rezeptoren wird mit dem neuroendokrinen Altern in Verbindung gebracht, in dessen Verlauf die HGH-Produktion sinkt. Wenn man die Sensibilität der Glukokortikoid-Rezeptoren stimuliert, verlangsamt das Carnitin den Alterungsprozeß des gesamten neuroendokrinen Systems.
- Tyrosin ist die Vorstufe des Neurotransmitters Dopamin. Ein Mangel führt zu Depressionen, schwachen Immunfunktionen und einer verminderten Ausschüttung von HGH. Wenn genügend Dopamin im Gehirn vorhanden ist, stimuliert das Tyrosin die Ausschüttung des Wachstumshormons. Es wirkt auch auf Ängste, Depressionen und Schlaflosigkeit, fungiert als Appetitzügler und stimuliert die Produktion weißer und roter Blutkörperchen.

Carnitin und Tyrosin ergänzen die zur Verfügung stehenden Aminosäuren, die das Wohlbefinden fördern können

Eigentlich kein Zauber

Aminosäurepräparate und andere HGH-Releaser sind im allgemeinen billig und so unkompliziert einzuneh-

HGH-Releaser können Nebenwirkungen haben und dürfen nur unter ärztlicher Kontrolle eingenommen werden

men wie eine Multivitamintablette. Dennoch sind HGH-Releaser keine perfekte Lösung. Patienten schätzen die Aminosäuren als »natürlicheres« Mittel. Trotzdem braucht man für viele dieser »natürlichen« Mittel ein Rezept, und einige haben in hohen Dosierungen ernste Nebenwirkungen wie Übelkeit und Durchfall oder können sogar die Leber schädigen. Generell dürfen diese Mittel nur unter ärztlicher Aufsicht genommen werden, aber weil die Aminosäuren außer der Stimulation der Hypophyse noch andere Aufgaben im Körper haben, besteht immer die Möglichkeit negativer physischer Reaktionen. Auch läßt die Wirkung rezeptfreier Billigprodukte, die im Handel sind, oft genug zu wünschen übrig.

Kontrolle und Timing

Die meistens oral verabreichten Wachstumshormon-Releaser müssen zunächst die Leber passieren, bevor sie vom Körper verwendet werden können, darum sollten Patienten mit Leberproblemen diese Medikamente nicht nehmen. Sie erschweren zudem das genaue Timing der HGH-Ausschüttung, weil diese Substanzen den Umweg über das Verdauungssystem machen müssen, bevor sie mit dem Blutkreislauf die Hypophyse erreichen. Das ist ein großer Nachteil, weil das Timing genauso wichtig ist wie die Höhe des HGH-Spiegels. Wie wir wissen, könnte die Spitze der HGH-Ausschüttung während des Schlafes entscheidend für die erstaunlichen Wirkungen des Wachstumshormons auf den Körper sein.

Wegen des hohen Risikos von Nebenwirkungen und der Wirkung auf solch ein einflußreiches Hormon dürfen HGH-Releaser, Aminosäuren und ähnliche Medikamente ausschließlich unter ärztlicher Aufsicht genommen werden. Nur ein Arzt kann feststellen, wie die Releaser wirken. Es kann nämlich passieren, daß – abhängig vom Körperbau, vom Alter und sogar davon, was man gegessen hat – die HGH-Releaser die Hypophyse veranlassen, zu wenig oder gar kein Wachstumshormon auszuschütten. Dadurch kommt man nicht in den vollen Genuß aller positiven Folgen eines optimalen HGH-Spiegels. Einige Studien zeigen, daß überhaupt nur eine sehr hohe Dosierung die HGH-Ausschüttung anregen kann. Das ist ein weiterer Grund für die ärztliche Kontrolle, weil jede Aminosäure eine kritische Dosierung hat, unterhalb derer keine Wirkung eintritt und oberhalb derer das Risiko von Nebenwirkungen besteht. Nur ein Arzt kann die sicherste und angemessene Dosierung bestimmen und den HGH-Spiegel im Blut kontrollieren, um sicherzustellen, daß er zum Wohle Ihrer Gesundheit hoch genug ist.

Nur ein Arzt kann die sicherste und angemessene Dosierung bestimmen

Der Eimer bleibt leer

Es kann aber auch vorkommen, daß HGH-Releaser keine Wirkung zeigen, wenn Sie älter als 50 oder 60 sind. In vielen Fällen resultiert das Absinken des HGH-Spiegels nicht nur aus der Unfähigkeit der Hypophyse, das Hormon auszuschütten. Häufiger liegt die Ursache darin, daß sie verfällt und nicht mehr in der Lage ist, das Hormon überhaupt zu produzieren. Studien über HGH Releaser belegen die abnehmende Wirkung der Aminosäuren auf die Hypophyse, je älter Patienten sind. Mit einer alternden Hirnanhangdrüse muß man jeden Releaser in großen Mengen nehmen, um irgendeine HGH-Ausschüttung zu bewerkstelligen, und trotzdem bleiben sie bei vielen älteren Patienten ohne Wirkung. Das hat weniger mit der Wirksamkeit der Aminosäuren an sich zu tun, sondern vor

Wenn die Hypophyse zu sehr gealtert ist, wirken die Aminosäuren nicht mehr

allem damit, daß die Hypophyse gealtert ist. In diesem Fall fordern die Releaser die Drüse auf, etwas zu tun, wozu sie gar nicht mehr in der Lage ist.
Eine gealterte Hypophyse mit den elementaren Bausteinen der Aminosäuren zu versorgen, ist genauso aussichtslos wie der Versuch, ein altes Auto durch Benzin mit einer höheren Oktanzahl zu einem modernen Sportwagen »aufzumotzen«. Oder so vergeblich, wie Wasser aus einer ausgetrockneten Quelle pumpen zu wollen. Man verausgabt seine Kräfte und bleibt mit einem leeren Eimer zurück.

Steuerung mit Hilfe von Injektionen

Die HGH-Moleküle sind so groß, daß sie nicht oral oder über die Haut in den Körper gelangen können

Die beste Methode, um sicherzustellen, daß Ihr Körper einen optimalen HGH-Spiegel hat, ist die Steuerung mit Hilfe von Injektionen. Ein einzelnes HGH-Molekül besteht aus einer Kette von 191 Aminosäuren, ein molekular betrachtet sehr großes Hormon. Die Größe des HGH-Moleküls begrenzt seine Möglichkeiten, in den Körper zu gelangen. Hormone mit kleineren Molekülen werden gewöhnlich oral in Tablettenform verabreicht. Beim HGH jedoch ist der Verdauungsprozeß zu destruktiv, er zerbricht die Moleküle in kleinere Stücke, zerstört ihren Aufbau und macht sie nutzlos. Andere Hormonsubstitute können als Gel oder Salbe auf die Haut aufgetragen werden und gelangen von dort über die Blutgefäße in den Körper. Auch diese Methode funktioniert bei der HGH-Substitution wegen der großen Moleküle, die die Hautschichten nicht durchdringen können, nicht.

Kleine Injektionen sind schmerzlos

Die Lösung für dieses Problem heißt kleine Injektionen. Diese Form, die wir im Palm Springs Life Extension Institute entwickelt haben, ist nahezu schmerzlos. Weil die Durchführung außerdem sehr einfach ist, können sich die Patienten nach einer kurzen Schulung die Injektionen selbst verabreichen – eine sehr einfach zu handhabende Therapie.

Sie können sich die Injektionen selbst verabreichen

Zu dieser Annehmlichkeit gesellen sich weitere Vorteile unserer Methode der HGH-Substitution. Wie schon mehrfach erwähnt, ist die Substitution, mehr als die Stimulation, für viele Leute (besonders diejenigen über fünfzig) die einzige Möglichkeit, einen optimalen Hormonspiegel zu erreichen.

Injektionen bringen das Hormon am schnellsten in den Körper und damit zu seinem Einsatzort, wo es für Ihre Gesundheit arbeiten kann. Wir bevorzugen subkutane Injektionen, weil der Körper so mehr absorbiert als bei intravenösen oder intramuskulären Injektionen. Bei der subkutanen Injektion gelangt das Hormon unter die Haut und in den Bereich der Kapillargefäße. Von dort erreicht es über das Blut seine Bestimmungsorte.

Das ist deshalb wichtig, weil es uns erlaubt, die natürlichen Zyklen und Abläufe des Körpers möglichst genau zu imitieren. Das rekombinierte HGH ist bereits eine identische Kopie des körpereigenen Wachstumshormons. Es muß nur noch genau dann zu den Organen und zum Zielgewebe transportiert werden, wenn es dort gebraucht wird. Wie bereits erwähnt, strömt das HGH in einem pulsierenden Rhythmus aus und nicht gleichmäßig fließend. Der größte Ausstoß passiert während des REM-Schlafes. Wir haben herausgefunden, daß eine Injektion direkt vor dem Schlafengehen den natürlichen Zyklus der Ausschüttung einer jungen, gesunden Hypophyse sehr gut imitieren kann. Je besser wir die »natürlichen« oder physiologischen

Kurz vor dem Schlafengehen ist der richtige Zeitpunkt für die Injektion

Funktionen des Körpers reproduzieren können, desto sicherer eliminieren wir mögliche unerwünschte Nebenwirkungen. Umgekehrt tritt eine positive Wirkung mit einer physiologischen Annäherung an die Substitution schneller und stärker ein.

Die Reduzierung der Nebenwirkungen

Auf die richtige Dosierung kommt es an

Vor lauter Begeisterung über ihre bessere Gesundheit, glauben manche Leute, was in kleinen Mengen gut sei, müßte in größeren Mengen noch besser funktionieren. Das mag manchmal so sein, aber bei der HGH-Therapie kann viel schlimmer sein als wenig. Viele Dinge sind ungesund, wenn sie exzessiv genommen werden. Auch die rezeptfreien Medikamente, die man sich leicht besorgen kann, sind gefährlich, wenn man zuviel davon nimmt.
Auch das HGH kann wie jedes Schnupfenmittel oder Aspirin schädlich sein, wenn es nicht vorschriftsmäßig und in der verschriebenen Menge genommen wird.

Die Medizin hat sich weiterentwickelt

Viele Befürchtungen in bezug auf die HGH-Substitution resultieren aus den ersten Versuchen mit dem Hormon. Die damaligen Studien entdeckten erhöhte Blutzuckerspiegel, Gelenkschmerzen und -schwellungen und Anzeichen des Karpaltunnelsyndroms. Die Medizin entwickelt sich aber immer weiter. Die Resultate jeder Studie, positive wie negative, vergrößern unsere Kenntnisse über den Körper und wie wir ihn gesund erhalten können. Beim HGH ermutigten die ersten positiven Ergebnisse die Wissenschaftler so sehr, daß sie die Forschung weiterführten. Alle unerwünschten Nebenwirkungen der Behandlung wurden zum Gegenstand neuer Untersuchungen. Im Laufe der Jahre und nach vielen Testreihen haben wir gelernt, das Risiko von Nebenwirkungen sehr niedrig zu halten und in den meisten Fällen sogar völlig auszuschließen. Viele Studien haben inzwischen nachgewiesen, daß die Ängste wegen anfangs vermuteter oder bekannt gewordener Nebenwirkungen heute völlig unbegründet sind.

Ängste sind unbegründet

Hyperglykämie: nur eine Laune

Bei frühen Versuchen mit der HGH-Substitution gab es Fälle von erhöhten Blutzucker- oder Glukosespiegeln – bekannt als Hyperglykämie oder Diabetes. In den meisten Fällen, besonders bei den Patienten, die vorher keine Diabetes hatten, war dies ein vorübergehendes Phänomen, das zwischen drei und sechs Monate andauerte. Wie wir bereits erwähnt haben, kann die HGH-Therapie auch für Diabetiker durchaus positiv sein, weil die Insulinsensibilität des Körpers erhöht wird. Diabetiker benötigen dadurch möglicherweise weniger Insulin. Deswegen muß ein vorübergehender Anstieg des Blutzuckerspiegels sie nicht von der HGH-Therapie ausschließen. Es bedeutet nur, daß man darauf achten muß, daß ihre Blutzuckerspiegel während der ersten drei bis vier Monate der Therapie niemals einen gefährlichen Wert erreichen. Durch eine sorgfältige Überwachung kann auch festgestellt werden, ob und wann Insulindosierungen geändert werden müssen.

Diabetiker müssen einfach gut überwacht werden

Flüssigkeitsspeicher: Wasser, überall Wasser

Eine andere Nebenwirkung bei den Anfängen der HGH-Therapie waren Flüssigkeitsansammlungen, die leichte Ödeme oder Schwellungen hervorriefen. Unbehandelt konnte das zu Gelenkschmerzen und einem leichten Karpaltunnelsyndrom führen. Dieser Flüssigkeitsstau betraf auch Patienten mit kongestiven Herzproblemen. In diesem Zustand kann das Herz den Erfordernissen des Körpers nicht mehr entsprechen. In Extremfällen kann es zu Lungenödemen oder Flüssigkeitsansammlungen im Lungengewebe kommen. CHF-Patienten wie Diabetiker müssen sorgfältig beobachtet werden, können aber trotzdem von der HGH-Therapie profitieren, und besonders davon, daß das Herz gestärkt wird.

Krebs: erhöhtes Risiko oder neue Hoffnung?

Bei jeder neuen Behandlung, und besonders jeder neuen Hormonbehandlung, entsteht die Angst, daß sie Krebs verursacht. Diese Angst verstärkte sich mit der Entwicklung der Hormonsubstitution, wegen der Geschichte der Östrogentherapie bei postmenopausalen Frauen. In den letzten Jahrzehnten ist die Zahl der Frauen, die Hormone nehmen, gestiegen, und Östrogen wurde mit vermehrten Fällen von Brust- und Gebärmutterkrebs in Verbindung gebracht. Auch der Testosterongebrauch kann das Risiko von Prostatakrebs erhöhen. Wir haben aber aus den wissenschaftlichen Untersuchungen gelernt. Östrogene werden heute mit ihren natürlichen Partnern, den Progesteronen, kombiniert, und das Krebsrisiko ist nahezu verschwunden. Ebenso haben geringere Dosierungen von Testosteron das Risiko des Prostatakrebses eliminiert.

Richtige Kombinationen und geringere Dosierungen eliminieren krebsauslösende Risiken

Einige sehr frühe Invitro-Studien (außerhalb des Körpers in Petrischalen) lieferten Hinweise darauf, daß das HGH die Replikation von Krebszellen fördern könnte. Aber spätere Studien wiesen, wie schon erwähnt, nach, daß diese Befürchtungen völlig unbegründet sind. Der Hauptgrund dafür liegt in der Tatsache, daß der menschliche Körper über ein ausgeklügeltes Immunsystem verfügt, daß in vitro oder außerhalb des Körpers nicht existiert. Tatsächlich deutet alles darauf hin, daß das HGH bei einer Krebstherapie gesundheitsfördernd eingesetzt werden könnte, um das Immunsystem zu stärken und die Lebensqualität zu verbessern.

Die richtige Dosierung ist die Wiederherstellung des natürlichen Gleichgewichts

Viele Ängste im Zusammenhang mit der HGH-Behandlung haben sich als unbegründet erwiesen. Aufgetretene Nebenwirkungen konnten mit der richtigen Dosierung eliminiert werden. Im Palm Springs Life Extension Institute haben wir ein Behandlungsprogramm entwickelt, daß die Möglichkeit irgendwelcher unerwünschter Nebenwirkungen drastisch gesenkt hat. Wir kontrollieren unsere Patienten und ihre Werte sehr sorgfältig. Falls kleinere Probleme auftauchen, wird die Dosis sofort verringert, und die Symptome verschwinden. Fragebögen, die 282 unserer Patienten ausgefüllt haben, belegen, daß die Nebenwirkungen der HGH-Therapie völlig unerheblich sind. Weniger als 5 % protokollierten irgendeine Flüssigkeitsansammlung, nur 2 % klagten über Gelenkschmerzen und 1,77 % entwickelten das Karpaltunnelsyndrom. Etwa 4 % bekamen Akne, und 2 % hatten einen unerwünschten Haarwuchs. 1 % berichtete von Prostatitis, 2 % hatten eine fettige Haut, und nur bei einem Patienten trat ein erhöhter Blutzuckerspiegel auf.

Die Dosis kann jederzeit verringert werden

Es kommt auf die Imitation natürlicher Körperfunktionen an

Es muß nochmal betont werden, daß es auf die Imitation natürlicher Körperfunktionen ankommt. Das ist das Anliegen jeder medikamentösen Behandlung. Je »natürlicher« oder ähnlicher die verabreichten Stoffe und Hormone unseren eigenen sind, desto größer ist die Chance, daß der Körper sie akzeptiert.

Wie oft?

In den frühen Versuchsreihen mit HGH wurde diese natürliche Annäherung nicht in Erwägung gezogen, die Hormondosen wurden nur dreimal in der Woche verabreicht. Das basierte auf der stationären Standardbehandlung bei Kindern, als das HGH noch sehr knapp war. Den hohen nächtlichen HGH-Spiegel bei einer normal funktionierenden Hypophyse kennen wir bereits, und wir wissen auch, daß wir die tägliche HGH-Ausschüttung für unsere Gesundheit brauchen. Wir sind nicht dafür ausgerüstet, mit einer nur dreimaligen Gabe des Wachstumshormons pro Woche auszukommen. Diese unzureichende Menge beschert uns zwar einige positive Effekte, aber auch einige der unerwünschten Nebenwirkungen, die Dr. Rudman 1990 in seiner bahnbrechenden Untersuchung beschrieben hat. Eine neuere Studie von Maxine Papadakis et al. an der University of California in San Francisco untersuchte die Wirkung einer identisch hohen Dosis und niedrigen Vergabefrequenz wie Rudman zuvor. Im Ergebnis verzeichneten die Wissenschaftler 77 % unerwünschte Nebenwirkungen wie Schwellungen und Gelenkschmerzen. Als die Dosis auf 50 % reduziert wurde, »verschwanden diese unerwünschten Nebenwirkungen oder gingen innerhalb von zwei Wochen merklich zurück.«

Wir brauchen die tägliche HGH-Ausschüttung

Die Behandlungsmethode des Palm Springs Life Extension Institute

Vor zweieinhalb Jahren eröffnete ich das Palm Springs Life Extension Institute und fing an, Patienten mit dem Wachstumshormon zu behandeln.
1995 begann meine Zusammenarbeit mit L. Cass Terry, M.D., Ph.D., Professor für Neurologie und Vorsitzender am Medical College of Wisconsin in Milwaukee und Neuroendokrinologe, der im Bereich Gehirnregulierung der Wachstumshormonausschüttung forscht.
Unsere Behandlungsmethode basierte grundsätzlich auf der von Daniel Rudman, die wirksam war, aber nicht das normale Muster der HGH-Ausschüttung durch die Hypophyse simulierte, weil das Hormon nur dreimal die Woche, dann allerdings in hohen Dosierungen (ungefähr 16,5 IE pro Woche) injiziert wurde.
Aber die von uns entwickelte Chein-und-Terry-Methode der häufigeren Vergabe in nierigeren Dosierungen kommt den natürlichen Abläufen im Körper bei der HGH-Ausschüttung beträchtlich näher. Seit annähernd zwei Jahren haben wir nun mehr als 800 Patienten mit Wachstumshormondefizit im Erwachsenenalter (adult growth hormone deficiency/AGHD; mit einem Somatromedin-(Som C)Spiegel von 350 µg/ml) mit der HF-LD-Technik (High-Frequency-Low-Dose) behandelt. Die HF-LD-Strategie erhöht das Som C auf das Niveau jugendlicher Spiegel innerhalb von ein bis zwei Monaten.
Um die Patientenwahrnehmungen zu ermitteln, wurde während der Therapie in regelmäßigen Abständen ein Fragebogen zur Selbsteinschätzung ausgefüllt. Für

Die Chein- und Terry-Methode kommt den natürlichen Abläufen bei der HGH-Ausschüttung näher als frühere Behandlungsmethoden

Patientenwahrnehmungen wurden anhand von Fragebögen ermittelt

unsere anfängliche Untersuchung werteten Dr. Terry und ich eine Stichprobe von 308 Fragebögen von 202 Patienten aus, die zwischen 1994 und 1996 in Behandlung waren.

Verbesserungen ohne Nebenwirkungen

Die herausragendsten Ergebnisse waren das Anwachsen der Muskelkraft und Ausdauer und der Verlust von Körperfett. Außerdem gab es signifikante Verbesserungen der Haut, der Heilungskräfte, der sexuellen Potenz, des Energielevels, der Lebenseinstellung und des Gedächtnisses. Im Durchschnitt traten diese Verbesserungen innerhalb von einem bis zu drei Monaten auf und steigerten sich noch während der nächsten sechs Monate.

Es gab keine ernsten Nebenwirkungen in unseren Patientengruppen, auch keinen Fall von Karpaltunnelsyndrom. Es gab keine Krebsfälle, und die prostataspezifischen Antigenwerte (PSA-Werte) der männlichen Patienten waren nicht erhöht. Unsere Ergebnisse stimmten mit denen von Dr. Rudman überein und erweiterten sie noch. Wir fahren damit fort, die Wirkung der HGH-Substitution auf das Cholesterin, die Triglyceride, HDL, LDL, PSA, den Blutdruck und die Herz-Kreislauf-Fitneß aufzuzeichnen.

Die »natürliche« Methode hat sich als richtig herausgestellt

Unsere Untersuchungen bestätigen unsere Überzeugung, daß Patienten unter keinen unerwünschten Nebenwirkungen zu leiden haben, wenn die physiologische oder »natürliche« Methode der HGH-Verabreichung angewendet wird.

Bei unseren Studien im Palm Springs Life Extension Institute verstärkte die tägliche Dosis die positiven Ergebnisse der HGH-Therapie und wirkte sich auch insgesamt positiv aus. Immer mehr Forschungen und klinische

Daten zeigen, daß die Behandlung um so wirksamer ist, je mehr sich die Vergabe den natürlichen Rhythmen der Ausschüttung annähert. Mit einer Spritze vor dem Schlafengehen gelangt das Hormon in den Blutkreislauf und erreicht den physiologischen Höchststand zu ungefähr derselben Zeit, zu der auch das natürlich ausgeschüttete HGH die Spitze erreichen würde. Eine weitere Dosis nach dem Aufwachen soll die geringere HGH-Ausschüttung während des Tages imitieren. Weil wir verhindern wollen, daß die Hypophyse gänzlich zu arbeiten aufhört, ist unsere Behandlung auf sechs Tage in der Woche begrenzt. Der siebte substitutionsfreie Tag sorgt dafür, daß die Hypophyse nicht »faul« wird und die endogene HGH-Produktion gänzlich einstellt.

Auf das Timing kommt es an

Weniger, aber öfter

Wissenschaftler haben herausgefunden, daß große Dosen, die weniger häufig verabreicht werden, die Hauptursache für unangenehme Nebenwirkungen sind. Deswegen reduzierten etliche Forschungszentren die Dosierung des Hormons. Zum Beispiel begann die John Hopkins University ihre Studie mit einer Dosis von 30 µg/kg des Patientengewichts dreimal pro Woche um etwa 20 Uhr. Um die bereits bekannten Nebenwirkungen möglichst auszuschließen wurde die Dosierung dann auf 20 µg/kg reduziert. Ähnliche Konsequenzen zog man an der University of Washington, die die anfängliche Dosis von 24 µg/kg auf 12 µg/kg reduzierte.

Zahlreiche Studien haben die High-Frequency-Low-Dose-Methode bestätigt

Zahlreiche weitere Studien haben die Sicherheit und Wirksamkeit der High-Frequency-Low-Dose-Methode der HGH-Verabreichung bestätigt. Drei unterschiedliche Studien über einen Untersuchungszeitraum von zwei bis zwölf Monaten, arbeiteten mit der niedrigen

Dosierung bei 50 Patienten. Bei allen nahmen Körperfett und Cholesterin ab, die Muskelmasse und Dichte der Knochenmasse nahmen zu, und ihre Leistungsfähigkeit stieg an. Erstaunlicherweise gab es in allen drei Testreihen keine unerfreulichen Nebenwirkungen.

Am Palm Springs Life Extension Institute haben wir uns der Aufgabe verschrieben, die ausgefeilteste, sicherste und wirksamste Methode der Substitution im Sinne eines jugendlichen Hormonspiegels zu finden. Unsere High-Frequency-Low-Dose-Methode scheint diesem Anspruch gerecht zu werden, bei nur sehr wenigen Patienten traten Nebenwirkungen auf. Sie berichteten von leichten Schmerzen, kurzfristigen Schwellungen und zeitweisem Juckreiz an der Einstichstelle.

Die Patienten profitieren schmerzfrei und ohne Komplikationen

Diese Reaktionen waren nicht sehr besorgniserregend und verschwanden nach ein oder zwei Tagen. Die bekannten ernsthaften Nebenwirkungen traten überhaupt nicht auf. Die Patienten profitierten schmerzfrei und ohne Komplikationen von der HGH-Substitution, weil die Dosierung stimmte.

Wieviel ist genug?

Die Dosierung wird für jeden Patienten individuell bestimmt

Die richtige Dosierung zu bestimmen, ist ein bißchen trickreich und erfordert den Sachverstand eines Arztes. Anders als bei Aspirin oder Schnupfenmitteln können wir keine Dosierungsanleitungen für den durchschnittlichen Erwachsenen auf die Packungsbeilage einer Flasche HGH schreiben. Weil jeder Körper individuell gebaut ist und etwas anderes braucht, gibt es kein Standardrezept für das HGH. Um Nebenwirkungen zu vermeiden, muß man herausfinden, was für jeden einzelnen Patienten gut ist. Nur ein Arzt kann die den individuellen Erfordernissen entsprechende Dosierung bestimmen.

Für welche Erwachsenen ist die Behandlung nicht empfehlenswert?

Obwohl die bisherige Forschung gezeigt hat, daß die HGH-Substitution absolut sicher ist, sollten bestimmte Leute davon Abstand nehmen. Für alle anderen existiert kein Risiko, und nur selten gibt es Gründe, einem Patienten die HGH-Substitution zu verweigern. Vier Patientengruppen kommen für die Behandlung nicht in Frage: diejenigen, die in der Kindheit oder im Erwachsenenalter irgendwann an Gigantismus oder Akromegalie gelitten haben; schwere Fälle des Karpaltunnelsyndroms in der Vergangenheit, die nicht behandelt wurden; Patienten mit einem Hypophysenadenom (ein gutartiger Tumor, der die Hypophyse veranlassen kann, exzessive Mengen des Wachstumshormons auszuschütten); die vierte Gruppe besteht aus denjenigen, die das HGH in hohen Dosen nehmen wollen, um einen massigeren Körper zu bekommen. Das HGH für für solche Bodybuilding-Zwecke einzusetzen, grenzt an eine Straftat.

Vier Patientengruppen kommen für die Behandlung nicht in Frage

Mißbrauch

Besonders die so offensichtliche muskelaufbauende Wirkung der HGH-Substitution lädt eine ganze Reihe von Leuten geradezu zum Mißbrauch ein. Trotz aller Warnungen vor den Gefahren bei einer Überdosierung, wird es stets Leute geben, die das nicht kümmert und die nur ihre Muskeln im Sinn haben. Wir können nur immer wieder betonen, daß der Mißbrauch dieses Hormons gefährlich ist, und obwohl wir es in der Behandlung eines HGH-Defizits absolut befürworten, setzen wir das HGH niemals ein, wenn jemand einfach nur einen muskelbepackten Körper haben möchte.

Überdosierungen sind gefährlich

Das Ziel ist eine optimale Gesundheit, nicht ein muskelstrotzender Körper

Die HGH-Therapie wurde nicht entwickelt, um Supermenschen zu erschaffen, die in der Lage wären, mit einem Satz ein Hochhaus zu überspringen oder einfach ganze Busse zu zerdrücken. Unser alleiniges Ziel ist eine optimale Gesundheit und nicht die Kraft eines Superhelden. Wer das Hormon für seine vermeintliche Attraktivität mißbraucht, tut sich keinen Gefallen. Zu diesem Personenkreis gehören leider auch Wettkampfsportler und Bodybuilder. Deren mißbräuchliche Dosis ist oft hundertmal höher als medizinisch ratsam. Das kann zwar ein Anwachsen der Muskulatur bewirken, aber so unnatürlich hohe Hormonspiegel bergen in sich die Gefahr all der bereits erwähnten unerwünschten Nebenwirkungen und schlimmstenfalls sehr gefährlicher und potentiell lebensbedrohlicher Gesundheitsprobleme.

Postpubertärer HGH-Mißbrauch verursacht Akromegalie. Dabei sind verschiedene Körperteile anomal groß, zum Beispiel Hände, Zehen, Schädel und Nase. Zu den Symptomen dieser Krankheit gehören hervorstechende Wangenknochen, vorstehende Kiefer, eine rauhe Haut, verstärkte Körperbehaarung und eine Vergrößerung von Nasen, Lippen, Zungen und Stirn.

Vor Mißbrauch wird gewarnt

Mißbräuchliche Mengen von HGH fördern außerdem ein exzessives Knorpelwachstum, was starke Gelenkschmerzen hervorruft. Obwohl die meisten Menschen, die an Akromegalie erkranken, bereits ziemlich groß sind, wird ein HGH-Mißbrauch an der Statur nichts ändern, weil sich die Knochenwachstumszentren nach dem Teenageralter bereits verbunden haben. Anders ausgedrückt, nach der Adoleszenz wächst man nicht mehr, egal wieviel man sich von dem Hormon zuführt.

Der Preis ist Ihre Gesundheit

Noch bedenklicher ist, daß der HGH-Mißbrauch das Risiko eines Herzversagens mit sich bringt. Die durch den Mißbrauch hervorgerufene Vergrößerung des Herzens kann eine kongestive Herzinsuffizienz bewirken. Bei Erwachsenen führt die Akromegalie sehr oft zum Tod, die meisten Patienten sterben schließlich an Herzversagen, 50 % im Alter von 50 und 89 % mit 60. Zusätzlich führt der Mißbrauch bei Männern zu Impotenz, Diabetes und einem vermehrten Auftreten von Osteoporose.

Trotz aller dieser bekannten Risiken hat der HGH-Mißbrauch in den letzten Jahren zugenommen. Die Benutzer sind bereit, alles dafür zu tun, besser auszusehen, muskulös zu sein und vor allem zu gewinnen. Für diese Leute zählen die Folgeerscheinungen, die noch Jahre später ihre Gesundheit beeinträchtigen, weniger als der heutige Sieg. Die Angst vor der Zukunft kann den aktuellen Ruhm nicht trüben. Das ist die Philosophie des Gedichtes von A.E. Houseman »An einen Athleten, der jung starb«. Der Dichter preist den siegreichen Athleten, dessen Rekord nicht gebrochen wurde und der noch immer den Titel hielt, als er starb. Leute, für die es am allerwichtigsten ist, heute der Beste zu sein, zahlen dafür mit dem Verlust ihrer Gesundheit und den hohen Preis eines verkürzten Lebens.

Makabrerweise sind Akromegalie-Patienten, die meist sehr muskulös und kräftig erscheinen, am Ende oft ausgesprochen schwach. Mit der Zeit leiden sie an Myopathie oder Anomalitäten des Muskelgewebes. Die Folgen sind Muskelschwund und das Nachlassen der Kraft. Der Gewinn ist sehr kurzlebig, die Gefahren aber sind viel zu groß, als daß ein HGH-Mißbrauch in irgendeiner Weise gerechtfertigt werden könnte.

Der Gewinn des HGH-Mißbrauchs ist kurzlebig, die Gefahren sind sehr groß

Unzählige Studien bestätigen hingegen, daß die korrekte Anwendung der HGH-Substitution nur von Vorteil ist und praktisch keine Nebenwirkungen nach sich zieht. Die Ärzte Rowen, Johannsson und Bengtsson von der Universitätsklinik in Gøteborg in Schweden betonten 1995 in einem Artikel: »Wenn das HGH nicht mißbräuchlich verwendet oder überdosiert wird, gibt es keine Anhaltspunkte dafür, daß die HGH-Substitution langfristig Nebenwirkungen haben könnte.«

So viel Gutes

Der Mißbrauch durch einige uninformierte und sorglose Menschen kann uns darum auf keinen Fall entmutigen, weiter zu forschen und die HGH-Behandlung anzuwenden. Das korrekt verabreichte menschliche Wachstumshormon spendet Energie, kräftigt und kann die emotionale Befindlichkeit und die Lebensqualität der Patienten verbessern. Es ist ein mächtiges Instrument, das, wie so vieles im Leben, dem Guten oder dem Schlechten dienen oder mißbraucht werden kann. Man muß nur die Behandlungsmethode einsetzen, die die physiologischen Funktionen des Körpers am besten imitiert und auf die größtmögliche Gesundheit und nicht auf die größtmögliche Körperkraft zielt.

Die Lebensqualität wird verbessert, wenn das Wachstumshormon korrekt verabreicht wird

6 *Die totale Hormonsubstitution*

Wir haben detailliert den Nutzen des menschlichen Wachstumshormons diskutiert, aber es ist nicht das einzige Hormon, das uns gesund erhält. Es ist sehr mächtig und hat erstaunliche Wirkungen auf den Körper, aber der Nutzen des HGHs wird noch verstärkt, wenn die anderen Hormone ebenfalls funktionieren und einen optimalen Spiegel haben. Damit wird jenes Gleichgewicht wieder hergestellt, das die Gesundheit der Zwanzigjährigen garantiert und den Schlüssel zur Gesundung der Sechzigjährigen darstellt.

Das HGH ist nicht das einzige Hormon, das uns gesund erhält

In einem der vorigen Kapitel verglichen wir die Macht des HGHs mit den Händen eines Puppenspielers. Seine Hand erweckt die Marionette zum Leben und lenkt ihren Auftritt. Was aber passiert, wenn einige Fäden, die die Hand mit der Puppe verbinden, zerreißen oder morsch werden? Sie wird nicht mehr alle Bewegungen ausführen können, und einige werden nicht mehr so reibungslos ablaufen, wie man es sich wünscht. Die Fäden sind die anderen Hormone im Körper. Das HGH kann einige unglaubliche Dinge allein bewerkstelligen, aber wenn auch die übrigen Hormone ihre optimalen Spiegel erreichen, ist die Macht des HGHs sogar noch größer.

Die Instrumente des Orchesters

Das HGH ist der Dirigent eines Orchesters

Die totale Hormonsubstitutionstherapie läßt sich vergleichen mit dem Zusammenspiel aller Abteilungen und Instrumente eines Orchesters. Das HGH wäre dabei sozusagen der Dirigent. Er erhält meistens den größten Applaus und ist sehr wichtig für die Aufführung, kann aber zweifelsohne die Symphonie nicht allein spielen. Genauso wenig kann unser Körper allein mit dem HGH funktionieren. Ein grundlegender Bestandteil jeder Langlebigkeitstherapie ist die optimale Substitution aller Hormone.

Auf die Zusammenarbeit kommt es an

In unserem Körper arbeiten die Hormone zusammen und sorgen so dafür, daß unsere Zellen, und damit die Organe, gut funktionieren. Erinnern Sie sich an den Hypothalamus? Das ist jener Teil des Gehirns, der die Aktionen der Hypophyse kontrolliert und ihr sagt, was, wieviel und wann sie ausschütten soll. Die Hormone, die von der Hypophyse ausgeschüttet werden (eins davon ist HGH), lösen wiederum die Hormonausschüttung anderer Drüsen aus. Wegen dieser Verbindung untereinander löst das Absinken eines Hormons unausweichlich das der anderen aus. Eine Störung dieses empfindlichen Gleichgewichts führt zu Gesundheitsproblemen. Solche Probleme und das Absinken aller Hormonspiegel sind die Hauptcharakteristika eines alternden Körpers.

Eine Störung des Gleichgewichts führt zu Gesundheitsproblemen

Die Hormonsubstitution läßt die Symptome wieder verschwinden, und jedes ersetzte Hormon beeinflußt die anderen Hormone und ihre Funktionen jetzt

neu. Aus Sicherheitsgründen müssen darum bei jeder Therapie alle Hormone gleichzeitig substituiert werden.
Wir möchten, daß die Hormonsubstitution so natürlich wie möglich ist. Untersuchungen und Tests haben gezeigt, daß das Östrogen im weiblichen Körper nicht allein existiert oder arbeitet. Auch das HGH spielt keine Solorolle beim Erhalt der physischen Gesundheit. Unser Ziel ist die Wiederherstellung des Gleichgewichts aller Hormone wie in einem jungen, gesunden Körper.

Sie brauchen einen Arzt

Ein Arzt muß die totale Hormonsubstitution überwachen, um Probleme zu vermeiden

Um die Hormone wirksam zu substituieren, brauchen Sie einen Arzt. Zum Teil sind die Mittel (wie das HGH) nur auf Rezept erhältlich. Aber Sie wollen auch bestmöglich von der Therapie profitieren und müssen kontrollieren lassen, daß Sie nicht zu viele Hormone nehmen. Ihre Hormonspiegel sollen ja nur bis zu ihrem optimalen Spiegel substituiert werden, und nicht darüber hinaus. Weil alle Hormone sich gegenseitig beeinflussen, kann möglicherweise eines die Hypersekretion eines anderen verursachen und damit eine unerwünschte Nebenwirkung provozieren. Die totale Hormonsubstitution, die von einem Arzt verordnet und überwacht wird, kann diesen Problemen vorbeugen und sie auch behandeln. Obwohl viele Hormone, zum Beispiel DHEA und Melatonin, ohne Rezept zu kaufen sind, raten wir Ihnen dringend, sie nur unter ärztlicher Aufsicht zu nehmen. Wie alles andere im Leben können diese Mittel außerordentlich nützlich sein, aber wenn sie falsch eingenommen werden, besteht das Risiko unerfreulicher Nebenwirkungen.

DHEA

Das Anti-Aging-Hormon läßt Sie jünger aussehen, und Sie fühlen sich auch so

Blättern Sie durch die Seiten irgendeines Gesundheits- oder Fitneßmagazins, oder surfen Sie ein wenig im Internet, und Sie werden auf Hunderte von Anzeigen stoßen, die DHEA (oder Dehydroepiandrosterone) anpreisen, das Super-Anti-Aging-Hormon, das Ihr Leben umkrempeln wird, wie die Anbieter versprechen. Nachweislich gibt es Ihrem Körper Energie, belebt die Sexualität, verbessert das Gedächtnis, senkt das Cholesterin im Blut, bekämpft Fettleibigkeit, Herzkrankheiten und Streß und stärkt das Immunsystem. Leute, die DHEA nehmen, sagen, daß sie Jahre jünger aussehen und sich auch so fühlen.

Die Begeisterung ist nicht ganz unberechtigt. Im Gegenteil. Die Ergebnisse der DHEA-Forschung belegen, daß es ein sehr wichtiges Hormon ist. DHEA, das im Gehirn und in der Nebennierenrinde produziert wird, ist das am reichlichsten im Körper vorhandene Hormon und eine Vorstufe der Sexualhormone Testosteron, Östrogen und Progesteron. Unsere DHEA-Spiegel erreichen ihren Spitzenwert ungefähr im Alter von 30 und sinken danach stetig ab, während wir altern. Doktor Norman Shealy schreibt in seinem Buch *»DHEA: The Youth and Health Hormone«*, daß niedrige DHEA-Spiegel mit nahezu jeder schweren Krankheit in Verbindung gebracht werden können. Der Spiegel ist niedrig bei Fällen von Fettleibigkeit, Diabetes, Immundefekten, Krebs, hohem Blutdruck und Herzkrankheiten. Seine These lautet – die Substitution der DHEA-Spiegel bekämpft diese Krankheiten und erhält unsere Gesundheit länger.

Der DHEA-Spiegel erhält die Gesundheit

Das Mutterhormon

Scheinbar gleicht der Nutzen der DHEA-Substitution der der HGH-Therapie. Eine Erklärung dafür bietet eine Studie, die 1994 die Wirkungen von DHEA auf die allgemeine Gesundheit von 13 Männern und 17 Frauen im Alter zwischen 40 und 70 untersuchte. Die große Mehrheit der Probanden bekundete eine rasche Verbesserung ihrer Stimmung und ihrer Energie, aber noch beeindruckender war die Wirkung der DHEA-Substitution auf deren HGH-Spiegel. Die Studie zeigte, daß die Wiederherstellung jugendlicher DHEA-Spiegel bei älteren Frauen und Männern deren IGF-1-Spiegel im Blut stark erhöhte. Wie Sie sich erinnern werden, ist dieses Protein ein Produkt der HGH-Sekretion, und die IGF-1-Spiegel geben uns ein sehr akkurates Maß der HGH-Menge im Körper. Darum kann das DHEA den HGH-Spiegel erhöhen, was möglicherweise zu den allumfassenden, starken Effekten der DHEA-Therapie beiträgt.

Patienten berichten von mehr Energie und Verbesserung ihrer Stimmung nach der DHEA-Substitution

Am häufigsten hört man im Zusammenhang mit der DHEA-Einnahme von einer verbesserten Sexualfunktion. Auch das resultiert aus der Beeinflussung anderer Hormone durch das DHEA. Tatsächlich wird DHEA oft als »Mutter«-Hormon bezeichnet, weil es eine Vorstufe der Sexualhormone ist. Die Behandlung mit DHEA kann dazu beitragen, die Testosteron-, Östrogen- und Progesteronspiegel auf jugendliche Höhen zu bringen. Wie wir wissen, sind diese Hormone direkt verantwortlich für die Sexualfunktionen des Körpers und für das sexuelle Vergnügen. Und die Substituierung der Sexualhormonspiegel mit Hilfe des DHEAs verbessert die Sexualfunktionen, die Lubrikation und die Erektions- und Orgasmusfähigkeit.

DHEA beeinflußt andere Hormone und verbessert die Sexualfunktion

Appetitzügler und Gedächtnisstütze

Gewöhnlich berichten die, die DHEA nehmen, auch, daß sie abnehmen und muskulöser werden. Eine Studie zeigte die Verbindung von DHEA und Fettleibigkeit bei Ratten. Die Tiere, die mit dem Hormon behandelt wurden, wogen weniger und hatten weniger Körperfett als die Kontrollgruppe, obwohl sie dasselbe Futter bekamen. Bei Menschen berichtete eine Studie von einem 31prozentigen Rückgang des Körperfetts innerhalb etwa eines Monats. Auch Statistiken belegen, daß DHEA als Appetitzügler wirkt. Aber unabhängig davon, auf welche Weise es wirkt – es ist evident, daß DHEA dazu beiträgt, das Körpergewicht und das Körperfett zu regulieren und auf einem gesunden Niveau zu halten.

Durch DHEA wird das Körpergewicht reguliert und das Gedächtnis verbessert

Dieses starke Hormon hat auch einen großen Einfluß auf das Funktionieren des Gehirns, weil im Gehirngewebe mehr DHEA vorhanden ist als in jedem anderen Gewebe des Körpers. Ein optimaler DHEA-Spiegel verbessert das Gedächtnis und das Denkvermögen.

Die Wirkungen optimaler DHEA-Spiegel sind umfassend

In einer Studie untersuchte Wolkowitz sechs ältere depressive Männer mit Gedächtnisproblemen, die er mit DHEA behandelte. Nach etwas über einem Monat waren die Depressionen fast verschwunden, und die Probanden zeigten einen dramatischen Anstieg sowohl ihres semantischen (sammelnden) als auch ihres zufälligen (Detail-)Gedächtnisses. Weil dies die beiden ersten Teile des Gedächtnisses sind, die bei Alzheimer-Patienten verfallen, könnte DHEA ein sehr wirksames, vorbeugendes Mittel sein.

Optimale DHEA-Spiegel sind außerdem wichtig für den Erhalt eines gesunden Herzens. 1986 veröffentlichte Elizabeth Barrett-Connor von der University of San Diego eine Studie, die die Verbindung zwischen dem DHEA-Spiegel und Herzerkrankungen zeigte. Bei 242 Männern waren unter denjenigen mit hohen DHEA-Spiegeln nur halb so viele Fälle von Herzerkrankungen wie in der Gruppe mit niedrigen Spiegeln. Sie schloß daraus, daß das DHEA auch bei den Patienten lebensverlängernd wirkte, die keine Herzprobleme hatten.

Gesunde DHEA-Spiegel sind wichtig für das Herz und das Immunsystem

Dieses lebensverlängernde Charakteristikum könnte dem Einfluß des DHEAs auf das Immunsystem zugeschrieben werden. In nahezu jedem Fall eines Immundefekts hat der Patient ein DHEA-Defizit. Die DHEA-Substitution unterstützt die Bildung von Antikörpern. Das wäre eine Erklärung, warum das DHEA die Tumorbildung verhindern kann. Eine Studie von Arthur Schwartz kam 1993 zu dem Schluß. Er untersuchte bei Ratten und Mäusen, ob dieses Hormon krebsbekämpfend wirkt. Die Immunstärke betrifft auch andere Krankheiten wie Aids. In einem Artikel im *Journal of Infectious Diseases* (November 1991) berichtete der Forscher William Regelson, daß es nur dann zu einem Vollbild von Aids kommt, wenn die DHEA-Spiegel der Patienten sinken. Tatsächlich erhöhen niedrige DHEA-Spiegel bei HIV positiven Patienten das Risiko der Entwicklung von Aids.

DHEA nimmt es mit dem Streß auf

Eine Form, wie das DHEA das Immunsystem stärkt, ist die Kontrolle der Produktion der Streßhormone Kortisol und Adrenalin. Streßhormone werden von den Nebennieren ausgeschüttet, sie erhöhen den Blut-

zuckerspiegel und die Herzfrequenz, damit der Körper der Streßursache gewachsen ist. Idealerweise werden alle diese Hormone verbraucht, wenn sie mit dem Streßerreger »verhandeln«, normalerweise in einem physischen Ausstoß. Aber wenn sie nicht verbraucht werden, wenn wir den Streß internalisieren und nicht physisch auf ihn reagieren können, akkumulieren die Streßhormone im Körper. Bei einem ungesunden Anwachsen wird die Immunantwort des Körpers unterdrückt, und die T-Zellen, die Infektionen bekämpfen, arbeiten nicht so gut, wie sie sollten. Letztlich sind wir anfälliger für Krankheiten.
Also muß man lernen, mit dem Streß umzugehen. Übungen sind eine gute Möglichkeit, und der Versuch, den Streß nicht zu internalisieren, ist ebenso hilfreich.

Geringes Risiko von Nebenwirkungen

Streßwirkungen können abgebaut oder abgewehrt werden, Nebenwirkungen treten bei angemessener Dosierung kaum auf

Eine weitere Möglichkeit, Streßwirkungen abzuwehren, ist ein optimaler DHEA-Spiegel. Wenn unser Streßpegel steigt, fällt unser DHEA-Spiegel. Die Substituierung des DHEAs hilft, die Streßhormone zu neutralisieren oder zu kontrollieren.
Studien untersuchten auch die Wirkung des DHEAs auf Autoimmunkrankheiten wie Lupus und Multiple Sklerose. Danach kann ein hoher DHEA-Spiegel die Krankheiten nicht heilen, aber eine Behandlung mit dem Hormon kann die Lebensqualität der Patienten wesentlich verbessern.
Beeindruckende Untersuchungsergebnisse und das geringe Risiko von Nebenwirkungen sind der Grund dafür, daß DHEA als Nahrungsergänzungsmittel zugelassen wurde. Weil es eine Vorstufe der Sexualhormone ist (in erster Linie für Testosteron), kann DHEA allerdings androgene (testosteronartige) Effekte auf

Frauen haben und eine stärkere Gesichtsbehaarung, Veränderungen der Menstruation und Akne verursachen. Es kann auch zu Stimmungsschwankungen und verstärkten Aggressionen kommen. Einige männliche Patienten hatten eine verstopfte Nase und litten unter einer leichten Schlaflosigkeit. Außerdem kamen Patienten mit vergrößerter Prostata ins Palm Springs Life Extension Institute. Darauf waren wir früher schon bei selbstverordnetem, exzessivem DHEA-Gebrauch gestoßen. Gewöhnlich treten Nebenwirkungen nur bei viel zu hohen Dosierungen auf.

Nebenwirkungen treten gewöhnlich nur bei zu hohen Dosierungen auf

Pregnenolon

Wenn DHEA das Mutterhormon ist, ist Pregnenolon als Vorstufe des DHEAs die Großmutter. Auch Pregnenolon wird im Gehirn produziert (und ist dort in hoher Konzentration vorhanden) und außerdem in den Nebennieren. Wie die meisten anderen Hormone nimmt es im Alter dramatisch ab.

Als Vorstufe anderer Hormone erhöht das Pregnenolon die Spiegel von DHEA und anderen Cholesterin-Hormonen (Testosteron, Östrogen etc.) und scheint die oben erwähnten Funktionen des DHEAs zu verstärken. Aber das Pregnenolon ist auch allein ein sehr mächtiges Hormon. Während die meisten anderen Hormone auf die physischen Bedürfnisse des Körpers zielen, bedient das Pregnenolon unsere psychischen Bedürfnisse. Es ist essentiell für die Spitzenleistungen des Gehirns.

Pregnenolon unterstützt alle psychischen Funktionen und ist essentiell für die Spitzenleistungen des Gehirns

Pregnenolon, das im Gehirn in größerer Menge vorhanden ist als irgendwo anders im Körper, unterstützt alle psychischen Funktionen und hat einen starken Einfluß auf die Transmission der Nervenimpulse. Insbesondere bekämpft es psychische Erschöpfungszustände, unterstützt das Gedächtnis, baut Depressionen ab und verbessert die Stimmung. Diese Funktionen des Hormons werden seit mehr als 50 Jahren erforscht, mit sehr eindrucksvollen Ergebnissen.

Studien belegen den positiven Einfluß des Pregnenolons auf die Psyche

Zwei Studien eines Forschungsteams demonstrierten 1940 den Einfluß des Pregnenolons auf die Psyche. Die erste Studie untersuchte die psychischen Fähigkeiten von Piloten und anderen in einem Flugsimulator. Während des »Flugunterrichts« wurde einigen Probanden Pregnenolon gegeben, die anderen erhielten Placebos. Nach zwei Wochen zeigten die Ergebnisse, daß die Leistungen der substituierten Gruppe, unabhängig davon, ob alle Flugerfahrungen hatten oder nicht, substantiell besser waren als die der Kontrollgruppe.

Die zweite Studie untersuchte die Wirkung des Pregnenolons auf Fabrikarbeiter, die im Akkord arbeiteten. Durchweg waren das Lederschneider, Dreher und Arbeiter in der optischen Industrie. Die Untersuchungsergebnisse zeigten ein Ansteigen der gesamten Produktivität, es gab weniger Irrtümer oder Ausschuß und bessere Endprodukte. Die Probanden berichteten auch von gesteigerter Energie, weniger Müdigkeit, verbesserter Stimmung und Streßresistenz.

Pregnenolon verbessert das emotionale Wohlbefinden und hilft bei Depressionen

Die Studie schlußfolgert, daß Pregnenolon nicht nur das Denkvermögen schärft, sondern Streß kontrolliert und der Müdigkeit vorbeugt. Wegen dieser stimmungsverbessernden Eigenschaften ist das Hormon bestens geeignet für die Behandlung von Depressionen und das emotionale Wohlbefinden.

Vorstufe des Östrogens

Die positiven Entdeckungen initiierten neuere Studien, darunter die von Dr. Bruce Miller, Neurologe am

Harbor-UCLA Medical Center, der evaluierte, ob die Alzheimer-Krankheit mit Pregnenolon behandelt werden kann. Viele glauben, das Hormon könnte sogar bei einem Vollbild von Alzheimer wirksam eingesetzt werden, weil die Patienten einen viel niedrigeren Pregnenolon-Spiegel haben als andere Menschen in ihrem Alter. Außerdem ist das Hormon eine Vorstufe des Östrogens, das präventiv bei dieser schrecklichen Krankheit wirkt.

Pregnenolon wird bei der Alzheimer-Krankheit und gegen Arthritis eingesetzt

Noch bevor Pregnenolon auf seine psychische Wirksamkeit untersucht wurde, nutzte man es zur Behandlung von Arthritisschmerzen. In den dreißiger und vierziger Jahren berichteten Patienten mit rheumatischer Arthritis, daß sie weniger Schmerzen, mehr Energie und Kraft hatten und mobiler waren, wenn sie Pregnenolon nahmen. Das war eine sichere und wirksame Behandlung, praktisch ohne Nebenwirkungen, auch nach jahrelanger Einnahme, und ein starkes Mittel gegen andere Funktionsstörungen wie Osteoarthrose, Sklerodermie und Psoriasis. Aber Ende der vierziger Jahre kam Kortison auf den Markt, und die Patienten wurden umgehend von ihren Arthritisschmerzen erlöst (nach der Einnahme von Pregnenolon setzte die Wirkung erst nach einer Woche oder später ein). Das neue Mittel und die Interessen der pharmazeutischen Industrie ließen die Behandlung mit Pregnenolon fast in Vergessenheit geraten. Inzwischen weiß man, daß Kortison schwere Nebenwirkungen hat. Und obwohl es keine breit angelegten Studien über die Behandlung von Arthritis und Gelenkschmerzen mit Pregnenolon gibt, deuten die positiven Ergebnisse bei den ersten Patienten darauf hin, daß die Hormonsubstitution eine sehr wirksame und sichere Therapie wäre.

Kortison hat im Gegensatz zu Pregnenolon schwere Nebenwirkungen

Immer noch lernen wir viel über dieses Hormon und seine Stärken. Neuerdings halten Wissenschaftler es für möglich, die Pregnenolontherapie zur Behandlung von Multipler Sklerose, Rückenmarkserkrankungen, kardiovascularen Problemen, zur Stärkung des Immunsystems und zur Straffung der Haut einzusetzen. Die Forschung hat bereits Therapieansätze gefunden.

Die Gründe für die mächtige Wirkung des Pregnenolons auf so viele Bereiche des Körpers liegt an der »großmütterlichen« Rolle, die es im Körper spielt. Wenn sein Spiegel steigt, tun das typischerweise die des DHEAs und der Sexualhormone auch. Deswegen kann das Pregnenolon unsere gesamte psychische und physische Gesundheit verbessern. Neue Studien zeigen, daß männliche und weibliche Körper das Hormon unterschiedlich nutzen. Bei gleicher Menge und denselben Testverfahren variieren die Ergebnisse nach Geschlecht. Man schloß, daß Frauen Pregnenolon mehr in Östrogen umwandeln, während bei Männern daraus Testosteron wird. Die Behandlung mit dem Hormon scheint absolut sicher zu sein, doch wie wir wissen, kann ein Überschuß von DHEA, Östrogen oder Testosteron im Körper einige unerfreuliche Nebenwirkungen hervorrufen. Unter ärztlicher Aufsicht können Sie jedoch die erstaunlich positive Wirkung erleben, eine neue Geistesschärfe, ein besseres Gedächtnis und ein größeres Wohlgefühl.

Pregnenolon kann unsere gesamte psychische und physische Gesundheit verbessern

Östrogen

Eines unserer überzeugendsten Argumente für eine sorgfältige totale Hormonsubstitution beziehen wir aus den Erfahrungen mit Östrogen. Dieser Pionier der

Hormonsubstitutionstherapie lehrte uns viel darüber, wie Hormone zusammenarbeiten, wie wichtig das Gleichgewicht ist und daß alle Hormone substituiert werden müssen statt nur eines.

Das Östrogen ist in erster Linie ein weibliches Hormon, aber in kleinen Mengen ist es auch im männlichen Körper vorhanden. Es wird bei Frauen in den Ovarien (Eierstöcken) und den Nebennieren produziert. Produktion und Ausschüttung kontrolliert der Hypothalamus, der mit der Hypophyse und der Zirbeldrüse auch bei der Kontrolle der sexuellen Entwicklung zusammenarbeitet – ein Prozeß, bei dem das Östrogen eine Hauptrolle spielt. Jeden Monat stimuliert dieses Hormon den Eisprung und bereitet die Auskleidung des Uterus vor, damit er das befruchtete Ei aufnehmen kann. Es ist für die physische »Reifung« verantwortlich – das Füllen der Brüste und Hüften und die Entwicklung der weiblichen reproduktiven Organe während der Pubertät.

Östrogen, in erster Linie ein weibliches Hormon, ist in kleinen Mengen auch im männlichen Körper vorhanden

Gegen Hitzewallungen und andere klassische Symptome der Wechseljahre

Wegen seiner eindeutigen Funktion im weiblichen reproduktiven System wird Frauen seit mehr als 40 Jahren Östrogen verschrieben, wenn sie unter Hitzewallungen und anderen extremen menopausalen Symptomen leiden. Die Menopause setzt ein, wenn die Ovarien aufhören, Östrogen und Progesteron, das andere weibliche Haupthormon, zu produzieren. Eine Hormonsubstitution hilft den Frauen gegen Schweißausbrüche, Erschöpfung, vaginales Austrocknen, Depressionen und die nachlassende Libido, klassische Symptome der Menopause, die jahrelang anhalten können. Frauen berichteten, daß die Östro-

Eine Hormonsubstitution hilft gegen die klassischen Symptome der Menopause

gentherapie ihre Haut und ihre Muskeln und vor allem ihre Stimmung verbessert hätte.
Außerdem gibt es weniger Osteoporosefälle und Herzkrankheiten, wenn das Hormon nach der Menopause weitergenommen wird. Die positiven Ergebnisse veranlaßten die Ärzte, nahezu allen Frauen Östrogene zu verschreiben, sogar denen, die keine Symptome hatten. Die Östrogentherapie schien eine Wundertherapie zu sein, sie hatte aber einen gravierenden Nachteil.
Frauen, die jahrelang Östrogene nahmen, hatten ein stark erhöhtes Gebärmutter- und Brustkrebsrisiko. Eine Studie des National Cancer Institute zeigte, daß dieses Risiko um 50 % über dem der Frauen lag, die nie Östrogene genommen hatten. Andere Studien sprachen von einem zwei- bis achtmal so großen Krebsrisiko im Endometrium. Eine Erklärung für dieses Phänomen liegt in der Tatsache, daß das Östrogen während des normalen Menstruationszyklus zunächst uterines Gewebe aufbaut. Während der Menstruation nimmt der Aufbau dann ab. Weil aber postmenopausale Frauen keinen normalen Menstruationszyklus mehr haben, vollzieht sich der östrogenveranlaßte Aufbau der Schleimhaut unkontrolliert, und es entsteht ein Gebärmutterkrebsrisiko.

Die Kombination der Hormone, die im Körper zusammenarbeiten, vermeidet Risiken

Nachdem man das erkannt hatte, suchten Wissenschaftler nach Behandlungsmethoden, die die Risiken ausschließen sollten. Der Schlüssel lag auch hier in der möglichst genauen Kopierung der körperlichen Abläufe. In jedem Alter arbeitet das Östrogen mit anderen Hormonen zusammen, um eine optimale physische und psychische Gesundheit zu erhalten. In einem gesunden Körper besteht eine enge Zusammenarbeit mit dem Progesteron, einem weiteren Sexualhormon.

Erleichterungen sind möglich

Es wurde wissenschaftlich nachgewiesen, daß die gemeinsame Gabe von Progesteron und Östrogen das Brust- und Gebärmutterkrebsrisiko fast vollständig senkt. Das Risiko nimmt noch weiter ab, wenn man auch DHEA und HGH in die Behandlung miteinbezieht. Wenn das Östrogen Teil einer totalen Hormonsubstitution ist, kommen die Patientinnen sicher in den vollen Genuß aller langfristigen Vorteile.

Und der Nutzen ist wirklich groß. Wegen der langjährigen Erfahrungen mit dem Östrogeneinsatz existieren viele klinische Daten. Außer den Erleichterungen bei den Symptomen der Menopause haben Studien gezeigt, daß die Östrogenbehandlung das Risiko von Osteoporose und Herzkrankheiten enorm senkt, Alterserscheinungen bekämpft, Gehirnfunktionen verbessert und erstaunlicherweise die durchschnittliche Lebenserwartung der Patientinnen erhöht.

Östrogene sind unverzichtbar in der Osteoporosebehandlung, weil sie den Knochenschwund reduzieren

Osteoporose, »poröse Knochen«, ist eine Alterskrankheit, bei der die Knochen dünner und schwächer werden. Frakturen sind dann häufiger, oft bereits bei leichteren Stürzen. Die meisten Brüche betreffen Hüfte, Handgelenke und Rückenwirbel und schwächen und verunstalten nicht nur, sondern können lebensgefährlich sein. Im Durchschnitt sterben 15 % der Osteoporosepatienten an Komplikationen bei Hüftfrakturen.

Bei Frauen ist das Risiko größer, eine von vier Frauen über 60 erkrankt an Osteoporose, und 50 % aller Menschen ab 75 sind davon betroffen. Das stützt die Theorie, daß Östrogen zur Behandlung dieser Krankheit eingesetzt werden kann. Man hat festgestellt, daß Östrogene, auch wenn sie nicht zur Osteoporosebehandlung genommen werden, das Ausmaß des

Knochenschwunds verlangsamen und die Kraft und Mobilität der Frauen erhalten. Studien zeigen, daß sich der Knochenschwund bei Patientinnen, die Östrogene nehmen, um 25% reduziert und die Anzahl der Hüftfrakturen nur ein Viertel der anderer Frauen beträgt. Auch Brüche des Rückgrats gingen um 50% zurück. Zusätzlich haben Frauen, die Östrogene einnehmen, stärkere Zähne und tragen seltener ein Gebiß. Das Hormon reduziert Zahnverlust um 50%. Möglicherweise resultieren einige dieser Effekte, zumindest teilweise, daraus, daß das Östrogen die HGH-Ausschüttung herbeiführt, wodurch die Knochenproduktion stimuliert wird.

Östrogen reduziert Herzkrankheiten und ist gut für die Libido, das Haar und die Haut

Der Anti-Aging-Nutzen

Östrogen spielt auch eine bedeutende Rolle bei der Reduzierung der Entwicklung von Herzkrankheiten, inklusive Herzattacken, Herzschlag, Herzversagen und Herzrhythmusstörungen. Jüngere Frauen leiden sehr selten an diesen Krankheiten, aber die Vorfälle nehmen in den postmenopausalen Jahren zu und machen ca. 30% der Todesursachen bei Frauen über dreißig aus. Dieser Sprung bei den Herzvorfällen, brachte die Wissenschaftler auf die Idee, eine Verbindung zwischen der wachsenden Häufigkeit von Herzkrankheiten und der Abnahme des Östrogenspiegels herzustellen.

Diese Verbindung besteht tatsächlich. Frauen, die Östrogene nehmen, haben ein um 50% verringertes Herzkrankheitsrisiko, weil das Hormon den Herzmuskel und die Blutgefäße stärkt, den LDL-(schlechten)-Cholesterinspiegel senkt und den HDL-(guten)-Spiegel erhöht. Diese Nutzen bedeuten auch, daß Östrogen signifikant hilfreich ist, wenn die Krankheit bereits besteht. Ein stärkeres Herz bedeutet ein längeres Leben.

Östrogene wirken bei Frauen nicht nur lebensverlängernd, sondern sorgen auch für ein besseres Wohlbefinden

Östrogen wirkt aber bei Frauen nicht nur lebensverlängernd, sondern unterstützt sie wegen seines Anti-Aging-Nutzens auch dabei, ein quasi jüngeres Leben zu führen. Viele Frauen setzen die Östrogensubstitution nach der Menopause fort, weil sie sich damit jünger fühlen und aussehen. Östrogen puscht den Energielevel, verstärkt die Libido, kräftigt das Haar und verbessert die Hautqualität, wodurch die Falten abnehmen.

Der »Aasfresser«

Östrogen zerstört die freien Radikale

Vieles davon passiert, weil das Östrogen ein Antioxydationsmittel ist. Wie Vitamin E und Betacarotin wirkt es im Körper als »Aasfresser«, der die zellzerstörenden freien Radikale zerstört. Zerstörungen durch freie Radikale zeigen sich oft in einer dünnen, faltigen Haut.

Noch wichtiger als seine Effekte auf den Körper, ist die Wirkung des Östrogens auf das Gehirn. Früher glaubte man, daß dieses Hormon nur die Körpersysteme unterhalb des Halses beeinflussen könnte. Die Entdeckung der Östrogenrezeptoren im Gehirn revidierte diese Ansicht. Die Existenz dieser Rezeptoren ist ein Beleg für den Einfluß auf sehr spezifische Gehirnfunktionen, und die Anzahl der Rezeptoren könnte erklären, warum weibliche Gehirne anders als männliche zu arbeiten scheinen, warum schwankende Hormonspiegel einen solch großen Einfluß auf die Stimmung haben und warum Depressionen ein Symptom der Menopause sind. Frauen, die Östrogene nehmen, berichten von einer besseren Stimmung und einem größeren Wohlbefinden.

Die Erfolge der Hormontherapie sind beeindruckend

Ein erster Anhaltspunkt für den Einfluß des Östrogens auf das Gehirn bot sich den Forschern, als sie feststellten, daß bei den Frauen, die dieses Hormon nahmen, weniger Alzheimerfälle auftraten.
Und obwohl die Forschung davon ausgeht, daß eine Östrogenbehandlung die Krankheit nicht heilen kann, verbessert das Hormon zumindest den Allgemeinzustand der Patientinnen und wirkt, weil das Östrogen an der Bildung und dem Schutz der Gehirnzellen beteiligt ist und indirekt die Produktion eines Neurotransmitters auslöst, der entscheidend für das Gedächtnis ist. Nachweislich kann dieses Hormon auch das Gedächtnis von Gesunden verbessern und schärfen.

Auch das Gehirn wird unterstützt

Eine neue Studie des Österreichers Dr. Reinhold Schmidt zeigte, daß Frauen unter Östrogensubstitution bei neuropsychologischen Tests besser abschnitten als diejenigen, die nie Östrogene genommen hatten. Schmidt ging noch einen Schritt weiter und unterzog alle Probandinnen einer Magnetresonanztomographie. Erstaunlicherweise hatten die östrogensubstituierten Frauen viel weniger altersbedingt zerstörtes Gehirngewebe als die Kontrollgruppe.

Die Gehirnzellen werden durch Östrogen geschützt, die Gehirnfunktionen werden gestärkt

Also kann das Östrogen nicht nur Gehirnfunktionen wie das Gedächtnis stärken, es kann auch die wertvollen Zellen des komplexesten Organs des Körpers schützen. Ein Bericht der John Hopkins University zeigt, daß Östrogene das Gehirn auch vor Schäden durch einen Schlaganfall bewahren.
Weil es das Gehirn, die Knochen und besonders das Herz gesund erhält, wirkt das Östrogen lebensverlängernd. Ein Bericht im Journal of Obstetrics and Gyne-

cology, in der Ausgabe vom 1. Januar 1996, unterstrich, welchen Unterschied eine Östrogensubstitution für die Lebenserwartung bedeuten kann.
Bruce Ettinger, der Leiter des Forschungsteams, sah sich die Krankengeschichte von 454 Frauen an, die zwischen 1900 und 1915 geboren worden waren. Diese Frauen nahmen an dem »Kaiser Permanente Medical Care Program« in Oakland, Kalifornien, teil, und ungefähr die Hälfte von ihnen hatte irgendwann im Leben Östrogen genommen, während die andere Hälfte das Hormon nie genommen hatte. Innerhalb der Östrogengruppe sank die Sterblichkeitsrate um 46 %. Ettinger schrieb das hauptsächlich dem niedrigeren Vorkommen von Herzattacken und Schlaganfällen zu. Diese Frauen hatten 60 % weniger Herzkrankheiten, 70 % weniger Schlaganfälle und auch weniger Fälle von Lungenkrebs als die Vergleichsgruppe. Diese und andere Studien zogen daraus den Schluß, daß die Östrogentherapie die Lebenserwartung von Frauen um zwei bis drei Jahre verlängern kann.

Eine Östrogentherapie kann die Lebenserwartung von Frauen um zwei bis drei Jahre verlängern

Wichtig ist die dauerhafte Einnahme

Allerdings betont Ettinger, daß diese positiven Ergebnisse aus einer langjährigen Östrogeneinnahme resultieren. Viele Frauen beginnen mit der Einnahme, um menopausale Symptome zu regulieren. Aber sie sollten damit nicht aufhören, wenn die hormonell verursachten Probleme verschwinden. Mit jedem Jahr der Östrogensubstitution wächst die Chance, weder an Alzheimer noch an Herzproblemen zu erkranken, dafür aber länger zu leben. Wenn Östrogene zusätzlich mit Progesteron kombiniert werden, stärken sie den Körper und den Geist und verbessern die Lebensqualität.

Die Menopause ist keineswegs das Ende der aktiven Lebenszeit

Progesteron

Im vorigen Abschnitt haben wir erläutert, warum es für eine optimale Gesundheit nicht ausreichend ist, wenn Frauen nur Östrogen nehmen. Dieses Hormon arbeitet im weiblichen Körper sehr eng mit dem Progesteron zusammen. Gemeinsam regulieren sie den Menstruationszyklus und alle Hormonantworten. Die Kraft des Östrogens haben wir seit mehr als 40 Jahren studieren können. Wir fangen aber gerade erst an, die vergleichbare Stärke des Progesterons zu verstehen.

Auch Progesteron ist ein weibliches Sexualhormon

Progesteron ist ein weiteres weibliches Sexualhormon. Es wird im Gelbkörperchen (der Follikel, der während des Eisprungs aufbricht), in den Nebennieren und während der Schwangerschaft in der Placenta produziert. Progesterone spielen während der Menstruation eine größere Rolle, weil sie die Gebärmutterschleimhaut darauf vorbereiten, das befruchtete Ei aufzunehmen. Wenn es nicht zur Befruchtung kommt, sinkt der Progesteronspiegel und veranlaßt die Abstoßung der Schleimhaut. Das Progesteron ist äußerst wichtig für eine problemlose Schwangerschaft und wird dabei in der Gebärmutter in großen Mengen produziert. Ohne genügend Progesteron in ihrem System erleben Frauen eine schwere Schwangerschaft.

Sinkt der Progesteronspiegel vor der Periode, leiden Frauen unter dem sogenannten prämenstruellen Syndrom

Dieses Hormon beeinflußt auch die Stimmung. Wenn der Progesteronspiegel vor der Periode fällt, leiden etliche Frauen unter dem sogenannten prämenstruellen Syndrom (PMS), sie sind reizbar, launisch und fühlen sich körperlich unwohl. Der Abfall des Progesterons und die weniger erfreulichen emotionalen Reaktionen deuten darauf hin, daß das Progesteron als natürliches Antidepressivum und Tranquilizer

wirkt. Deswegen wird das Hormon oft jenen Frauen verschrieben, die vor ihrer Periode unter schweren Stimmungsschwankungen leiden.
Der Progesteronspiegel beginnt ab dreißig zu sinken, und in der Menopause schwankt er enorm. Tatsächlich rührt ein Großteil des Unwohlseins in der Menopause aus einem gestörten Gleichgewicht zwischen dem Östrogen- und dem Progesteronspiegel. Und so wie das Östrogen die dann auftretenden Symptome mildert, kann das Progesteron Hitzewallungen und Stimmungsschwankungen verhindern. Studien haben gezeigt, daß das Progesteron die Wirkungen des Östrogens steigert und, wie bereits erwähnt, gegen Krebs schützen kann. Es ist ein Schutz gegen Gebärmutterschleimhautkrebs, weil es die Schleimhaut im Uterus erhält und verhindert, daß Krebszellen das uterine Gewebe angreifen können.

Progesteron schützt auch gegen Krebs und kann in der Menopause Hitzewallungen verhindern

Die Kontrolle des Sexualantriebs

Auch allein erfüllt das Progesteron viele Funktionen. Eine seiner Hauptaufgaben ist die Kontrolle des weiblichen Sexualantriebs. Tatsächlich wird das Progesteron auch die Quelle der weiblichen Libido genannt. Dieses Hormon steigert bei manchen Frauen den Sexualantrieb während des Eisprungs; es unterstützt aber auch die Schilddrüse und hilft dem Körper dabei, Fett in Energie umzuwandeln und nicht abzulagern.

Progesteron wird auch die Quelle der weiblichen Libido genannt

Erstaunlicherweise wirkt das Progesteron daneben auch knochenbildend und wird schon seit Jahren als Schutz vor Osteoporose oder dem Dünnerwerden der Knochen, worunter besonders ältere Frauen leiden, angepriesen. Neue Studien zeigen aber, daß das Progesteron sogar noch besser für die Knochen sein

Progesteron ist in der Osteoporoseprävention noch wichtiger als Östrogen

könnte als das Östrogen. Wie schon erwähnt, reduziert das Östrogen das Risiko einiger Osteoporoseformen um bis zu 50 %. In der Kombination mit Progesteron ist das für Ihre Knochen noch positiver.
Zwei neue Berichte zeigen, daß das Progesteron in der Osteoporoseprävention einen enormen Schritt weiter gehen kann als das Östrogen. Wir haben im Zusammenhang mit dem HGH die Dynamik des Knochenwachstums kennengelernt. Alte Knochenzellen werden fortlaufend von den Osteoklasten zerstört, während die Osteoblasten die Produktion neuer, gesunder Knochenzellen stimulieren. Osteoporose tritt auf, wenn die Osteoklasten überhand nehmen und die Knochenzerstörung schneller voranschreitet als das Knochenwachstum. Postmenopausale Frauen verlieren jährlich 2–4 % ihrer Knochenmasse. Östrogen kann diesen Zerstörungsprozeß verlangsamen, aber nicht vollständig aufhalten.

Sie können Ihre Knochen gesund erhalten

Dr. Jerilynn C. Prior von der University of British Columbia untersuchte die Wirkung verschiedener Hormone auf die Osteoporose bei Menschen und Tieren. Sie fand heraus, daß das Progesteron die Knochenzerstörung nicht nur stoppen kann, sondern auch die Osteoblasten stimuliert, neue Knochenmasse zu bilden.
Das scheint völlig unabhängig von den Funktionen des Östrogens zu geschehen. Im gleichen Jahr, als der Beitrag von Prior erschien, veröffentlichte Dr. John R. Lee seine Studie. Drei Jahre hatte er die Knochengesundheit von hundert postmenopausalen Frauen mit Osteoporoserisiko untersucht. Alle Probandinnen ernährten sich gesund, nahmen Calciumsubstitute,

machten regelmäßig Sport, tranken nur wenig Alkohol und durften nicht rauchen. Alle Testpersonen nahmen entweder Östrogen plus Progesteron oder nur Progesteron. Am Ende der Untersuchung hatte sich bei 63 Frauen, gut der Hälfte der Gruppe, die nur Progesteron genommen hatte, nicht nur die Knochenzerstörung verlangsamt, sondern gleichzeitig hatte sich die Knochendichte verbessert. Dr. Lee betont, es sei einleuchtend, daß das Progesteron, und nicht das Östrogen, für die Gesundheit der Knochen verantwortlich ist, weil die Knochenmasse zu dem Zeitpunkt abzunehmen beginnt, wenn der Progesteronspiegel zu sinken anfängt. Er ist überzeugt, daß man mit einer Progesteronbehandlung die Knochenschäden bei der Osteoporose tatsächlich umkehren kann.

Es könnte sein, daß wir ähnlich wie beim Östrogen immer mehr positive Aspekte des Progesterons entdecken, je länger es eingesetzt wird. Unsere bisherigen Erfahrungen zeigen, daß es keine unerwünschten Nebenwirkungen gibt. Da aber eine optimale Gesundheit nur erreicht werden kann, wenn die Hormone ihren jugendlichen Spiegel erreichen, muß auch die Substitution von Progesteron und Östrogen unter ärztlicher Aufsicht erfolgen.

Unerwünschte Nebenwirkungen sind nicht bekannt

Einige Worte zu synthetisch hergestellten Hormonen. Die Vorteile natürlicher Substitute

Diese Hormone sind künstliche Chemikalien, die nicht dieselbe Struktur wie die natürlichen Hormone im Körper haben. Aber es stehen »natürliche« Versionen von Östrogen und Progesteron zur Verfügung. Um die Bezeichnung »natürlich« zu verdienen, müssen diese Substitute molekular und chemisch mit den Hormonen eines gesunden Körpers identisch sein. In

Natürliche Substitute sind molekular und chemisch identisch mit den Hormonen eines gesunden Körpers

»natürlichen« Substituten sind keine fremden Chemikalien, die der Körper noch nie zuvor gesehen hat und die Nebenwirkungen haben könnten. Viele Frauen, die Nebenwirkungen spürten, waren danach frustriert und desillusioniert. Sie glaubten, sie müßten die Hormone als Vorbeugung gegen Herzkrankheiten und Osteoporose nehmen, haßten es aber, wie sie sich nach der Einnahme fühlten. Auf der anderen Seite berichteten Frauen, die »natürliche« Hormone nahmen, viel weniger von Nebenwirkungen und nahmen sie im allgemeinen weiter.

Natürliche Hormone verhindern Nebenwirkungen und erfüllen ihre Aufgaben besser als synthetische

Natürliche Hormone verhindern nicht nur Nebenwirkungen, sondern erfüllen ihre Aufgaben besser als die synthetischen, weil sie identisch mit den Hormonen des Körpers sind. 1989 verglichen Dr. Joel T. Hargrove et al. am Vanderbilt University Medical Center die Wirkung synthetischer mit der natürlicher Hormone. Zehn menopausale Frauen nahmen natürliche Substitute, fünf nahmen synthetische. Im Ergebnis sanken bei der ersten Gruppe sogar die Cholesterinspiegel bei gleichzeitigem Anstieg des HDL-(guten) Cholesterins stärker als bei der Kontrollgruppe, die die synthetischen Hormone genommen hatte. Alle Frauen, die die natürlichen Substitute genommen hatten, wollten die Behandlung fortsetzen, während zwei der fünf anderen Patientinnen genug hatten und aufhörten.

Einige Frauen haben jahrelang synthetische Hormone genommen und nur die Vorteile erlebt und keine Nebenwirkungen verspürt. Sollten Sie diese Erfahrung gemacht haben, überlegen Sie es sich trotzdem, auf natürliche Hormone umzusteigen, weil einige Studien zeigen, daß das synthetische Progesteron nicht so gut vor den mit Östrogenen in Verbindung gebrachten Krebsarten schützen kann wie das natürliche Hormon. Tausende von Frauen, die synthetische Hormone nicht vertragen, haben mit den natürlichen Hormonen nun eine neue Option. Jede Frau sollte ihre Situation mit einem Arzt oder einer Ärztin besprechen und zusammen mit diesen Spezialisten entscheiden, welches die beste Behandlung ist.

Testosteron

Allein das Wort »Testosteron« weckt Assoziationen von muskelbepackten Footballspielern und sexhungrigen Halbwüchsigen. Diese Art zu denken begrenzt aber unser Wissen über ein sehr wichtiges Hormon, das jahrelang mißverstanden wurde.

Testosteron ist das primäre männliche Sexualhormon, kontrolliert aber auch verschiedene Körperfunktionen

Testosteron ist das primäre männliche Sexualhormon. Es ist verantwortlich für die Entwicklung der männlichen Sexualität während der Pubertät und entscheidend für die Erektion, die Libido, einen normalen Energielevel und die Stimmung. Aber das Testosteron kontrolliert auch verschiedene andere Körperfunktionen, nicht nur die unterhalb der Gürtellinie. Wie alle Hormone nimmt es ab, wenn man altert. Laut einiger Studien hat der Testosteronspiegel mit 80 nur noch ein Fünftel seiner ehemaligen jugendlichen Höhe. Obwohl dieses Hormon seit Jahren erforscht wird, ist es bedauerlicherweise noch immer nicht sehr verbreitet in der Hormonsubstitution.

Schon vor über 100 Jahren entdeckt

Unser Wissen über das Testosteron geht zurück bis in die Mitte des 19. Jahrhunderts, als ein deutscher Physiologe zwei Hähnen die Hoden zweier anderer transplantierte. Die kastrierten Hähne wurden fett und faul, während die anderen beiden stark und voller Energie waren, und ihre Kämme (Sexualorgane der Hähne) wuchsen weiter. 1935 ging der Nobelpreis an einen Wissenschaftler, der das Testosteronmolekül isoliert hatte und seine Struktur erklärte. 1938 entdeckte ein anderer Wissenschaftler, daß Testosteron eine positive Wirkung auf die Glukosetoleranz hat, und ein Jahr später wurde bekannt, daß das Hormon zur Besserung von Angina Pectoris beiträgt, einem Brustschmerz, der von einigen Herzkrankheiten verursacht wird. Während des Zweiten Weltkriegs transplantierte ein Arzt einem älteren Soldaten, bei dem sich eine Schußwunde mit Wundbrand infiziert hatte, die Hoden eines sterbenden Kameraden. Durch das zusätzliche Testosteron erholte sich der Mann schnell.

1951 wurde entdeckt, daß das Hormon die schiere Muskelmasse anwachsen läßt, und zehn Jahre später fanden Wissenschaftler heraus, daß es auch den Cholesterinspiegel senken kann.

Obwohl das Testosteron nachweislich viele positive Wirkungen hat, zögern Männer, es zu nehmen

Warum aber nehmen Männer, die ein Hormondefizit haben, trotzdem kein Testosteron? Eine Studie gibt an, daß von den vier- bis fünf Millionen Amerikanern aller Altersgruppen mit Hypogonadismus (Testosterondefizit) nur 250 000 Testosteronsubstitute nehmen. Warum hinkt die Testosterontherapie so weit hinter der Östrogenbehandlung hinterher?

Auch Männer kommen in die Wechseljahre

Ein Grund könnte in der Natur der Andropause, der »männlichen Menopause«, liegen. Die Andropause wird oft mit der Menopause verglichen, aber es gibt doch einige merkliche Unterschiede. Die weiblichen Wechseljahre kündigen sich mit einer deutlichen körperlichen Veränderung an – die Menstruation hört auf. Bei Männern hingegen gibt es keine vergleichbaren Warnsignale, wenn die Andropause beginnt. Der Testosteronspiegel fängt mit ca. dreißig zu sinken an, während der Andropause nimmt er dann jährlich um etwa 1,5 % ab. Dabei fällt der Gesamtspiegel des Hormons nicht so drastisch, aber das freie Testosteron, welches das biologisch aktive ist, nimmt mit dem Alter gewaltig ab.

Die Andropause ist die »männliche Menopause«

Obwohl das Absinken des freien Testosterons so dramatisch verläuft, machen sich die körperlichen Auswirkungen der Andropause erst ganz allmählich bemerkbar. Sie zeigt sich in einem fortlaufenden Energieverlust, schwächer werdenden Knochen und Muskeln, mehr Körperfett, Depressionen und einer Beeinträchtigung der Sexualfunktion. Die Forschung schließt auf eine Verbindung zwischen dem Testosteronmangel und Bluthochdruck, Fettleibigkeit und dem erhöhten Risiko von Herzkrankheiten. Dr. Jens Moller, ein dänischer Pionier auf dem Gebiet der Testosteronsubstitution, beobachtete bei annähernd 80 % der Männer mit niedrigen Testosteronspiegeln eine reduzierte Libido und Schwierigkeiten, zu erigieren oder die Erektion aufrechtzuerhalten, 92 % berichteten von einer insgesamt reduzierten sexuellen Befriedigung, 82 % litten unter Erschöpfung, 70 % unter Depressionen und etwa 60 % entwickelten Reizbarkeit, Schmerzen und Versteifungen.

Das Absinken des Testosteronspiegels hat gravierende Folgen

Ein weiterer signifikanter Unterschied zwischen der Andropause und der Menopause besteht darin, daß die Andropause irgendwann zwischen 30 und 50 auftreten kann, während die Menopause erst mit Ende 40 oder Anfang 50 beginnt. Streß spielt eine entscheidende Rolle für das Absinken des Testosteronspiegels. Eine der tiefgreifendsten Auswirkungen die-

Je später die Andropause einsetzt, desto länger lebt ein Mann

ses Vorgangs ist Impotenz, und einige Studien lassen vermuten, daß Männer nur noch ungefähr 20 Jahre leben, nachdem sie impotent geworden sind. Mit 50 sind etwa 5 % der männlichen Bevölkerung impotent, mit 70 etwa 27 % und mit 80 etwa 75 %. Je später die Andropause bei einem Mann einsetzt, desto länger lebt er. Und je gesünder er ist, desto länger bleibt er sexuell potent.

Die Scheu der Männer

Weil Testosteron mit der Sexualität und dem Männlichkeitsbild in Verbindung gebracht wird, wollen viele Männer nicht über die Andropause oder ihren vielleicht gesunkenen Testosteronspiegel sprechen. Dr. Adrian S. Dobbs von der John Hopkins University School of Medicine sieht darin einen weiteren Grund, warum die Testosteronbehandlung so weit hinter der Östrogentherapie liegt. »Unglücklicherweise haben die meisten Männer Schwierigkeiten, über Symptome des Testosterondefizits – abnehmendes sexuelles Interesse, Erektionsprobleme oder Depressionen – mit Familienmitgliedern, Freunden oder ihrem eigenen Arzt zu sprechen. Deswegen gibt es keine Diagnose, und sie werden nicht behandelt. Ärzte und ihre männlichen Patienten müssen einen Dialog beginnen, wo über diese Themen gesprochen werden kann.«

Die Andropause ist ein Syndrom, das behandelt werden kann

Experten prophezeien, daß in naher Zukunft die meisten Männer über 65 Testosteron nehmen werden, so wie die meisten Frauen in der Menopause Östrogen nehmen. Dafür gibt es aber einige Voraussetzungen. Die Andropause muß als Syndrom begriffen werden, daß behandelt werden kann. In einem Artikel, der 1994 im Journal of the American Medical Association erschien, betonten Carl Heller und Gordon Myers, daß »die Andropause tatsächlich ein Syndrom ist, das auf endokrinen Störungen beruht, wie das menopausale Syndrom bei Frauen.« Von einer männlichen Menopause zu sprechen bedeutet keine Verletzung der Männlichkeit. Im Gegenteil öffnet diese Definition die Tür zu einer guten Behandlung, und sie befreit von den Frustrationen, die die meisten Männer mit einem gesunkenen Testosteronspiegel früher oder später erleben. Dies ist der erste Schritt.

Der nächste Schritt zur Verbreitung der Testosterontherapie muß die Aufhebung des Negativimages sein, das dem Hormon anhaftet. Der Mißbrauch des Testosterons und anderer steroider Anabolika (testosteronartige künstliche Chemikalien) durch Athleten und übertriebene Berichte über potentielle Schäden haben einen solchen Druck erzeugt, daß das Thema tabuisiert wurde. Natürlich werben wir nicht dafür, das Testosteron zu benutzen, um sich »aufzumotzen«, aber wir wissen, daß der Einsatz des natürlichen Hormons unter ärztlicher Aufsicht und in vernünftigen Dosierungen keine unerwünschten Nebenwirkungen hat.

Auch Testosteron hat unter ärztlicher Aufsicht und in vernünftigen Dosierungen keine unerwünschten Nebenwirkungen

Osteoporose – nicht nur ein Frauenproblem

Obwohl die Osteoporose gemeinhin für ein Problem älterer Frauen gehalten wird, betrifft sie tatsächlich alle älteren Menschen. Dr. Kaiser berichtete, daß ältere Männer mit einem Testosterondefizit sechsmal mehr gefährdet waren, sich bei einem Sturz die Hüfte zu brechen, als jüngere Männer. Durch die Aufsättigung des Hormonspiegels steigerte sich die Knochendichte, ihre Bildung und die Menge der Knochenmineralien bei den Älteren. Ihre Energie nahm zu, und die Sexualfunktion verbesserte sich. Warum Testosteron das alles bewirken kann, wissen wir noch nicht mit

Osteoporose betrifft alle älteren Menschen

Bestimmtheit. Dr. Kaiser sagt, »Es sieht so aus, als ob das Testosteron ein Hauptregulator ist, möglicherweise über eine ganze Menge anderer Neurotransmitter, von denen die meisten noch nicht identifiziert werden konnten.«
Dr. Kaisers Studien bestätigten ebenfalls, daß Männer insgesamt mehr physische Energie hatten, wenn sie Testosteron nahmen. Das könnte darauf zurückzuführen sein, daß das Hormon die Anzahl der roten Blutkörperchen erhöhen kann. Diese fungieren als Transportsystem für den Sauerstoff zu allen Zellen des Körpers. Sauerstoff ist der Kraftstoff für alle Zell- und Körperfunktionen. Je mehr rote Blutkörperchen vorhanden sind, desto mehr Sauerstoff kann die Zellen erreichen. Die Anzahl der Blutkörperchen sollte überwacht werden, wenn es nämlich zu viele werden, kann es zu Blutgerinnseln und Schlaganfällen kommen.

Nicht nur die Sexualität profitiert

Diese Studien belegen, daß das Testosteron wahrlich mehr als die männliche Sexualfunktion kontrolliert. Per Marin, Professor im schwedischen Gøteborg, führte über neun Monate zwei placebokontrollierte Doppelblindstudien durch, wobei er vorhatte, das Testosteronserum bis zu einem jugendlichen Spiegel aufzusättigen. Marin et al. stellten eine signifikante Abnahme des Körperfetts und Veränderungen des Körperbaus fest, vor allem aber nahmen die dicken Bäuche ab. Das läßt sich zurückführen auf die verringerte Aufnahme von Triglyceriden und die verbesserte Verwertung des existierenden Fetts. Eine weitere Studie mit einer kleinen Gruppe von Männern, die das Hormon nahmen, zeigte bei ihnen eine Zunahme der Muskelstärke und des Durchmessers der Muskelfasern. Die Glucose-

Die Energie wird gesteigert, und die dicken Bäuche nehmen ab

spiegel im Blut stiegen, der Blutdruck wurde gesenkt und die Insulinsensibilität erhöht.
Auf dem Treffen der Endocrine Society in Washington D.C. berichtete Dr. Fred Ellyin von der Chicago Medical School 1995 von seiner Entdeckung, daß bei alternden Männern Muskelkraft, Sexualität und Autoritätsverhalten deutlich abnahmen, weil ihre Testosteronspiegel um mehr als 40 % gesunken waren. Seine Studie mit Männern zwischen 60 und 75, die zwei Jahre lang wöchentlich niedrige Testosterondosierungen nahmen, zeigte, daß das Hormon ein Anwachsen des sexuellen Verlangens verursachte, häufigeren Geschlechtsverkehr und eine deutliche Verbesserung der Stimmung und der Lebenseinstellung. Sie hatten auch einen niedrigeren Cholesterinspiegel, weniger Körperfett und mehr Muskelkraft.

Das Herz freut sich

Die Muskelkraft und die Sexualität werden unterstützt, das Herz bleibt gesund

Forscher haben entdeckt, daß das Testosteron neben dem Anwachsen der Stärke, der Energie, der Verbesserung der Sexualität und des Körperbaus auch das Herz gesund erhält. Ursprünglich hielt man zuviel Testosteronserum für eine Hauptursache der häufig auftretenden Herzkrankheiten bei Männern. Schließlich mußte, weil das Östrogen Frauen gegen diese Krankheit hilft, das Testosteron ein Missetäter sein. Aber die Wissenschaftler beginnen zu begreifen, daß die Sexualhormone in weiblichen und männlichen Körpern unterschiedlich arbeiten, und neuere Studien zeigen, daß Männer, die einen Herzinfarkt erlitten haben, zu niedrigen Testosteronspiegeln tendieren.
Dr. Gerald Phillipps vom Columbia University College of Physicians and Surgeons machte Röntgenaufnahmen der Blutgefäße von 55 Männern. Er entdeckte,

daß niedrigere Testosteronspiegel von häufigeren und schwereren Herzerkrankungen begleitet wurden. Phillips entdeckte, daß das Testosteron scheinbar den HDL (guten) Cholesterinspiegel erhöhte. Gleichzeitig fielen das LDL und der allgemeine Cholesterinspiegel. Das könnte der Hauptgrund für die präventive Wirkung des Testosterons bei Herzkrankheiten sein.

Testosteron für das Gehirn

Testosteron beeinflußt das Denkvermögen des Mannes und seine Gedächtnisfunktionen

Testosteron spielt eine wichtige Rolle für das Funktionieren des Gehirns. Eine These lautet, daß die große Zahl von Östrogenrezeptoren im Gehirn zumindest teilweise einige emotionale und verstandesmäßige Kennzeichen erklärt, die traditionell eher auf Frauen als auf Männer zutreffen. Ganz oben auf der Liste der »weiblichen« Gehirnfunktionen stehen höhere sprachliche Gewandtheit und ein besseres Wortgedächtnis. Neue Studien deuten darauf hin, daß das Testosteron im männlichen Gehirn dasselbe bewirkt wie das Östrogen im weiblichen. Östrogene können die Stimmung einer Frau beeinflussen, und Testosterone unterstützen Männer entsprechend dabei, weniger ängstlich und reizbar zu sein und sich wohler zu fühlen. Scheinbar hat Testosteron auch einen profunden Einfluß auf das Denkvermögen des Mannes, seine Lernfähigkeiten und die Gedächtnisfunktionen seines Gehirns.

Unbegründete Ängste

Keine Angst vor Nebenwirkungen

Zu den größten Vorbehalten der Ärzte gegenüber einer breit angelegten Testosteronsubstitution gehört die Furcht, ein hoher Spiegel des Hormons könnte das Risiko von Prostatakrebs erhöhen. Vorläufige Studien zeigten, daß das Testosteron Dihydrotestosteron

produziert, was das Wachstum von Prostatatumoren beschleunigt.
1995 untersuchte eine Forscherteam der John Hopkins University unter der Leitung von Dr. H. B. Carter drei Gruppen gleichaltriger Männer. Die erste Gruppe hatte keinen Prostatakrebs, die zweite hatte sich zur Behebung gutartiger Prostatavergrößerungen einer Prostatektomie unterzogen, und bei der letzten Gruppe war Prostatakrebs diagnostiziert worden. Bei allen Männern wurden das gesamte Testosteron und die freien Testosteronspiegel gemessen, ohne daß signifikante Unterschiede festgestellt wurden. Die Männer mit Krebs hatten keine höheren Testosteronspiegel als die anderen. Dr. Ellyin berichtete in seiner Studie, daß seine Testpersonen nach der Substitution auch keine Erhöhung der PSA-Spiegel und keine Vergrößerung der Prostata aufwiesen. Die Wissenschaftler zogen den Schluß, daß hohe Testosteronspiegel das Risiko von Prostatakrebs nicht erhöhen.

Hohe Testosteronspiegel erhöhen das Risiko von Prostatakrebs nicht

Die Ergebnisse zweier neuerer Studien wurden 1996 auf dem internationalen Endokrinologie-Kongreß bekanntgegeben. Die Studie von Baylor zeigte, daß bei acht Männern, die zwischen 17 und 86 Monaten Testosteronsubstitute genommen hatten, keine ernsthaften Veränderungen bei den prostataspezifischen Antigenspiegeln (PSA) oder der Größe der Prostata aufgetreten waren. Auch bei den 122 Männern, die vier Jahre in einer Studie der University of Utah mit Testosteron behandelt wurden, stiegen die PSA-Spiegel nicht.

Moderne Vergabemethoden

Diese Studie war Teil eines Forschungsprojekts über die Sicherheit und Wirksamkeit einer neuen Form der Testosteronbehandlung – ein Hautpflaster. Üblicherweise wurde synthetisches Testosteron in Tablettenform genommen. Bei dieser Methode muß das Hormon das Verdauungssystem passieren, und auf lange Sicht ist das schädlich für die Leber.

Die andere Möglichkeit bestand darin, das Hormon zu spritzen. Das war sowohl unbequem als auch schmerzhaft und fand nur ein- oder zweimal pro Woche statt. Als sicherere und physiologischere Methode der Testosteronvergabe haben mehrere Unternehmen Pflaster und Hautgels entwickelt. Beide Methoden verwenden kleine Mengen natürlichen Testosterons. Das Gel wird öfter aufgetragen und von der Haut absorbiert, wodurch es in den Blutkreislauf gelangt. Die Pflaster werden eine Zeitlang getragen, und auch hier wird das Testosteron langsam von der Haut absorbiert. Beide Methoden schließen Leberprobleme aus, und als Nebenwirkung treten lediglich leichte Rötungen oder Juckreiz an der Klebestelle des Pflasters auf.

Bei der Testosteronvergabe werden Pflaster und Hautgels bevorzugt

Obwohl die Befürchtungen, Testosteron könnte Prostatakrebs auslösen, unbegründet sind, empfehlen die Forscher den Patienten, die das Hormon nehmen, dennoch den regelmäßigen Check ihrer PSA-Spiegel. Das empfiehlt sich übrigens für jeden Mann mittleren oder höheren Alters, ob er nun Hormone nimmt oder nicht. Das Krebsrisiko kann noch stärker reduziert werden, wenn die Testosterontherapie mit anderen Hormonen kombiniert wird, inklusive HGH und Melatonin. Auch ohne das Krebsproblem sollte man wegen möglicher anderer Nebenwirkungen wie Blutgerinnseln den Versuch, sein Testosteron optimal und sicher aufzusättigen, nur unter ärztlicher Aufsicht machen.

Ein regelmäßiger Check der PSA-Spiegel ist empfehlenswert, ärztliche Aufsicht unerläßlich

Zu den unerfreulichen Nebenwirkungen gehören gerötete Haut, Erregung, Akne, ölige Haut, Gereiztheit und Nervosität. Sie verschwinden meistens, wenn die Testosterondosis herabgesetzt wird. Mit einer guten medizinischen Betreuung kann das Testosteron ein wohltuender und unschätzbarer Bestandteil einer totalen Hormontherapie sein.

Testosteron für Frauen

Testosteron ist nicht nur für Männer gut. Wir wissen bereits, daß die Substitution des Progesterons für Frauen genauso wichtig ist wie die des Östrogens. Nur dürfen wir nicht vergessen, daß das Testosteron, die Quintessenz der männlichen Hormone, auch ein weibliches Hormon ist. Leider sind unsere Kenntnisse über die Testosteronsubstitution bei Frauen noch geringer als bei Männern.

Testosteron wird in den Eierstöcken produziert

Gesunde Frauen haben von Natur aus kleine Mengen dieses Hormons in ihrem Körper. Es wird in den Eierstöcken produziert. Genau wie die Östrogen- und Progesteronspiegel, sinkt auch das Testosteron beim Altern. Eine Frau kann jeden Tag gewissenhaft ihre Östrogene und Progesterone nehmen und sich trotzdem nicht »wie sie selbst« fühlen. Das ist so, weil sie ein anderes wichtiges Hormon ignoriert – das Testosteron. Wenn dessen Spiegel nicht optimal ist, ist der weibliche Körper noch immer etwas aus dem Gleichgewicht. Weil das Ziel aber die Aufsättigung aller Hormone auf einen jugendlichen Spiegel ist, gehört das Testosteron in die Mixtur.

Auch Testosteron gehört in die Mixtur bei Frauen

Die geringe Menge des Hormons im weiblichen Körper bedeutet nicht, daß es unwichtig ist. Testosteron ist wichtig für die Unterstützung einiger Prozesse, die ein Mädchen in der Pubertät durchläuft, und einige

Forscher nehmen an, daß seine Hauptfunktion in der Kontrolle der weiblichen Libido besteht. Untersuchungen haben auch ergeben, daß der Testosteronspiegel, der während der Menstruation sehr stark schwankt, kurz vor dem Eisprung am höchsten ist. Wenn man dieses Aufwallen mit dem Zustrom des Progesterons kombiniert, ist es kein Wunder, daß der sexuelle Antrieb und die sexuelle Energie vieler Frauen zu diesem Zeitpunkt am stärksten sind.

Die verbesserte Sexualität der Frauen

Testosteron beeinflußt die weibliche Libido, verbessert die Stimmung und schützt vor Osteoporose

Dr. Barbara Sherwin von der McGill University in Montreal hat in den letzten zehn Jahren die Testosteronsubstitution bei postmenopausalen Frauen untersucht. Die stärkste Wirkung, die sie beobachtete, war der Einfluß des Testosterons auf die Libido. Mit der Abnahme der Hormone in der Menopause sinkt der sexuelle Antrieb von Frauen, einige verlieren sogar jegliches sexuelles Interesse. Dr. Sherwin fand aber heraus, daß die Testosteroneinnahme das sexuelle Verlangen wiederherstellte und daß die Frauen den Sex mehr genossen als vorher. Die Frauen erlebten mehr Orgasmen.

Aber das Testosteron unterstützt nicht nur die weibliche Libido. Es sieht so aus, als ob dieses Hormon die Funktionen des Östrogens verstärkt. In erster Linie sollten die Frauen, die trotz einer Östrogen- und Progesteronsubstitution unter ernsten Symptomen der Menopause leiden, Testosteron nehmen. Sie werden feststellen, daß sich die Stimmung verbessert und Gereiztheit verflüchtigt.

Wie man bei Untersuchungen der männlichen Testosteronsubstitution herausfand, trägt dieses Hormon auch zur Stärkung der Knochen bei und schützt somit vor Osteoporose. Wir wissen aber, daß das Östrogen die Zerstörung der Knochen nur verlangsamen, aber nicht zu ihrer Rekonstruktion beitragen kann. Wenn man Progesteron oder Testosteron mit Östrogen kombiniert, beginnen die geschädigten Knochen, sich erneut zu bilden und zu kräftigen. Anstatt also den Entwicklungsprozeß der Osteoporose nur zu verlangsamen, kann eine optimale Hormontherapie ihn umkehren oder gar verhindern.

Geschädigte Knochen können sich erneut bilden

Wenn Frauen Testosteron in Kombination mit ihren anderen Hormonen nehmen, ist ihre Therapie viele physiologischer. Das bedeutet, daß durch die Beigabe des Testosterons der Körper die anderen Hormone mit weniger Nebenwirkungen akzeptiert und positiver darauf reagiert. Das Brustkrebsrisiko könnte zum Beispiel gesenkt werden. Und die Testosteronsubstitution ist essentiell für das allgemeine physische und psychische Wohlbefinden der Frauen.

Weil Frauen von Natur aus nur ganz wenig Testosteron haben, ist es kein großer Aufwand, den Spiegel zu substituieren. Wenn eine Frau nur eine geringe Dosis nimmt, können offensichtlich keine Nebenwirkungen auftreten. Und wir betonen nochmal, daß wir keine weiblichen Supermenschen kreieren, sondern nur das wiederherstellen wollen, was durch die Verwüstungen des Alterns verloren ging.

Geringe Dosierungen ohne Nebenwirkungen reparieren die Verwüstungen des Alterns

Melatonin

Bisher waren alle Hormone, die wir in diesem Kapitel diskutiert haben, steroide Hormone oder Hormone auf der Basis von Cholesterin. Es gibt andere Hormone, einschließlich Melatonin, HGH, Schilddrüsen- und Thymushormone, die nicht aus Cholesterin entstehen,

sondern aus einer Kette von Aminosäuren. Jedes Hormon hat eine bestimmte Reihenfolge von Aminosäuren, die seine Funktion im Körper bestimmt.
Das bekannteste Hormon dieser Art ist vermutlich das Melatonin. Es war das erste, das als Anti-Aging-Medizin und neue Supersubstanz angepriesen wurde, die alles kann, außer den Hund auszuführen und den Abwasch zu erledigen. Man kann Melatoninsubstitute in den meisten Supermärkten kaufen, und Anzeigen für das Hormon pflastern die Seiten der Zeitschriften zur gesunden Ernährung. Teilweise wurde die Leidenschaft durch Bücher entfacht, darunter *»The Melatonin Miracle«* von Walter Pierpaoli, M. D., Ph. D., und William Regelson, M. D., wo skizziert wird, was das Melatonin alles tun kann, um uns gesund zu erhalten.

Das Superhormon gab sich unscheinbar

Melatonin ist heute das bekannteste Anti-Aging-Mittel, wurde aber spät entdeckt

Aber dieses Superhormon hatte einen ziemlich unspektakulären Anfang. Melatonin wird von der Zirbeldrüse produziert und ausgeschüttet. Dieses kleine Organ hielt man früher für ein nutzloses evolutionäres Überbleibsel wie der Appendix. Das Hormon blieb bis 1958 unentdeckt, als Dr. Lerner an der Yale University das Molekül isolierte. Seit damals haben wir viel über diese unglaubliche Substanz gelernt. Zunächst entdeckten Wissenschaftler, daß Melatonin aus der Aminosäure Tryptophan gebildet wird. Diese Aminosäure wird nicht vom Körper selbst produziert, sondern muß mit der Nahrung aufgenommen werden. Tryptophan ist in Fleisch und Geflügel, aber am reichlichsten findet man es in getrockneten Sonnenblumenkernen, Kürbiskernen, Steckrüben und speziell in Bananen und gebackenen, ungeschälten Kartoffeln. Das mit dem Essen aufgenommene Tryptophan wird im Körper in den Neurotransmitter Serotonin umgewandelt, der die Stimmung mit beeinflußt. Nachts wird das Serotonin in Melatonin umgewandelt.

Die Körperuhr

Wegen seiner nächtlichen Entstehung konzentrierten sich die ersten klinischen Studien im Zusammenhang mit Melatonin auf Schlafstörungen und tägliche Zyklen. Die Wissenschaftler entdeckten, daß das Hormon die natürlichen oder zirkadianen Rhythmen des Körpers steuert, darunter den wichtigen Schlaf-Wach-Rhythmus. Wie eine Körperuhr sagt Melatonin dem Körper, wann er schlafen und wann er wach sein soll. Es wirkt als »drittes Auge« und verläßt sich für seine Ausschüttung auf den Wechsel des Lichts. Licht unterdrückt die Ausschüttung, aber wenn die Nacht anbricht, wird das Dunkeln über die Augen an die Zirbeldrüse gemeldet, was eine vermehrte Melatoninausschüttung in das Blut hervorruft. Dadurch werden wir schläfrig. Der Spiegel ist um Mitternacht am höchsten und fällt während der restlichen Nacht allmählich ab. Wenn es morgens hell wird, nimmt die Melatoninproduktion immer schneller ab, und wir wachen auf.

Melatonin steuert den Schlaf-Wach-Rhythmus

Der Wechsel des Lichts ist der Schlüssel zur Melatoninausschüttung. Wissenschaftler haben entdeckt, daß Blinde normalerweise keinen zirkadianen Rhythmus der Melatoninausschüttung haben und oft an Schlafstörungen leiden. Auch ältere Menschen leiden darunter. Wie jedes andere Hormon, nimmt auch das Melatonin im Alter ab. Der niedrigere Spiegel bedeutet, daß der Schlaf-Wach-Rhythmus nicht mehr gut reguliert wird, und Menschen mit einem Melatonin-

Das körpereigene Hormon nimmt im Alter ab

Wer nachts nicht richtig schlafen kann, kann auch tagsüber keine volle Leistung bringen

defizit bekommen nicht genug Schlaf. Sie wälzen sich die ganze Nacht hin und her und funktionieren tagsüber nicht mehr gut. Sie sind erschöpft und haben Konzentrationsschwierigkeiten. Alle, die schlaflose Nächte erlebt haben, wissen, wie hart der nächste Morgen ist.

Forscher versuchten herauszufinden, ob die zyklische Ausschüttung des Melatonins bedeutet, daß es als Schlafmittel eingesetzt werden könnte und Patienten, die unter Schlaflosigkeit litten und älteren Menschen helfen könnte. Sie fanden heraus, daß das Melatonin durch das Absenken der Kerntemperatur die Fähigkeit des Körpers, zu entspannen und zu schlafen steigert. Bei Fällen von Schlaflosigkeit erhöhte die Melatoninsubstitution die Gesamtschlafenszeit und die Lebendigkeit während des Tages. Außerdem wurde die Zeit verkürzt, die man zum Einschlafen braucht, Träume wurden lebhafter, die Patienten wachten nachts weniger häufig auf, die Schlafqualität verbesserte sich, sie hatten eine längere REM-Schlafphase.

Schlafstimulierendes Mittel ohne Nebenwirkung

Melatonin wirkt als natürliches Schlafmittel

1995 wies eine Studie nach, daß abendliche Melatonindosen tatsächlich schlafstimulierend wirkten. Sie verzögerten oder unterdrückten den REM-Schlaf nicht und verursachten keinen »Kater«, was andere rezeptfreie Schlaftabletten durchaus tun.

Dasselbe Forschungsteam untersuchte auch die Wirkung des nächtlichen Spiegels, wenn das Melatonin während des Tages genommen wurde. Alle Testpersonen schliefen länger, waren tagsüber schläfrig und erschöpft. Obwohl der Lichtrhythmus die Ausschüttung des Melatonins bewirkt, kann das Hormon jederzeit den Schlaf stimulieren.

Natürlich ist Melatonin nur eine Schlafhilfeoption unter vielen, die es zu kaufen gibt. Aber es ist vermutlich die natürlichste Wahl mit den wenigsten zu erwartenden Nebenwirkungen. Viele Schlafmittel unterdrücken das Träumen oder den REM-Schlaf, der der erholsamste ist. Diese Medikamente verlieren außerdem meistens nach einiger Zeit ihre Wirkung oder können süchtig machen. In hohen Dosen können Schlaftabletten tödlich sein. Auf Melatonin trifft hingegen nichts davon zu.

Herkömmliche Schlafmittel unterdrücken das Träumen – Melatonin nicht

Leichtes Reisegepäck

Das Hormon wurde wegen seiner Wirksamkeit aber auch zur Behandlung des Jetlags eingesetzt. Dabei handelt es sich um einen Erschöpfungszustand, gepaart mit Desorientierung bei Reisenden, wenn der Körper versucht, sich auf eine neue Zeitzone und einen neuen Tag-und-Nacht-Zyklus einzustellen.

Melatonin hilft gegen den Jetlag

Eine 1994 im British Medical Journal veröffentlichte Studie zeigte, daß Melatonin Reisenden half, zu schlafen und ihre Erschöpfung und Desorientierung zu vermindern, sich besser zu konzentrieren und weniger Stimmungsschwankungen zu erleiden.

So phantastisch das alles sein mag – Melatonin tut weit mehr, als nur den Schlaf-Wach-Rhythmus zu regulieren. Anscheinend nämlich reguliert dieses Hormon das Funktionieren des ganzen Körpers. Dabei scheinen viele seiner Funktionen ganz ähnlich zu sein wie die des HGHs. Der Grund dafür ist, daß das Melatonin die Ausschüttung des Wachstumshormons durch die Hypophyse reguliert oder wenigstens beeinflußt. Und einige Wohltaten des Melatonins können dem Wirken des HGHs im Körper zugeschrieben werden.

Die Beziehung zwischen Melatonin und HGH ist sehr stark

Die Beziehung zwischen dem Melatonin und dem HGH ist sehr stark. Das Melatonin sagt unserem Körper, wann er schlafen soll, und während des tiefen REM-Schlafes wird das HGH ausgeschüttet. Während der Pubertät fällt der Melatoninspiegel, was unserem Gehirn vermittelt, es soll nun die physischen und sexuellen Veränderungen auslösen, die in dieser Phase anstehen. Interessanterweise ist das die Zeit, in der die Produktion und Ausschüttung des HGHs zu versiegen beginnt. Einige Wissenschaftler sind überzeugt, daß die Ausschüttung des Melatonins direkt proportional zu der Menge des HGHs im Körper ist. Aber obwohl das Melatonin die HGH-Ausschüttung stimulieren kann, zeigen neuere Studien, daß besonders bei älteren Menschen selbst optimale Melatoninspiegel nicht ausreichen, um die HGH-Spiegel so weit zu erhöhen, daß sie ausreichend für eine maximale Gesundheit sind.

Das Kommunikationsgenie

Dabei beeinflußt und reguliert manchmal das Melatonin nicht nur das HGH, sondern es hat auch eine starke Wirkung auf die anderen Hormone und den ganzen Körper. Dieses Hormon hat die einmalige Fähigkeit, nicht nur die Hormonrezeptoren an der Außenseite der Zellen anzusprechen, sondern auch in die Zelle einzudringen und direkt mit der DNS zu »kommunizieren«, um die Zelle oder ein Organ in eine bestimmte Richtung zu beeinflussen.

Mit ungefähr 45 scheint die Zirbeldrüse »runterzufahren«. Die Melatoninausschüttung nimmt im Laufe der Jahre langsam ab, aber im mittleren Alter stürzt der Spiegel regelrecht ab. Dieses Phänomen löst das Sinken der anderen Hormonspiegel aus. Das passiert nicht über Nacht, aber langsam, nach und nach verringern sich alle anderen Hormonspiegel im Körper. Konsequenterweise »fahren« auch unsere Körpersysteme »runter«, und wir erleben das, was man Altern nennt.

Die Zirbeldrüse fungiert als »Alterungs-Uhr«

Die einzigartige Funktion der Zirbeldrüse brachte ihr die Bezeichnung »Alterungs-Uhr« ein. Es ist, als würde diese Drüse durch die Reduzierung der Melatoninflut den Körper über sein Alter informieren und sagen: »Es ist Zeit aufzuhören.« Um diese These zu überprüfen, tauschten Walter Pierpaoli und William Regelson, Pioniere der Hormontherapie, die Zirbeldrüsen von vier Monate alten Mäusen (das entspricht in etwa dem Teenageralter) gegen die von 24 Monate alten Mäusen (vergleichbar 65 – 70jährigen Menschen) aus. Die jungen Mäuse mit den alten Zirbeldrüsen begannen sehr schnell zu altern. Das zeigte sich deutlich in ihrer körperlichen Erscheinung (verschlechterte Qualität von Haar und Haut) und der Abnahme ihrer Energie und Vitalität. Diese jungen Mäuse starben 30 % eher als die Tiere der Kontrollgruppe. Obwohl die Mäuse gesund waren, als der Versuch begann, vermittelte die alte Zirbeldrüse ihrem Körper, daß es Zeit sei zu altern und die Organe reagierten, indem sie »runterschalteten«.

Die Zeit ist nicht abgelaufen

Diese Entdeckung öffnete die Tür für alles, was wir über Hormone und ihre Anti-Aging-Wohltaten wissen. Wenn der Rückgang des Melatonins verantwortlich für das Altern des Körpers ist, könnten wir das theoretisch stoppen, indem wir einfach die Hormone bis zu gesunden Spiegeln aufsättigen. Wir könnten die »Alterungs-Uhr« zurückstellen. Als man das rea-

Wir können die Uhr zurückstellen

Altern als eine Krankheit, die gestoppt werden kann

lisierte, war das Altern nicht mehr länger ein unausweichlicher physischer Zustand. Es war eine Krankheit, die gestoppt werden konnte.
Auch die These, daß die Melatoninsubstitution den Körper verjüngen und die Krankheit des Alterns bekämpfen könnte, wurde in der Studie von Pierpaoli und Regelson überprüft. Sie stellten nicht nur fest, daß die alte Zirbeldrüse das schnelle Altern der jungen Mäuse auslöste, sondern daß umgekehrt junge Zirbeldrüsen die Jugend alter Mäuse wiederherstellte. Diese alten Mäuse hatten plötzlich wieder ein besseres Fell und mehr Energie und verhielten sich wie junge Mäuse. Die Forscher wiesen auch nach, daß das Zirbeldrüsentransplantat dazu beitrug, der geschrumpften Thymusdrüse der alten Mäuse wieder zu ihrer Originalgröße zu verhelfen. Weil die Thymusdrüse ein Schlüsselorgan des Immunsystems ist, konnten die Mäuse dann die Alterskrankheiten besser abwehren. An einem bestimmten Punkt des Versuchs hatten die Ärzte Schwierigkeiten, beim bloßen Anblick zu erkennen, welche die vier Monate und welche die 24 Monate alten Tiere waren.

Der fehlende Beweis

Schließlich gelang ein echter Beweis für die Macht der Zirbeldrüse. In junger Form konnte sie nicht nur die Gesundheit der Mäuse verbessern, sondern sie verlängerte tatsächlich ihr Leben. Die alten Mäuse mit der jungen Drüse lebten 30 % länger als normal, und die Wissenschaftler berichteten, daß sie bis zu ihrem Tod »jugendlich« waren.
Das Zurückstellen der Alterungs-Uhr erlaubt es uns, langsamer zu werden und sogar das körperliche Altern umzukehren. Das Ansteigen des Melatonin-

spiegels kann den Körper »austricksen«, so daß er denkt, es sei an der Zeit, jung zu sein und nicht aufzuhören. Die »jugendliche« Botschaft, die der Körper empfängt, betrifft fast alle Systeme des Körpers.

Eins davon ist das reproduktive System. Leute, die Melatonin genommen haben, berichten von einer dramatischen Steigerung ihres sexuellen Antriebs und ihrer sexuellen Energie. Diese sexuelle Verjüngung ist zum Teil auf das allgemeine Anwachsen der Energie zurückzuführen, die mit einem höheren Melatoninspiegel einhergeht. Dr. Pierpaoli bewies aber, daß das Hormon einen direkten Einfluß auf die Sexualorgane selbst hat. Wenn Säugetiere altern, tendieren ihre reproduktiven Organe, Eierstöcke und Hoden, zur Schrumpfung – wegen der gesunkenen Sexualhormonspiegel. Die Melatonintherapie kann diese Organe regenerieren und die Sexualfunktion verbessern.

Melatonin kann die Sexualfunktion verbessern, das Herz gesund erhalten und das Immunsystem stärken

Oh mein Herz

Melatonin spielt auch eine bedeutende Rolle dabei, das Herz gesund zu erhalten. Es stimuliert die HGH-Ausschüttung, dadurch wird die Muskulatur des Herzens gebildet, und es ist weniger anfällig für Krankheiten. Melatonin ist auch wichtig für die Regulierung des Cholesterinspiegels und des Blutdrucks, die beide steigen, wenn wir altern, und das Risiko eines Schlaganfalls oder einer Herzattacke wächst. Ein hoher Cholesterinspiegel wird im allgemeinen von einem Melatoninmangel begleitet.

Die Muskulatur des Herzens wird gebildet

Eine der größten Stärken des Melatonins ist seine Fähigkeit, das Immunsystem zu stärken. Die bereits erwähnte Studie von Pierpaoli und Regelson zeigte, daß eine junge Zirbeldrüse, die größere Mengen von Melatonin ausschüttete, in der Lage war, die gesunde Größe der

Der Thymus schrumpft mit dem Alter

Thymusdrüse wiederherzustellen. Diese Drüse produziert die T-Zellen, die infektiöse Organismen und Krebszellen bekämpfen. Nach der Kindheit beginnt der Thymus zu schrumpfen, bis er, im Alter von 80 Jahren, unauffindbar geworden ist. Wenn der Thymus schrumpft, nimmt die Produktion der T-Zellen ab, die Verteidigung des Körpers wird geschwächt und anfällig für die Invasion von Bakterien und Viren. Durch die Wiederherstellung der jugendlichen Größe der Thymusdrüse erhöht das Melatonin die Anzahl der T-Zellen, die die angreifenden Organismen bekämpfen können.

Die Aktivität der weißen Blutkörperchen

Melatonin stimuliert die Produktion von Antikörpern

Wenn das Melatonin durch den Körper wandert, stimuliert es auch die verstärkte Produktion von Antikörpern und unterstützt die Bekämpfung viraler Infektionen. Eine weitere, in der November/Dezember-Ausgabe 1994 von *Psychosomatic Medicine* veröffentlichte Studie berichtete, daß ein Melatonindefizit unser Immunsystem ernsthaft schwächen kann. Ärzte am San Diego Veterans Affairs Medical Center untersuchten die Folgen von Schlafmangel bei 23 gesunden Männern zwischen 22 und 61. Als den Probanden zwischen drei und sieben Uhr morgens der Schlaf verweigert wurde, waren Ihre Melatoninspiegel niedriger als normal. Interessanterweise stellte man auch fest, daß die Aktivität ihrer weißen Blutkörperchen, besonders der natürlichen Killerzellen (NK), entscheidend reduziert war. Diese Zellen sind immens wichtig für die Verteidigung des Körpers vor Viren und Krebs.

Im Kampf gegen den Krebs

Die Studien lassen vermuten, daß Melatonin ein starkes Anti-Krebsmittel sein könnte. Es könnte sich erweisen, daß besonders Brustkrebs gut auf die Melatonintherapie reagiert. Weil eine von neun Frauen irgendwann in ihrem Leben Brustkrebs entwickelt, ist die Aussicht, daß Melatonin präventiv wirken könnte, hochinteressant. Studien haben gezeigt, daß Frauen mit niedrigen Melatoninspiegeln ein größeres Risiko haben, an Brustkrebs zu erkranken. Wenn der Krebs auftritt, beginnt die Zirbeldrüse, größere Mengen von Melatonin in den Körper zu pumpen, um den Angreifer zu bekämpfen. In diesem Fall beeinflußt das Hormon das Immunsystem nicht nur, sondern wirkt als Teil von ihm. Unglücklicherweise unterdrücken traditionelle Behandlungsmethoden wie die Chemotherapie die Ausschüttung von Melatonin.

Melatonin wirkt präventiv gegen Krebserkrankungen

Eine Studie, die im *British Journal of Cancer* im Juni 1993 veröffentlicht wurde, berichtete, daß die Kombination von Melatonin mit dem immunverstärkenden Protein Interleukin-2 wenigstens teilweise wirksam war in der Behandlung von Darmkrebs bei unheilbar kranken Patienten. Pancreas-, Magen-, Leber- und Dickdarmkrebsarten reagieren nicht gut auf Chemotherapie und werden oft für unbehandelbar gehalten. Von den Patienten, die Melatonin bekommen hatten, reagierten 23 % positiv, und in 31 % der Fälle wurde die Krankheit stabilisiert. Diese Zahlen mögen nicht allzu beeindruckend sein, aber man muß berücksichtigen, daß diese Patienten von den Ärzten grundsätzlich aufgegeben worden waren. Darum kann eine Verbesserungsrate von 23 % als medizinischer Durchbruch betrachtet werden. In Zukunft kann man möglicherweise Melatonin mit anderen vielversprechenden Anti-Krebsmitteln kombinieren und die Heilungschancen noch weiter erhöhen.

Melatonin könnte die Heilungschancen bei Krebs erhöhen

Die Verteidigung gegen freie Radikale

Daß Melatonin Krebs bekämpfen kann, ist darauf zurückzuführen, daß dieses Hormon ein starkes Antioxydationsmittel ist. Die Antioxyadationsmittel verteidigen den Körper gegen freie Radikale – Moleküle, die durch den Angriff auf die Zellen die Streuung des Krebses verstärken. Melatonin scheint ein stärkeres Antioxydationsmittel zu sein als Vitamin C und E. Die freien Radikale zielen meistens auf die Zellmembran und die DNS und verändern die Zelle vollständig. Melatonin ist den anderen Antioxydationsmitteln in der Verteidigung der Zellen überlegen. Es neutralisiert nicht nur die freien Radikale, die die Membrane (außerhalb) der Zellen attackieren, sondern, indem das Hormon direkt zum Zellkern gelangt, es kann auch die DNS (innerhalb) direkt verteidigen.

Fragen Sie Ihren Arzt

Dieses starke Antioxidationsmittel sollte nur unter ärztlicher Aufsicht genommen werden

Bei all diesen erstaunlichen Vorzügen ist es kein Wunder, daß Melatonin ein solch populäres Substitut ist. Es scheint außerdem sehr sicher zu sein. Die einzigen Nebenwirkungen, die beobachtet wurden, waren durch hohe Dosierungen hervorgerufene Kopfschmerzen, Brechreiz, chronischer Schwindel und Alpträume. Trotz der scheinbaren Sicherheit haben diejenigen, die sich Melatonin selbst verordnen, einige Probleme. Dazu gehört, daß die frei verkäuflichen Substitute stark variieren. Jeder, der möchte, kann Melatonin herstellen. Deshalb gibt es weniger wirksame und nicht ganz reine Angebote. Damit geht man das Risiko von Nebenwirkungen ein. Und bei einigen Leuten hört die Wirkung des Melatonins auch plötzlich auf. Es kann einem beim Einschlafen helfen, es kann einen aber auch mitten in der Nacht aufwecken.

Wie wir gezeigt haben, stimuliert das Melatonin die Ausschüttung etlicher anderer Hormone, einschließlich HGH und Sexualhormone. Das kann sehr positiv sein, bedarf aber der ärztlichen Überwachung. Das Ziel ist das Gleichgewicht, und ein Zuviel irgendeines Hormons bringt das Funktionieren des Körpers genauso durcheinander wie zu wenig.

Das Schilddrüsenhormon

Es existieren zwei Arten von Schilddrüsenhormonen mit Kontrollfunktionen

Auch das Schilddrüsen- oder Thyroidhormon ist essentiell für ein gesundes Gleichgewicht im Körper. Es gibt zwei Arten von Schilddrüsenhormonen – Thyroxine (T4) und Trijodthyronine (T3). T4 ist inaktiv und wird in Reserve gehalten, während T3 das aktive Hormon ist. Schilddrüsenhormone kontrollieren das Wachstum, die Differenzierung und den Stoffwechsel jeder Körperzelle, auch der Gehirnzellen. Sie kontrollieren außerdem, wie schnell unser Körper den Kraftstoff, den er aufnimmt, verbraucht, besonders Kohlenhydrate und Fett. Das wiederum hilft, die Temperatur und den Prozentsatz an Körperfett zu regulieren. Das Hormon ermuntert die Herstellung von Glukose, die hilfreich beim »Auftanken« des Körpers ist. Zusätzlich wird die Produktion der Schlüsselproteine stimuliert, die die Bausteine unserer Zellen formen. Durch die Kontrolle all dieser Aspekte des Stoffwechsels gibt uns das Schilddrüsenhormon auch Energie.

Die Hormone werden in der Schilddrüse produziert

T3 und T4 werden in der Schilddrüse (Glandula thyreoidea) am unteren Teil des Halses produziert. Sie besteht aus zwei Lappen, die etwa so aussehen wie ein Schmetterling oder ein Schutzschild. Thyreoidea kommt aus dem Griechischen und bedeutet »Schild«.

Diese Drüse benutzt Jod für die Produktion der verschiedenen Hormone. Jod nehmen wir mit der Nahrung auf. Aber in manchen Regionen wie der Great Lakes Region der Vereinigten Staaten gibt es von Natur aus zu wenig Jod, darum muß es Nahrungsmitteln wie Salz und Brot zugesetzt werden, damit der Körper genug Jod hat, um Schilddrüsenhormone produzieren zu können.

Wie alles zusammenhängt

Die Ausschüttung dieser Hormone wird von dem schilddrüsenstimulierenden Hormon (TSH) angeregt, welches in der Hypophyse produziert wird. Niedrig zirkulierende Schilddrüsenhormonspiegel werden vom Hypothalamus entdeckt, der daraufhin die Hypophyse veranlaßt, TSH auszuschütten. In ausreichender Menge veranlaßt dieses Hormon die Schilddrüse, mehr Hormone zu produzieren und auszuschütten. Wenn dann genügend Thyroidhormone im Blut vorhanden sind, veranlaßt der Hypothalamus den Produktionsstop des TSH. So wird das gesunde Gleichgewicht der Hormonspiegel erhalten.

Schilddrüsenhormone sind wichtig für ein gesundes Gleichgewicht

Wegen dieser Feedbackschleife zeigen sehr hohe TSH-Spiegel ein hormonelles Ungleichgewicht oder ein Problem im Körper an. Wenn große Mengen TSH zirkulieren, bedeutet das oft, daß die Hypophyse sich sehr bemüht, die Ausschüttung der Schilddrüsenhormone zu stimulieren, daß aber die Schilddrüse nicht zufriedenstellend reagiert. Dabei handelt es sich um eine Schilddrüsenunterfunktion. Die Drüse produziert aus einer ganzen Reihe von Gründen zu wenig Hormone. Stark variierende Schätzungen gehen davon aus daß etwa 3–5 % der Bevölkerung davon betroffen sind, andere vermuten sogar fast 40 %. Scheinbar sind Frauen und ältere Menschen öfter betroffen und fast 8 % der Frauen haben nach der Schwangerschaft eine Schilddrüsendysfunktion.

Die häufigsten Symptome

Die Unterfunktion muß nicht unbedingt von irgendwelchen Symptomen begleitet werden, und wenn sie auftauchen, variieren sie je nach dem Grad des Hormondefizits. Die häufigsten Symptome sind:

- Erschöpfungszustände, die meistens morgens oder nachmittags auftreten.
- Eine niedrigere Körpertemperatur als normal. Eine ständig niedrigere Temperatur als 36,4° C ist ein deutlicher Hinweis auf eine Schilddrüsenunterfunktion. Betroffenen ist dauernd kalt, vor allem haben sie kalte Hände und Füße.
- Eine größere Anfälligkeit für Erkältungen und andere Viruskrankheiten. Alle Patienten haben ein geschwächtes Immunsystem.
- Depressionen und Stimmungsschwankungen gehören zu den üblichen Symptomen der Schilddrüsenunterfunktion. Einige Wissenschaftler sind überzeugt, daß die Depressionen nach der Geburt wenigstens teilweise auf das Ungleichgewicht der Schilddrüse zurückzuführen sind.

Mehrere Symptome können auf eine Schilddrüsenunterfunktion hinweisen

Dieser Liste können Sie entnehmen, daß viele Symptome, die oft als »normale« Alterserscheinungen bezeichnet und deswegen nicht behandelt werden, auf eine Schilddrüsenunterfunktion zurückzuführen sind. Auch die folgenden Symptome sind Zeichen einer möglichen Schilddrüsenunterfunktion:

- Schwäche
- Krämpfe

- Gewichtszunahme
- Prickeln in den Fingern
- trockene Haut
- Verstopfung
- Gelenkschmerzen oder Arthritis
- verlangsamte Herzfrequenz
- Kopfschmerzen
- hoher Cholesterinspiegel
- Gedächtnisschwäche und Konzentrationsschwierigkeiten
- Unfruchtbarkeit oder unregelmäßige Menstruation bei Frauen

Bevor Sie Ihren Arzt konsultieren

Falls Sie einige dieser Symptome haben, könnte das ein Zeichen für eine leichte oder sogar schwere Schilddrüsenunterfunktion sein. Wenn Sie über 50 oder weiblich sind, ist die Wahrscheinlichkeit dafür größer. Aber natürlich können diese Symptome auch Anzeichen anderer Krankheiten sein. Bevor Sie also zum Arzt rennen und ihre Schilddrüsenhormonspiegel feststellen lassen, machen sie zu Hause einen einfachen Versuch.

Machen Sie zu Hause einen einfachen Versuch

Dr. Broda Barnes, die die meiste Zeit ihres Lebens damit verbrachte, die Schilddrüse und ihre Hormone zu studieren, entwickelte einen einfachen Test zur Bestimmung der basalen Körpertemperatur. Die Körpertemperatur dient der direkten Messung der Stoffwechselrate des Körpers, die, wie bereits erwähnt, von der Schilddrüse kontrolliert wird. Dr. Barnes empfiehlt eine Temperaturmessung, bevor man morgens aufsteht. Wenn Sie aufwachen, stecken Sie zehn Minuten lang ein Thermometer in Ihre Armbeuge. Wenn die abgelesene Temperatur mehrere Tage lang

Eine Temperaturmessung bringt Klarheit

niedriger als 33,4° C ist, deutet das stark auf eine Schilddrüsenunterfunktion hin.

Die Substitution des Schilddrüsenhormons

Bei einer Unterfunktion der Schilddrüse ist die Substitution des Schilddrüsenhormons die einzig mögliche Behandlungsmethode

Die einzige Behandlungsmethode bei einer Unterfunktion ist die Substitution des Schilddrüsenhormons – sie wird schon seit Jahren angewendet. Die Patienten fühlen sich dabei vor allem besser und haben viel mehr Energie. Diese Energie brauchen wir für alles, was wir tun, angefangen auf der Ebene der Zellen. Mitochondrien, kleine Zellkomponenten, sind verantwortlich für das Verbrennen des Sauerstoffs, den wir einatmen, und für seine Umwandlung in Adenosintriphosphat (ATP), die Substanz, die den ganzen Körper mit Kraftstoff versorgt. Und das Schilddrüsenhormon versorgt die Mitochondrien. Wenn es nicht genügend viele von diesen Hormonen, besonders vom T3, gibt, können die Mitochondrien nicht so wirksam sein, wie sie sollten, und es wird weniger ATP produziert. Dieses Hormondefizit wird als allgemeiner Energiemangel erlebt.

Die Fähigkeit des Schildrüsenhormons, die Zellen mit Energie zu versorgen, hat auch einen großen Einfluß auf das Funktionieren des Gehirns. Kinder mit einer Schilddrüsenunterfunktion entwickeln fast immer Lernschwierigkeiten und sind oft geistig zurückgeblieben. Patienten, die Thyroidhormone nehmen, berichten, daß sie schneller und klarer denken können und sich besser erinnern.

Außerdem hat sich ihre Stimmung verbessert, Stimmungsschwankungen und Depressionen sind seltener geworden. In seinem Buch *»The Superhormone Promise«* schreibt Dr. William Regelson, daß er davon überzeugt ist, daß die häufigsten Formen von Depression leicht und sicher behandelt werden können, indem man die physiologischen Thyroidspiegel wiederherstellt.

Studien belegen die Wirkungen

Zur Dokumentation der Verbindung zwischen dem Thyroidhormon und der Gesundheit des Herzens stehen uns konkrete Ergebnisse zur Verfügung. Wissenschaftler vom Cornell University Medical College berichten, daß das Schilddrüsenhormon sowohl für einen gesunden Herzmuskel, als auch für gesunde Arterien und Venen des Kreislaufsystems zuständig ist.

Forschungsergebnisse zeigen, wie wichtig das Schilddrüsenhormon für Herz und Kreislauf ist

In ihrer Studie bewirkte die Thyroidsubstitution eine schnelle Verbesserung des kardialen Auswurfes und der kardialen Kontraktionsfähigkeit und eine Abnahme der vaskulären Resistenz. Auf der anderen Seite kann eine unbehandelte Schilddrüsenunterfunktion zu einem vergrößerten Herzen (Kardiomyopathie) und schweren Herzfehlern führen. In solchen Fällen kann der Betroffene ins Koma fallen, wenn er nicht behandelt wird. Zum Glück kommt das nur selten vor.

Eine weitere Studie des Oklahoma Transplantation Institute zeigte, daß die Thyroidbehandlung den Erfolg von Herztransplantationen verbesserte. 70 Empfänger wurden mit dem Hormon behandelt, und alle außer drei Patienten hatten eine sofortige, gesunde Herzfunktion nach der Transplantation. Die anderen drei erreichten diesen Status spätestens nach einer 24stündigen mechanischen Unterstützung.

Das Thyroid kann durch die Verbesserung der Immunfunktion auch eine Transplantation unterstützen. Eine genügende Ausschüttung des Thyroidhormons stimuliert die Bildung der Lymphozyten – den Zellen, die Viren, Bakterien, Pilzerkrankungen und andere

Eindringlinge attackieren. Thyroid fördert auch die Produktion von Phagozyten in der Leber. Phagozyten sind ein Typ weißer Blutkörperchen, die durch den Körper schweifen und Eindringlinge attackieren, bevor die irgendeinen Schaden anrichten können.

Phagozyten wehren sich gegen Eindringlinge, die schaden können

Und wieder ist der Arzt gefragt

Studien zeigen, daß die Thyroidhormonbehandlung sehr sicher ist und keine allergischen Reaktionen hervorruft. Dennoch muß auch diese Substitution sorgfältig von einem qualifizierten Arzt überwacht werden. Zu viel Thyroid ist genauso gefährlich wie zu wenig. Wenn man zuviel nimmt, kann es zu einer Schilddrüsenüberfunktion kommen. Es wird einem dauernd warm sein, man ist hyperaktiv, nervös, hat Herzrasen, Zittern, ist gereizt und leidet unter Schlaflosigkeit. Bei einem schweren Exzeß oder bei einem jahrelangen leichten Übermaß kann das Hormon schwere Herzrhythmusstörungen hervorrufen und das Risiko einer Herzattacke erhöhen. Untersuchungen haben auch gezeigt, daß Überdosierungen dem Körper Calcium entziehen und dadurch das Osteoporoserisiko erhöhen.

Überdosierungen müssen vermieden werden

Weil die Thyroidausschüttung von der Hypophyse kontrolliert wird, können andere Hormone darauf Einfluß nehmen, wie die Thyroidhormone arbeiten. Zum Beispiel kann das HGH die Produktion der Thyroidhormone stimulieren. Untersuchungen haben gezeigt, daß die HGH-Behandlung sogar die Schilddrüsenfunktion normalisieren konnte. Wegen der spezifischen Zusammenarbeit aller Hormone sollte der Thyroidspiegel genauso sorgfältig beobachtet werden wie die anderen. Auch das gehört zu einem totalen Hormonsubstitutions-Programm.

Die Thymushormone

Unser Immunsystem braucht die Thymushormone

Stellen Sie sich einen Körper vor, der absolut gesund ist, mit Ausnahme einer winzigen Kleinigkeit – dieser Körper hat kein Immunsystem. Egal, wie gesund und stark das Herz, die Muskeln und die anderen Körpersysteme sind, wenn das Immunsystem nicht gut funktioniert, kann eine gewöhnliche Erkältung tödlich sein. Wenn wir altern, »verlangsamen« sich unsere Immunfunktionen und sind nicht annähernd so effektiv in der Abwehr von Krankheiten, wie sie früher einmal waren. Bakterien und Viren können sich in unserem System einnisten und uns langsam umbringen. Mediziner wissen seit langem, daß die Thymusdrüse lebensnotwendig für den Erhalt unseres Immunsystems ist. Aber erst seit kurzem versuchen Ärzte, dieses System durch die Einnahme von Thymushormonen zu verjüngen. Was sie dabei herausfanden, ist sehr beeindruckend. Thymushormone sind die Hormone von »morgen«. Am Horizont erscheint ein neues Superhormon. Seien Sie nicht überrascht, wenn in einigen Jahren Zeitschriftenartikel und Werbespots die üppigen Heilkräfte dieses Hormons genauso anpreisen wie heute DHEA oder Melatonin.

Der Thymus ist ein zentrales Organ für die Funktion des Immunsystems

Wir haben die Rolle des Thymus bei der Diskussion des HGHs und des Melatonins schon angesprochen. Die Thymushormone werden in der Thymusdrüse produziert, die genau unter dem Brustbein sitzt. Ihre Funktion besteht darin, die T-Lymphozyten (kurz T-Zellen), jene weißen Blutkörperchen, die virale Infektionen und Krebszellen bekämpfen, zu pflegen. Um auszureifen, müssen sich alle T-Lymphozyten für eine gewisse Zeit in der Thymusdrüse aufhalten. Währenddessen werden sie entweder zu CD4-Zellen oder zu

CD8-Zellen. Die CD4-Zellen sind als »Helfer« bekannt, weil sie dem Immunsystem dabei »helfen«, fremde Substanzen zu erkennen, sobald es damit in Berührung kommt. CD8-Zellen werden als Zellgifte oder »Killerzellen« bezeichnet, sie zerstören Eindringlinge, sobald sie von den CD4-Zellen identifiziert worden sind. Sobald die T-Lymphozyten ausgereift sind und sich zu CD4- oder CD8-Zellen ausdifferenziert haben, werden sie in den Körper freigesetzt. Grundsätzlich übt die Thymusdrüse eine Kontrollfunktion über das Immunsystem aus.

Wenn der Thymus schrumpft

Der Thymus hat die Tendenz zu schrumpfen, wenn wir altern. Die Schrumpfung beginnt bereits in jugendlichen Jahren oder bei jungen Erwachsenen. Mit 40 ist der größte Teil der Thymusdrüse durch Fett ersetzt worden, und seine Rinde und sein Mark sind verkümmert. Mit 80 ist der Thymus nahezu verschwunden. Jahrelang wurde dieser Schrumpfungsprozeß von der Medizin ignoriert, weil man dachte, das sei normal und gehöre zum Altern dazu. Aber einige Ärzte brachten die Tatsache, daß der Thymus das Immunsystem kontrolliert, mit den geringeren Abwehrkräften im Alter in Zusammenhang und vermuteten, daß eine Verjüngung und Wiederherstellung der Thymusdrüse uns dabei helfen könnte, Krankheiten bis ins hohe Alter abzuwehren.

Thymushormone bekämpfen Krankheiten, und die Verjüngung der Thymusdrüse könnte dabei bis ins hohe Alter helfen

Einer dieser Ärzte ist Dr. Carson B. Burgstiner. Er wurde zum ersten Mal auf die Thymushormone und ihre Fähigkeit, Krankheiten zu bekämpfen, aufmerksam, als er sich bei der Operation eines infizierten Patienten Hepatitis B zuzog. Auch nach einer mehrjährigen Behandlung schleppte er die Krankheit noch immer mit sich herum. Er suchte daraufhin nach Alternativen und begann, einen Thymushormon-Protein-Vitaminkomplex zu nehmen, der in einem Reformhaus angeboten wurde, und innerhalb von vier Wochen hatte er keine Hepatitis mehr. Er selbst und etliche Kollegen begannen daraufhin, sich selbst und ihre Patienten mit Thymuspeptiden zu behandeln. Eine frühe Studie zeigte, daß die dabei verwendete Formel den Spiegel des Thymosinserums – eines der vielen Peptide, die in den Extrakten der Thymusdrüse vorhanden sind – um 100 % erhöhte. Ein Derivat, Thymosin Alpha-1, stimuliert die T-Lymphozyten-Aktivität und verbessert die Immunfunktion leicht.

Hepatitis-Eindämmung

Die Behandlung mit der Thymusformel zeigt erstaunliche Ergebnisse

Drei Jahre, nachdem er Patienten mit der Thymusrezeptur behandelt hatte, veröffentlichte Dr. Burgstiner erstaunliche Untersuchungsergebnisse. 84 Hepatitis-B- und 32 Hepatitis-C-Fälle und wurden komplett eingedämmt. 28 Patienten mit rheumatischer Arthritis wandten sich von ihren gewohnten Medikamenten, wie zum Beispiel den Goldinjektionen, ab. Nach der Thymusformel-Behandlung hatten zwölf Patienten mit systematischem Lupus keinen Befund, und zehn Fälle von Multipler Sklerose, zwölf mit Psoriasis und sieben mit Hautentzündungen wurden eingedämmt. Burgstiner berichtete darüber hinaus von drei Patienten, die für eine Lebertransplantation vorgesehen waren, sie aber nicht mehr brauchten, weil sie sich mit der Thymusrezeptur von ihrer Hepatitis erholt hatten. Die Behandlung mit der Thymusformel half auch Patienten, die sich bei Leber- oder Herztransplantationen durch Bluttransfusionen mit Hepatitis B infiziert hatten.

In einer anderen neuen Studie erhielten 31 Patienten mit Hepatitis B nach dem Zufallsprinzip entweder das Thymushormon Thymosin oder ein anderes Medikament, Interferon alpha (INF-alpha). Nach sechs Monaten zeigten sich in beiden Gruppen Verbesserungen, aber nach weiteren sechs Monaten betrug die Gesamtreaktion der Thymosin-Gruppe 41,2 %, die der anderen 25 %. Daraus schlossen die Wissenschaftler, daß Thymosin den Rückgang der Krankheit nicht nur förderte, sondern diesen Prozeß auch aufrechterhielt. Es wurde auch von allen Patienten gut vertragen.

Ergebnisse nach kurzer Zeit

Dr. Burgstiner betont, daß nicht nur die Zahlen beeindruckend sind, sondern auch die kurze Zeit, nach der man die Wirkung bereits erkennen konnte. Ergebnisse erzielte er oft schon nach drei Monaten, und bei den Hepatitis B-Fällen wurde der Virus in nur sechs Wochen eingedämmt. In den USA gibt es jedes Jahr 300 000 neue Hepatitis B-Erkrankungen und 1,5 Millionen Todesfälle im Zusammenhang mit Hepatitis. Die Aussichten für die Thymushormonbehandlung müßten gut sein.

Anscheinend kann man mit diesem Hormon außerdem eine andere tödliche Erkrankung behandeln – nämlich Aids. Die Verbindung zwischen der Thymusfunktion und der Entwicklung von Aids kann leicht hergestellt werden. Der Immundefekt bei Aids gleicht seltenen Thymusstörungen bei Kindern, und französische Studien haben gezeigt, daß Patienten mit einer fortgeschrittenen HIV-Infektion niedrige Thymushormonspiegel hatten. Der Thymus produziert T-Zellen, und der HIV-Virus zerstört sie. Dadurch bricht die Aids-Krankheit aus und macht die Patienten anfällig

Die Stimulation der T-Zellen durch die Thymusformel könnte die Reproduktion des HIV-Virus verlangsamen oder sogar verhindern

für alle möglichen Infektionen und Krankheiten. Die Stimulation der T-Zellen-Produktion durch die Thymusformel könnte die Reproduktion des HIV-Virus vermutlich verlangsamen oder sogar verhindern, daß sich die HIV-Infektion zu Aids entwickelt.

Ohne Thymus geht nichts

Die *AIDS Treatment News*-Ausgabe vom Februar 1993 veröffentlichte eine Studie von Dr. Marcus Conant aus San Francisco. Die 48 Wochen dauernde Doppelblind-Studie umfaßte 354 asymptomatisch HIV-infizierte Patienten. Alle Probanden nahmen AZT und ungefähr die Hälfte der Gruppe außerdem Thymopentin, ein weiteres Thymushormon, der Rest bekam ein Placebo. Am Ende der Studie hatten 14 Patienten der Placebo-Gruppe Aids-Symptome entwickelt, hingegen nur vier Patienten der Thymopentin-Gruppe.

Die Testresultate über den Einsatz des Thymushormons bei Aids und anderen Krankheiten sind vielversprechend

Es gibt weitere Testresultate über den Einsatz des Thymushormons bei Aids und Berichte über die Wirkung des Hormons bei anderen Krankheiten und auf andere Körpersysteme. Wenn zum Beispiel die Thymusdrüse von Geburt an fehlt, zieht das problematische Veränderungen der Hypophyse, der Nebenniere, der Schilddrüse und der Eierstöcke nach sich. Walter Pierpaoli entdeckte als einer der ersten die Abhängigkeit der Entwicklung des Zentralnervensystems von der Thymusdrüse.

Primär wichtig ist der Thymus für die Entwicklung der Gehirnzellen. Und man entdeckte, daß auch die altersbedingte Verschlechterung der Lernfähigkeit und des Gedächtnisses mit der Verkümmerung der Thymusdrüse zusammenhängt. Ein Arzt von der University of Miami entdeckte, daß die Bildung von Plaque an den Wänden der Blutgefäße auf die Störung des Immunsystems und damit des Thymus zurückzuführen war. Diese Zusammenhänge lassen vermuten, daß die Thymushormonsubstitution den Zustand des endokrinen Systems, des Herz-Kreislaufsystems und des Zentralnervensystems verbessert.

Auch Lupusfälle können eingedämmt werden

Dr. Burgstiner erklärte auch, daß durch die Behandlung mit dem Thymushormon Lupusfälle eingedämmt werden konnten. Eine andere Studie, die 1995 in der Februarausgabe von *Lupus* veröffentlicht wurde, berichtete von einer definitiven Verbindung zwischen dem Hormon und der Krankheit. Vierzehn Frauen und zwei Männer zwischen 11 und 66 entwickelten sämtlich systemischen Lupus erythematodes (SLE), nachdem ihr Thymus operativ entfernt worden war. Die Hälfte der Gruppe entwickelte die Krankheit innerhalb von nur drei Jahren. 15 Patienten erkrankten an Polyarthritis – eine Arthritis in mehr als einem Gelenk –, andere Symptome waren Hautausschläge und Fieber. Im Vergleich mit normalen Kontrollpersonen war bei diesen Patienten praktisch keine Thymushormonaktivität feststellbar.

Die Bekämpfung viraler Infekte

Thymushormone helfen gegen Herpes-simplex-Erkrankungen

Die Wirksamkeit der Thymushormone wurde auch bei der Behandlung regelmäßig wiederkehrender viraler Infekte wie Herpes simplex und Papillom (ein viraler gutartiger Kehlkopftumor) getestet. Diese Infekte sind mit der herkömmlichen antiviralen Therapie sehr schwer zu behandeln. Bei ihrer Entwicklung scheint eine zelluläre Immunität eine Rolle zu spielen. 1994 zeigte eine Studie, daß das Thymushormon Thymopentin eine effektive Behandlungsmöglichkeit bietet. Und anders als die herkömmlichen antiviralen Mittel hat das Hormon eine langfristige Wirkung, die auch dann noch anhält, wenn die Behandlung unterbrochen wird.

Die Lebensqualität von Krebspatienten wird verbessert

Schließlich sind Thymushormone sehr vielversprechend bei der Behandlung von Krebspatienten. In einigen Studien waren die Thymulinspiegel (ein weiteres Thymushormon) der Krebspatienten viel niedriger als bei Gesunden im selben Alter. Wir wissen, daß das Thymushormon die Heilungsprozesse des Körpers stimulieren kann und weiße Blutkörperchen und T-Zellen mobilisiert. Auch wenn es nicht so aussieht, daß dieses Hormon Krebs heilen kann, ist es doch wahrscheinlich, daß es die Entwicklung verlangsamt, gesunde Zellen und Organe unterstützt und die Lebensqualität von Krebspatienten verbessert.
Eine Studie untersuchte die Wirkung des Thymopentins auf postoperative Infektionen bei 260 Krebspatienten. Die Hormonbehandlung verhinderte einen Rückgang bei den CD3- und CD4-positiven T-Zellen älterer Patienten, die eine Krebsoperation hinter sich hatten. Die hormonbehandelte Gruppe hatte weniger postoperative Infektionen als die Kontrollgruppe, und auftretende Infektionen waren schwächer.

Sichere Nahrungsergänzungsmittel

In allen bisherigen Studien waren die einzelnen Thymuspeptide und Thymusrezepturen scheinbar extrem sicher und riefen keine unerwünschten Nebenwirkungen hervor.

Thymuspeptide sind in Reformhäusern erhältlich

Die Thymuspeptide sind offiziell als Nahrungsergänzungsmittel anerkannt und werden in den meisten Reformhäusern verkauft. Ein Problem dürfte die Reinheit sein. Und weil die Forschung noch ganz am Anfang steht, sollten Sie Ihren Arzt informieren, wenn Sie Thymussubstitute neh-

men, damit Ihr Spiegel überwacht wird und Sie gesund bleiben.
Sie sollten außerdem beachten, daß die Thymuspeptide noch besser wirken, wenn Sie genügend Vitamine, Mineralien und Enzyme im Körper haben. Nehmen sie deshalb ein Multivitaminpräparat. Es sollte Vitamin E und C und B-Vitamine enthalten, außerdem Selen, Zink, Beta-Carotin und verschiedene Aminosäuren.

Weitere Einzelheiten über die Thymusdrüse

Anfänglich wurden Peptidfragmente aus dem Thymus von Kälbern, Schweinen und auch aus dem menschlichen Serum gewonnen

Sobald entdeckt worden war, daß der Thymus hormonartige Faktoren produzierte, begannen etliche Forschungsteams, den Stoff aus der Drüse zu extrahieren und zu reinigen. Eine Reihe von Peptidfragmenten wurde aus dem Thymus von Kälbern, Schweinen und auch aus dem menschlichen Serum gewonnen. Diese Peptide sind bekannt als Thymopoietin und Thymulin. Man hält diese Peptide für Fragmente eines größeren Moleküls in den Stromazellen der Thymusdrüse. Der klinische Erfolg der fragmentarischen Thymusextrakte war eher bescheiden, aber die Untersuchung hatte immerhin gezeigt, daß die Thymusproteine von den Zellen des Thymusepithels produziert werden.
Eine andere Untersuchung wies zwei Arten von Lymphozyten nach – T-Lymphozyten und B-Lymphozyten. Die T-Lymphozyten stammen aus dem Thymus, die B-Lymphozyten aus dem Knochenmark. Letztere sind Antikörper produzierende Zellen, die Bakterien bekämpfen, und die T-Lymphozyten sind der primäre Schutz gegen virale Infektionen und

Krebs. Funktionsstörungen der B-Lymphozyten sind beteiligt an den Immundysfunktionen vieler Autoimmunkrankheiten. Diese Krankheiten werden verursacht, wenn das Immunsystem das eigene Gewebe angreift. Multiple Sklerose, Muskeldystrophie, Lupus erythematodes und möglicherweise jugendliche Diabetes gehören zu den Autoimmunkrankheiten.

Die vitale Funktion der Thymushormone

Der Thymus ist bis zur Pubertät besonders groß und aktiv, danach bildet er sich immer mehr zurück

1971 wurde nachgewiesen, daß die T-Lymphozyten die Funktion und Aktivität der B-Lymphozyten regulieren. Die Entdeckung dieser Rolle der T-Lymphozyten im Immunsystem war wichtig, um den Blick auf die vitale Funktion der Thymushormone richten zu können. 1983 und 1984 veröffentlichte Forschungsberichte wiesen die Thymusfunktion zum ersten Mal nach und setzten das Puzzle zusammen. Die Forschung basierte auf der Theorie, daß die Thymusdrüse deswegen zentral für die korrekte Immunfunktion ist, weil sie in ihrem Epithel Proteine/Hormone produziert, die die T-Lymphozyten aktivieren, die ihrerseits die Immunität unterstützen. Die T-Lymphozyten veranlassen die B-Lymphozyten, Antikörper zur Bekämpfung von Infektionen zu produzieren und nicht das eigene Gewebe anzugreifen.

Um zu reifen, müssen die T-Lymphozyten eine gewisse Zeit in der Thymusdrüse bleiben. Sie werden als Thymozyten bezeichnet und entwickeln entweder CD4- oder CD8-Charakteristika. Die CD-Klassifikation wurde zur Differenzierung der Lymphozyten eingeführt. Nur die T-Lymphozyten, die während ihrer Reifung CD4- oder CD8-Eigenschaften entwickelt haben, gelangen aus der Thymusdrüse in das lymphatische System. Der Differenzierungsprozeß mündet in reife

Lymphozyten, die Fremdkörper und Viren oder Krebszellen zusammen mit den histokompatiblen komplexen Hormonen identifizieren können. (Histokompatibilität oder Gewebeverträglichkeit verweist auf die Fähigkeit der Zellen eines Gewebes, neben den Zellen eines anderen Gewebes zu existieren. Das ist zum Beispiel wichtig bei Transplantationen.) Die CD4-Zellen sind als »Helferzellen« bekannt, weil sie dem Immunsystem helfen, Fremdkörper zu erkennen. Die CD8-Zellen sind zytotoxisch und werden als »Killerzellen« bezeichnet. Die Zielzellen müssen histokompatibel sein, damit die Killerzellen aktiviert werden und sie abtöten können.

Es gibt mehrere Arten von Thymuszellen

Studien haben mindestens sechs Arten von Thymuszellen identifiziert. Diese besonderen Zellen produzieren Interleukin-1 (IL-1), Interleukin-4 (IL-4), Interleukin-6 (IL-6), Thymosin, Thymopoietin und Thymulin. Diese Hormone, die von der Thymusdrüse ausgeschüttet werden, haben Einfluß auf die Differenzierung der T-Lymphozyten und ihre Aktivierung. Thymosin, Thymulin, Thymopoietin und der Thymus-Humoralfaktor können in den Kreislauf gelangen und sich auf die Lymphozyten und das Gewebe an verschiedenen Stellen des Körpers richten

Die Hormone, die von der Thymusdrüse ausgeschüttet werden, haben Einfluß auf die Differenzierung und Ausschüttung der T-Lymphozyten

Eine zentrale Frage bleibt bisher bei der Erforschung der Thymusdrüse offen. Es ist die nach der eigentlichen Rolle der Peptide. Sind sie nur innerhalb des Thymus aktiv, werden sie ausgeschüttet, um sich auf die Lymphozyten, das Gewebe oder andere Körperteile zu richten, oder beides? Weil der Thymus ein Gewebe ist, das Hormone ausschüttet, sollten sich in seiner Struktur und Funktion Veränderungen zeigen, wenn es dort ein bestimmtes endokrines (hormonelles) Ungleichgewicht gibt. Das könnte zum Beispiel ein Wachstumshormon- oder Sexualhormonmangel sein. Damit übereinstimmend kann sich die Funktion anderer Gewebe verändern, je nachdem, ob Thymushormone vorhanden sind oder nicht. Beides ist untersucht worden, und man hat interaktive, regulierende Verbindungen zwischen der Thymusdrüse und den anderen endokrinen Strukturen entdeckt.

Auch die Entwicklung des Zentralnervensystems ist abhängig von der Funktion des Thymus

Pierpaoli und andere Pioniere der Thymusforschung entdeckten mit als erste die Abhängigkeit der Entwicklung des Zentralnervensystems von der Funktion des Thymus. Andere Untersuchungen zeigten die wichtige Interaktion zwischen dem Thymus und der Entwicklung der Hypophyse im Gehirn.

In den letzten 25 Jahren wurden mindestens fünf eigenständige und ausgeprägte Thymushormone isoliert und auf ihre regulierenden Einwirkungsmöglichkeiten auf T-Lymphozyten analysiert.

Thymosin

Thymosin hat starke stimulierende Effekte

Thymosin (TF) besteht aus einer Gruppe von Proteinen mit einem niedrigen molekularen Gewicht, die aus dem Thymus von Rindern gewonnen werden. Thymosin hat starke stimulierende Effekte auf die durch die T-Lymphozyten vermittelte Immunität. Es verstärkt die Aktivität der Lymphozyten und erhöht die IL-6-Produktion in den Milzzellen. Thymosin hatte einen stimulierenden Effekt auf das lutheinisierende und das Gonatropin freisetzende Hormon, beides Hypophysenhormone, bei Untersuchungen (in vivo) des Hypophysengewebes. Die Freisetzung eines anderen Hypophysenhormons, des Prolaktins, und auch des HGHs und ACTHs, wurde bei Thymosin-

Untersuchungen (in vitro) erhöht. Das lutheinisierende Hormon wurde durch das Thymosin in vitro nicht vermehrt.

Thymulin

Das Protein Thymulin wird aus dem Thymusgewebe von Schweinen gewonnen. Es beeinflußt die Differenzierung der unreifen Knochenmarkzellen. Dieses Thymushormon stimuliert die Lymphozytenaktivität der CD8-Killerzellen in den Milz-Zellkulturen von alten, aber nicht von jungen Mäusen. Der Thymulinserumspiegel nimmt im Alter in Übereinstimmung mit der Verkümmerung der Thymusdrüse ab.

Durch Thymushormone kommt es zu einer gezielten Verbesserung der körpereigenen Abwehrkräfte

Thymulin braucht Zink für seine volle biologische Aktivität. Patienten, die an der Crohn-Krankheit leiden (eine autoimmune Darmerkrankung) oder an einer akuten lymphobiastischen Leukämie, haben ein Zinkdefizit. Auch ihre Thymulinaktivität ist reduziert. Alle alten und jungen Ratten reagierten auf HGH- und Thyroidhormoninjektionen mit erhöhten Thymulinspiegeln.

Der Thymus-Humoralfaktor (THF)

Der Thymus-Humoralfaktor ist ein Extrakt des Kalbsthymus. Interleukin-2, oder IL-2, ist ein Protein, das von den Lymphozyten produziert wird. Es vermehrt sich durch den Einfluß von THF auf die Milz-Zellkulturen. Peripheres Blut, das Patienten mit chronischer Hepatitis B und viralen Infekten entnommen wurde, reagierte auf THF mit einer gesteigerten Produktion von IL-2. Das ist ein Hinweis auf eine mögliche antivirale Rolle dieses Thymushormons, und darum sollten wir Thymushormone in der zweiten Lebenshälfte substituieren.

Thymopoietin (Thymopentin)

Thymopoietin ist ein Peptid, das aus der Thymusdrüse von Rindern gewonnen wird. Es verstärkt die Differenzierung der T-Lymphozyten und hat eine starke Wirkung auf deren Reifung. Thymopentin ist ein Proteinderivat des Thymopoietins, hat aber trotzdem dieselbe stimulierende Wirkung auf die reifen Zellen in der Thymusdrüse.

Thymusprotein A

Das Thymusprotein A wurde 1983 entdeckt

Das Thymusprotein A wurde 1983 von Dr. Terry Berdsley entdeckt. Es ist ein spezifisches Protein, das aus einer geklonten Zellreihe aus dem menschlichen Thymusephitel isoliert wurde. Damit wies er immunstimulierende Fähigkeiten nach, die denen ähnelten, die durch Extrakte bewirkt wurden. Er nannte dieses Protein Thymusprotein-i-A. Es ist eine Kette von 500 Immunosäuren. Später wies Dr. Esther Hys in Zusammenarbeit mit Dr. Berdsley nach, daß das Protein vom menschlichen Thymus produziert wird.

Das Thymusprotein A kann die Immunantwort stimulieren

Das Thymusprotein A kann die Immunantwort stimulieren. Es aktiviert eine bestimmte T-Zelle, die T-4-Helferzelle, weil es das korrekte »Muster« hat, um mit dem passenden Rezeptor auf der T-4-Zelle zu harmonieren und sie zu programmieren und ihre vitalen regulierenden Immunfunktionen zu bilden. Die T-4-Helferzellen sind verantwortlich für das Aufspüren von eindringenden Organismen oder fremden Zellen wie den Krebszellen. Sobald sie vom Thymusprotein A aktiviert worden sind, können die T-4-Helferzellen Eindringlinge identifizieren und eine Antwort der T-8-Killerzellen anfordern, indem sie die Immunproteine produzieren, die sogenannten Interleukine oder Interferone. Wenn sie ein Signal von den Helferzellen empfängt, begibt sich die T-8-Killerzelle zum Ort der Infektion oder des Krebses und zerstört die viralen Eindringlinge oder Krebszellen. Das Thymusprotein A ist sicher, und man bekommt es als Immunsystemstimulans in Form von Nahrungsergänzungsmitteln. Es gehört zu den Bestandteilen einer Anti-Aging-Therapie.

Das Thymusprotein A gehört zu den Bestandteilen der Anti-Aging-Therapie

Ein paar Worte zum Schluß

Verschiedene Studien zeigen, daß die Thymusdrüse und die Thymushormone wichtig sind für das menschliche Immunsystem, das neuroendokrine System, das reproduktive System und die Entwicklung des Zentralnervensystems. Außerdem hat eine Statusveränderung der Schilddrüse, der Nebennieren, der Hypophyse und auch der Nieren Einfluß auf die Struktur und Funktion der Thymusdrüse.
Die Ergebnisse zeigen, daß die Präsenz des Thymushormons im Kreislauf auf verschiedene Organe wirken kann. Alle fünf Präparate, die man heute kaufen kann, sind soweit bekannt. Es ist ratsam, Thymushormone zu substituieren, es ist absolut unschädlich. Die Food and Drug Administration (FDA) hat für die Thymushormone keine Vorschriften erlassen, weil sie bisher nicht als Medikamente oder Pharmazeutika betrachtet werden. Das subkutan verabreichte Thymushormon hat denselben Status und dieselbe Klassifizierung wie das DHEA und die Melatonin-Hormone, die frei verkäuflich sind.

Die Substitution des Thymushormons ist unschädlich

Die Symphonie

Erinnern Sie sich, wie wunderbar es war, mit einem Freund auf der Wippe zu sitzen? Sich auf und ab zu bewegen? Erinnern Sie sich an den Zauber, als Sie das erste Mal ein ganzes Symphonieorchester ein klassisches Stück spielen hörten? Diese Schönheit und dieses Wunder sind das Ergebnis jeden Gleichgewichts. Als Kind konnten wir die physikalischen Gesetze der Wippe nicht verstehen. Wir hatten nur Spaß daran. Möglicherweise begreifen wir heute nicht jedes einzelne Instrument und kennen nicht jede einzelne Note, die das Symphonieorchester spielt. Wir erleben die Aufführung und nehmen nur wahr, wie wunderbar die Musik klingt, daß sie uns bewegt und wie wir uns fühlen.

Stimmt das Gleichgewicht, dann genießen wir das Leben

Das gleiche geschieht mit unserem Körper. Wenn alles im Gleichgewicht ist, denken wir nicht darüber nach, wie Pregnenolon unsere Gehirnfunktionen unterstützt und machen uns auch keine Gedanken über die biologischen Mechanismen, durch die das Thyroid uns Energie gibt. Wir genießen einfach unser Leben.

Die Leistung einer totalen Hormonsubstitutions-Therapie wird letztlich daran gemessen werden, wie Sie sich fühlen und wie Sie funktionieren. Wenn Sie in der Lage sind, mit Ihren Enkelkindern vier Stunden hintereinander zu spielen, ohne zu ermüden; wenn Sie wieder zur Schule gehen und einen weiteren Abschluß machen können; wenn Sie Fett verlieren und herausfinden, daß Sie doppelt so weit laufen können, und wenn Sie das Leben einfach genießen, sind Sie Teil einer wunderschönen Symphonie.

7 Essen Sie sich jung – Die Anti-Aging-Ernährung

So unglaublich der Nutzen und die Resultate der totalen Hormonsubstitutions-Therapie (THRT – R steht für Replacement) auch sind – die Hormonsubstitution ist kein magischer Zaubertrank, der plötzlich Ihren Körper, und damit Ihr Leben, perfekt macht. Mit der THRT können wir Ihnen einen guten, gesunden Körper verschaffen, aber um in den vollen Genuß der Therapiewirkungen zu kommen, müssen Sie ihren Teil dazu beitragen. Das Geheimnis des Erfolgs ist wiederum das Gleichgewicht.

Sie müssen Ihren Teil beitragen zum Erfolg

Schon in der Schule wurden wir über die Wichtigkeit einer »ausgewogenen Ernährung« informiert. Zumindest in diesem Punkt hatten unsere Lehrer recht. Das Konzept des Gleichgewichts ist besonders wichtig in unserer heutigen Welt, wo praktisch alle acht Tage neue Nahrungsmittel angepriesen werden, die vermutlich nicht gut für uns sind. In der einen Woche empfiehlt man uns darüber hinaus Milchprodukte und rotes Fleisch, die nächste Woche sollen wir überhaupt kein Fleisch essen. Man rät uns, die Finger vom Zucker zu lassen oder zu viele Kohlenhydrate zu meiden, und in einem scheinen sich alle einig zu sein – wir sollen das Fett aus unserer Nahrung verbannen.

Alle diese Ratschläge sind richtig und falsch zugleich. Was hier aufgeführt wurde, kann schädlich für den Körper sein, aber nur, wenn man zuviel davon ißt. Wenn Sie dreimal täglich jeden Tag rotes Fleisch und Eier essen, könnten Sie ein paar ernsthafte Gesundheitsprobleme bekommen. Die können aber auch auftreten, wenn Sie Diät halten und sich auf Sojasprossen und Grapefruitsaft beschränken, weil Ihr Körper dann einige sehr wichtige Nährstoffe entbehrt.

Sie sind, was Sie essen

Unser Körper braucht die verschiedenen Bestandteile der Nahrung

Vielleicht wäre die Formulierung »Sie sollten essen, was Sie sind« noch zutreffender. Unser Körper ist aus vielen Bestandteilen zusammengesetzt, die wir auch mit der Nahrung aufnehmen. Dazu gehören Proteine, Fette und Zucker. Tatsächlich sind fast alle »guten« und »schlechten« Bestandteile unseres Essens notwendig für unseren Körper. Wir brauchen Zucker und Kohlenhydrate für die Energie und Proteine für die Muskel- und Knochenbildung.

Zucker und Kohlenhydrate für die Energie, Proteine für die Muskel- und Knochenbildung

Wir brauchen auch Fett, zum Teil, um steroide oder auf Cholesterin aufbauende Hormone wie DHEA, Pregnenolon, Testosteron, Progesteron und Östrogen zu bilden. Cholesterin hört sich im Zusammenhang mit gesundem Essen nicht gut an, wir brauchen es aber für die Produktion von Vitamin D und zur Absorbierung von Calcium. Es ist auch notwendig für den Aufbau der fettigen Schicht, die unsere Nerven schützt, darunter auch die des Rückenmarks und des Gehirns. Leute mit einem extrem niedrigen Cholesterinspiegel haben ein größeres Krebsrisiko und werden leichter psychisch krank. Dennoch reicht eine kleine Menge dieser Stoffe oft für längere Zeit, und wir brauchen nicht viel Fett oder Zucker. Aber mit Sicherheit können wir sie nicht vollständig aus unserer Nahrung verbannen.

Der optimale Ernährungsplan

Die Schwierigkeit besteht darin, herauszufinden, wieviel man von bestimmten Sachen essen soll. Das Landwirtschaftsministerium hat ein paar grundsätzliche Richtlinien herausgegeben, aber in Wirklichkeit sind das nur grobe Schätzungen. Genauso, wie Menschen unterschiedliche Hormonspiegel haben, hängen die Nahrungsbedürfnisse davon ab, wer man ist, wie alt man ist, ob männlich oder weiblich und wie der Körper gebaut ist. Hier braucht man ärztliche Beratung.

Ein Arzt oder eine Ärztin sollte in der Lage sein, auf der Grundlage der Daten über Ihr Alter, Ihr Geschlecht und Ihren Stoffwechsel einen optimalen Ernährungsplan zu erstellen. Er muß skizzieren, wieviel Protein, Fett, Kohlenhydrate und Zucker Sie brauchen (oder meiden sollten), wie viele Vitamine und Mineralstoffe Sie täglich zu sich nehmen sollten und wie viele Kalorien Sie brauchen.

Für einen adäquaten Ernährungsplan braucht man ärztliche Beratung

Medizinischer Sachverstand ist auch in bezug auf Ihre Ernährung wichtig. Wenn Sie bedenken, daß eine Hormontherapie (besonders die HGH-Therapie) das Zellwachstum steigert und die Gewebereparatur in Gang setzt, ist es einleuchtend, daß der Körper mehr Nährstoffe braucht. Bekommt er die nicht, können die Hormone nicht ihre volle Wirksamkeit entfalten. Ein Arzt oder eine Ärztin kann jederzeit Ihren Ernährungsplan um Ihren individuellen Nährstoff- und Kalorienbedarf ergänzen.

Nahrungsüberladung, der andere Grund für das Altern

Wenn wir zuviel essen, setzt die zerstörerische Wirkung der freien Radikale ein

Wenn wir unser System mit mehr Nahrung überladen, als es braucht, öffnen wir uns für die zerstörerische Wirkung der freien Radikale. Das sind instabile Sauerstoffmoleküle mit einem zusätzlichen Elektron. Wegen ihrer Instabilität reagieren freie Radikale schnell mit anderen Molekülen im Körper. Sie greifen die DNS unserer Zellen an, zerstören die Zellmembrane und verursachen eine Kettenreaktion von Zellzerstörungen. Die unbehandelte Ausbreitung freier Radikale kann Falten verursachen, Altersflecken und steife Gelenke. Auch bei ernsthafteren Erkrankungen wie Arthritis, grauem Star, Herzkrankheiten, Diabetes, Krebs – und dem Altern – spielen sie eine Rolle. Die Ausbreitung der Sauerstoff-verursachten Zellzerstörung gleicht dem Rosten von Metall. Der Rost breitet sich aus, bis er die Struktur und Festigkeit des Metalls zerstört hat. Ähnlich schwächen die freien Radikale unseren Körper. Und wenn der Körper durch die fortgeschrittenen Zerstörungen richtig geschwächt ist und die Angreifer nicht mehr neutralisieren kann, gehen die freien Radikale sogar noch schneller zu Werke.

Freie Radikale sind in den Abgasen, im Smog, in der Sonnenstrahlung und im Zigarettenrauch

Oxidativer Streß durch freie Radikale ist ein unerfreulicher Bestandteil des menschlichen Lebens. Es ist der Preis dafür, daß wir atmen. Wir kreieren in unserem Körper freie Radikale als Nebenprodukt der Sauerstoffverbrennung, die die Zellen am Leben erhält. Außerdem sind diese schädlichen Moleküle überall, wo wir uns bewegen. Freie Radikale sind in den Abgasen, im Smog, in der Sonnenstrahlung und im Zigarettenrauch. Auch wenn man sich nicht bewegt, sich schlecht ernährt und zu viel Streß hat, erhöht sich die oxidative Zerstörung in unserem Körper.

Antioxidationsmittel können freie Radikale bekämpfen

Um die freien Radikale daran zu hindern, die Zellen altern zu lassen, benutzt der Körper Antioxidationsmittel. Das sind Mikronährstoffe in jeder Zelle, die leicht mit Sauerstoff reagieren und so die freien Radikale neutralisieren, ihren Zerstörungszug aufhalten und sie aus dem Körper entfernen. Zu den verbreitetsten Antioxidationsmitteln gehören die Vitamine C, E, Beta-Karotine sowie Selen und Melatonin. In Zusammenarbeit mit Kupfer, Magnesium und Zink können sie die freien Radikale bekämpfen. In der Idealvorstellung würden wir Alkohol, Tabak, zuviel Sonnenlicht und Streß meiden und alle ein gesundes Leben führen. Wir würden sämtliche wichtigen Antioxidationsmittel in ausreichender Menge mit unserer normalen Nahrung aufnehmen, und der oxidative Streß wäre kein Problem mehr.

Die Welt ist nicht perfekt

Täglich fünf Portionen Obst und Gemüse zu essen, schaffen die wenigsten Menschen

Unglücklicherweise leben wir nicht in einer idealen Welt. Statt dessen leben wir in einer immer stärker verschmutzten Umwelt und haben eigentlich immer Streß. Dazu kommt, daß wir oft Mahlzeiten ausfallen lassen, etwas auf die Schnelle essen und Fast Food zu uns nehmen. Wer von uns ißt wirklich täglich die fünf empfohlenen Obst- und Gemüseportionen? In dieser unvollkommenen Welt ernähren sich die meisten auch unvollkommen. Neue Studien zeigen, daß sehr wenige (wenn überhaupt welche) Amerikaner jeden Tag ihren Bedarf an Nährstoffen hundertprozentig decken. 1990 schätzte eine andere Studie, daß nur 9% der Amerikaner fünfmal am Tag Obst und Gemüse essen. Aber selbst diejenigen, die sich gesund ernähren, bekommen nicht immer genügend Nährstoffe, weil ihr Körper nicht alle resorbieren kann. Eine schlechte Nährstoffaufnahme kann durch Allergien, den Gebrauch von Abführmitteln und Antaziden, durch Protein- oder Energiemangel und unseren speziellen Freund – den Streß – verursacht werden. Es ist unwahrscheinlich, daß wir, selbst wenn wir gut absorbieren, alle Nährstoffe bekommen, die wir brauchen.

Unserer heutigen Ernährung fehlen wichtige Nährstoffe

Unsere heutige Ernährung, selbst eine ausgewogene und gesunde, besteht aus abgepackten, verfeinerten, bearbeiteten, industriell hergestellten, gekochten, eingefrorenen, konservierten Lebensmitteln, die oft genug in einer wenig empfehlenswerten Form gepreßt oder zerkleinert werden. Jeder Schritt der Bearbeitung nimmt dem Essen Vitamine und Mineralien. Beispielsweise geht Vitamin E sehr schnell verloren. Und ohne Vitamin E verflüchtigen sich auch Vitamin A und die Beta-Karotine bis zu 90%. Fast alle wichtigen Nährstoffe werden während der Nahrungszubereitung zerstört oder gehen verloren. Am verletzlichsten sind die Vitamine C und E, Folsäure, Vitamin B_1, Vitamin B_2, Zink, Kupfer, Magnesium und Chrom.

Sie brauchen mehr als gesunde Ernährung

Immer mehr Experten sind davon überzeugt, daß selbst die ausgewogenste gesunde Ernährung nicht genügend Antioxidationsmittel enthält, um uns vor oxidativer Zerstörung zu bewahren. Unser Essen enthält zu wenige Vitamine und Mineralstoffe, um die freien Radikale zu bekämpfen. Trotz aller Wunder der modernen Medizin verlieren wir den Kampf gegen das Altern mit jedem Bissen, den wir zu uns nehmen. Nährstoffarme Nahrung, Umweltverschmutzung und Streß bilden eine ganze Armee von Angreifern, gegen die unser Körper, selbst mit der Unterstützung moderner Technologie, nicht gewappnet ist.

Moderne Krieger im Kampf gegen die freien Radikale

Zusatzstoffe wirken präventiv und sind wichtig zur Bekämpfung der Oxidation

Was können wir tun, um die Oxidation zu bekämpfen, die Zelle für Zelle in unserem Körper zerstört? Wir wollen bestimmt nicht kampflos aufgeben. Weil die Nahrung allein nicht ausreicht, empfehlen darum immer mehr Ärzte Zusatzstoffe.
Man kann geradezu schwindlig werden, wenn man ein Geschäft betritt und die überladenen Regale mit all den Pillen, Kapseln, Tees, Extrakten, Elixieren und Cremes mit ganz merkwürdigen Namen sieht. Wenn Sie alle diese Produkte kaufen würden, wäre Ihr Tag mit dem Schlucken von Pillen ausgefüllt, und Sie würden täglich mehr als 1 000 $ ausgeben. Welche von diesen Produkten sind aber gut und ihr Geld wert? Wir können Ihnen nur die folgenden Hinweise geben, bevor Sie anfangen, sich durch die Regale zu arbeiten. Sie sollten aber wissen, daß diese Ersatzstoffe nicht so schnell wirken wie die Medikamente, die Sie vielleicht nehmen.

Nahrungsergänzungsmittel wirken vorbeugend

Nahrungsergänzungsmittel wirken vor allem präventiv, und deswegen merken Sie nicht viel davon. Verbesserungen machen sich erst mit der Zeit bemerkbar, und Sie brauchen Ausdauer und Geduld.

Multivitaminpräparate und Mineralien

Ein fundamentaler Bestandteil aller Ersatzstoffe ist eine Multivitamin-Mineralien-Kombination. Die US-Regierung hat die diätetischen Erfordernisse fast aller Vitamine und Mineralien geregelt. Aber die Mengenangaben sind auf die Vermeidung eines klinischen Mangelsyndroms zugeschnitten. Für eine optimale Gesundheit und Ernährung benötigen wir weit größere Mengen als die offiziell empfohlenen. Darum müssen wir einen wirklich hochkarätigen Multivitamin- und Mineralienkomplex einnehmen.

Vitamine sind unerläßlich für die Struktur und das Funktionieren des Körpers. Sie arbeiten als Coenzyme – das sind notwendige Elemente der chemischen Reaktionen und der Energieproduktion. Vitamine sind lebensnotwendig, aber der Körper kann sie nicht selbst produzieren. Wir müssen sie aus der Nahrung oder aus Ersatzstoffen gewinnen. Mineralien, die im Körpergewebe und den Körperflüssigkeiten vorhanden sind, arbeiten mit Enzymen, Hormonen und Vitaminen zusammen. Sie transportieren Stoffe, die vor allem die Nervenübertragungen, das Muskelverhalten, die Durchlässigkeit der Zellen, die Gewebestruktur, die Blutbildung, den Eiweißstoffwechsel und die Energieproduktion unterstützen.

Vitamine sind lebensnotwendig, aber der Körper kann sie nicht selbst produzieren

Idealerweise müßten Sie ein Multivitamin- und Mineralpräparat finden, daß alle wichtigen Elemente enthält. Zu den absolut notwendigen Inhaltsstoffen gehören Vitamin A, Beta-Karotine, Vitamin C, E, K, B_1 (Thiamin), B_2 (Riboflavin), B_3 (Niacin), B_6 (Pyridoxin), B_{12} und Folsäure. Wichtig sind auch Biotin und Pantothensäure. Und schließlich dürfen die Mineralien Calcium, Chrom, Kupfer, Magnesium, Selen und Zink

nicht fehlen. Eisen ist ein weiteres fundamental wichtiges Mineral, das vor allem für Frauen wichtig ist. Bei Männern kann Eisen einen Krankheitsprozeß auslösen, der Hemochromatosie genannt wird, und auch Arteriosklerose, deswegen sind Eisensubstitute für Männer nicht empfehlenswert.
Es stellt sich die Frage, warum all diese Bestandteile notwendig sind. Die Antwort würde ein ganzes Buch füllen. Wir werden deshalb hier den Nutzen einiger Vitamine und Mineralien nur streifen.

Antioxidationsmittel

Die antioxidative Wirkung vieler Vitamine und Mineralien macht sie so wertvoll

Weiter oben haben wir erläutert, warum diese Mittel gebraucht werden. Die antioxidative Wirkung vieler Vitamine und Mineralien macht sie so wertvoll. Mit am wichtigsten sind die Beta-Karotine, die Vitamine A und E und das Mineral Selen, und sie alle bekämpfen nicht nur die freien Radikale. Speziell Vitamin C und E sollte man in großen Mengen zu sich nehmen, auch noch zusätzlich zu einem Multivitaminpräparat.
Beta-Karotine sind äußerst antioxidativ. Sie sind in sauerstoffarmen Bereichen aktiv (z. B. in den Kapillargefäßen), und krebsauslösende Substanzen tangieren sie nicht. Deswegen können sie viele freie Radikale vernichten. Bei Bedarf werden Beta-Karotine in der Leber in Vitamin A umgewandelt, sie sind eine wertvolle Quelle dieses wichtigen Vitamins.

In den letzten Jahren bekam Vitamin A als Antikrebs-Vitamin einen neuen Stellenwert

Vitamin A wird für das Wachstum und die Knochenbildung, den Erhalt einer gesunden Haut und für den Schutz der Organe benötigt. Zahlreiche Studien stellen einen Zusammenhang zwischen Beta-Karotinreicher Nahrung und einem verminderten Krebs- und

Herzkrankheitsrisiko her. Dieser Nährstoff kommt in Karotten, Kürbis, Brokkoli, Spinat, Aprikosen, Papayas und anderen gelben und dunkelgrünen Gemüsen vor. Wahrscheinlich nehmen die meisten Menschen nicht genügend Beta-Karotine mit der Nahrung auf. Die Ergänzungsmittel sind völlig ungiftig, auch wenn sie in großen Mengen eingenommen werden.

Vitamine, gut für mehr als 100 Körperfunktionen

Vitamin C sollte man täglich nehmen, es wird vom Körper nicht gespeichert

Vitamin C-Zusätze sollte man täglich nehmen, weil dieses Vitamin an mehr als 100 Körperfunktionen beteiligt ist. Es ist wasserlöslich und wird deswegen im Körper nicht gespeichert. Ein ernsthafter Vitamin C-Mangel führt zu Skorbut, die Krankheit der Seeleute in früheren Zeiten, die auf ihren langen Reisen keine frische Nahrung hatten. Symptome dieser Krankheit sind Zahnfleischbluten, lockere Zähne, eine trockene, rauhe Haut, Blutarmut, Gelenkschmerzen, blaue Flecke und häufige Infektionen. Genügend Vitamin C schützt davor.

Vitamin C ist das bekannteste Vitamin

Vitamin C wirkt sehr stark gegen Oxidation und schützt gegen die schädlichen Folgen von Zigarettenrauch, Umweltverschmutzung, Giften und anderen Einflüssen, die freie Radikale hervorbringen. Vitamin C hilft auch bei der Resorption von Eisen, was wichtig für gesunde rote Blutkörperchen ist. Wenn Sie ein Eisenpräparat nehmen, sollten Sie es mit einem Vitamin C-Präparat kombinieren, um sicher zu sein, daß der Körper das Eisen verwenden kann. Die wichtigste Aufgabe des Vitamin C besteht aber im Erhalt des Kollagens, einem Protein, das für den Aufbau der Haut, des Bindegewebes, der Knochen und Zähne nötig ist. Es

stärkt die Wände der Blutgefäße und unterstützt die Wundheilung.
Vitamin E braucht man vor allem bei einer fettarmen Ernährung. Studien zeigen, daß die Zufuhr von Vitamin E dabei drastisch verringert wird und die freien Radikale angreifen. Dieses Vitamin ist eine starkes Antioxidationsmittel und schützt die Zellen vor Giften und auch vor bestimmten chemotherapeutischen Medikamenten. Es schützt auch die Haut vor den Zerstörungen durch die freien Radikale, die hauptsächlich dadurch verursacht werden, daß wir uns der Sonne aussetzen. Bestimmt haben Sie bemerkt, daß Vitamin E als Bestandteil vieler Lotionen und Hautschutzmittel aufgeführt wird. Es hilft gegen Leberflecke, Akne und Rötungen, es beugt Narben vor und reduziert die Faltenbildung. Aber dieses Vitamin ist nicht nur aus kosmetischen Gründen wichtig. Es transportiert Sauerstoff zu den Organen und Muskeln (auch zum Herzen) und erhält die roten Blutkörperchen gesund. Neue Studien dokumentieren, daß Vitamin E-Gaben bei älteren Patienten vorbeugend gegen chronische Herzkrankheiten wirken oder diese hinauszögern können.

Vitamin E schützt die Haut und ebenso die sauerstofftransportierenden roten Blutkörperchen auf ihrem Weg zu den Organen

Selen hilft gegen Krebs

Selen ist ein weiteres starkes Antioxidationsmittel, das auch Krebs bekämpfen kann. Wir nehmen Selen mit der Nahrung auf, aber die Menge variiert mit der Konzentration des Minerals im Boden, auf dem sie angebaut wird. Hohe Krebsraten werden tatsächlich mit einem niedrigen Selenanteil in der Erde in Verbindung gebracht. In Gegenden mit einem hohen Selenanteil ist die Krebsrate niedriger. Die Ausgabe des *Journal of the American Medical Association* vom 25. Dezember 1996 berichtete von einer Studie, die die Wirkung von Selensubstituten bei verschiedenen Krebsarten untersuchte. Im Ergebnis hatte die substituierte Gruppe 63 % weniger Prostatakrebs, 58 % weniger Dickdarm- und 46 % weniger Lungenkrebs als die Kontrollgruppe. Insgesamt war die Krebsrate in der Selen-Gruppe um 37 % reduziert, und es gab 50 % weniger Todesfälle durch diese Krankheit.

Auch zur Behandlung von Psoriasis und Allergien ist Selen nützlich

Darüber hinaus besitzt Selen noch andere mächtige Fähigkeiten. Es hat sich als nützlich in der Behandlung von Psoriasis und Allergien erwiesen. Es erhöht die Aktivität bestimmter Enzyme, von denen einige dabei helfen, das Muskelgewebe auszubessern, darunter auch das Herzmuskelgewebe, was das Risiko einer Herzattacke senkt. Die Kombination von Selen mit Vitamin E scheint das Immunsystem zu stärken.

1996 dokumentierte eine Studie die Verbindung des Selens zum Thyroidhormon. Wie wir wissen, handelt es sich dabei um das Schlüsselhormon des Fettstoffwechsels bei Erwachsenen. Durch seine Beteiligung an der Aktivierung des Thyroidhormons kann das Selen eine wichtige Rolle bei der Reduktion der Fettpolster spielen.

Wir haben einige Vitamine und Mineralien und Ihren Nutzen hervorgehoben. Je nach Ihren individuellen Bedürfnissen und Zielen möchten Sie aber vielleicht noch andere Ersatzstoffe nehmen. Unsere Ernährung mit Vitaminen und Mineralien anzureichern, ist ein guter Anfang, aber es gibt noch weitere Substanzen, die »lebensrettend« sein können. Das Angebot solcher Mittel ist riesig und verwirrend, ihre Bezeichnungen klingen befremdlich. Im Folgenden führen wir einige auf, die wir für empfehlenswert halten.

Traubenkernextrakt ist vielseitig

Traubenkernextrakt enthält eine sehr hohe Konzentration eines Bioflavonoid-Komplexes (PCO), der stark antioxidativ wirkt (es wird vermutet, die Wirkung sei fünfzigmal stärker als die von Vitamin E). Dieses Antioxidationsmittel kann sogar die Barriere des Gehirns gegen das Blut überwinden. Es stärkt Kollagen und Elastin, unser Bindegewebe. Bioflavonoide produziert der Körper nicht selbst. Deshalb müssen wir diese Stoffe mit der Nahrung oder durch Ersatzstoffe aufnehmen. Sie sind in der Schale vieler Früchte enthalten, die höchste Konzentration kommt aber in Traubenkernen vor. Darum ist deren antioxidative Wirkung am stärksten. Der Traubenkernextrakt wirkt effektiv bei der Behandlung von Arthritis, Allergien, Arterienverhärtungen, Magengeschwüren, Falten und Leberflecken, Zahnfleischerkrankungen und schützt vor Krebs, Schlaganfällen und Diabetes.

Nicht nur in der Behandlung von Arthritis und Allergien spielt der Traubenkernextrakt eine wichtige Rolle

Die Bioflavonoide im Traubenkernextrakt können gegen Arthritis eingesetzt werden, weil sie stark entzündungshemmend sind. PCO unterdrückt insbesondere die Freisetzung und Synthese von Verbindungen, die Entzündungen hervorrufen. Bei der Behandlung von Allergien und Erkältungen wirkt der Traubenkernextrakt, weil es das Enzym, das für die Produktion von Histaminen verantwortlich ist, abblockt. Ein Übermaß ein Histaminen verursacht streßbedingte Magengeschwüre. PCO unterstützt die Heilung der Geschwüre durch die Reduktion der Histaminfreisetzung und die Stärkung des Bindegewebes im Magen.

PCO schützt vor Herz-Kreislauferkrankungen, weil er die Oxidation des LDL Cholesterins verhindert (eine der Hauptursachen bei verhärteten Arterien) und die Elastizität der Blutgefäße erhöht. Er erhält die Biegsamkeit der roten Blutkörperchen und schützt so vor Blutgerinnseln und Schlaganfällen.

Traubenkernextrakt erhält das Zahnfleisch gesund

Weil er das Gewebe stärkt, kann der Traubenkernextrakt auch das Zahnfleisch gesund erhalten und Zahnfäule verhindern. Seine antioxidative Wirkung kann den grauen Star verhindern. Auch gegen altersbedingte Flecke auf der Netzhaut hat sich PCO wegen seiner antioxidativen und Kollagen-bildenden Eigenschaften als wirksam erwiesen.

Der Traubenkernextrakt ist ungiftig, aber weil er so bitter schmeckt, kann er Übelkeit oder Magenverstimmungen verursachen. Er ist wasserlöslich und wird vom Körper innerhalb einer Stunde resorbiert.

Ginkgo Biloba, mehr als nur Dekoration

Dieser Kräuterextrakt hat sich als starkes Mittel gegen vielfältige Probleme herausgestellt

Ginkgo Biloba ist ein Kräuterextrakt aus den Blättern eines dekorativen Baumes, der in vielen Parks und Gärten und an Straßenrändern wächst. Verschiedene Studien haben gezeigt, daß Ginkgo Biloba ein starkes Mittel gegen so unterschiedliche Probleme wie Alzheimer, Asthma, Kopfschmerzen, Impotenz und Kreislaufstörungen ist. Es wirkt als Antioxidationsmittel, weil es Bioflavonoide enthält.

Forschungen in Deutschland zeigen, daß Geriatriepatienten nach der Behandlung mit dem Ginkgo Biloba-Extrakt lebhafter waren und bei psychometrischen Tests besser abschnitten. Ihre Lebenseinstellung schien positiver zu sein. Eine Londoner Studie dokumentierte positive Effekte bei Erwachsenen mit mildem bis moderatem Gedächtnisverlust. Das deutet

darauf hin, das dieser Extrakt den geistigen Verfall aufhalten und einige Auswirkungen der Alzheimerkrankheit rückgängig machen könnte.
Ginkgo Biloba hilft Asthmakranken, weil es die Verengung der Bronchien durch Asthma auslösende Allergene reduziert. 1975 berichtete eine Studie, daß der Extrakt auch bei der Migränebehandlung effektiv eingesetzt werden kann. Die Studie dokumentierte eine merkliche Verbesserung oder völlige Heilung in 80 % der Fälle.

Die Pflanze kann den Blutdruck senken und Impotenz behandeln

Auch die Fähigkeit der Pflanze, den Blutdruck zu senken, ist vielversprechend. 1965 berichtete eine Studie, daß der Ginkgo Biloba-Extrakt nicht nur blutdrucksenkend wirkte, sondern gleichzeitig die Blutgefäße und die Kapillaren erweiterte. Die verbesserte Blutzirkulation hatte unter anderem positive Auswirkungen auf die männlichen Sexualfunktionen. Klinische Studien haben gezeigt, daß Ginkgo Biloba Impotenz in 50 % der Fälle erfolgreich behandelt. Lesen Sie die Dosierungsangaben sorgfältig, weil Übelkeit, Erbrechen oder Sodbrennen nicht ausgeschlossen werden können.

Enzyme wirken als Katalysatoren

Coenzym Q-10. In diesem Buch haben wir uns den Hormonen sehr ausführlich gewidmet. Aber außer den Hormonen braucht der Körper auch andere Stoffe, um gut zu funktionieren. Enzyme sind Proteine, die mit einem Mineral oder Vitamin gekoppelt sind und als Katalysator für jede chemische Veränderung im Körper fungieren. Der Vitaminteil des Enzyms wird gewöhnlich Coenzym genannt.

Enzyme setzen Stoffwechselvorgänge in Gang

Das Coenzym Q-10 ist in jeder Körperzelle vorhanden und unterstützt die Umwandlung der Nahrung in adenosine Triphosphate (ATP) – der Kraftstoff für alle Zellfunktionen. Q-10 ist essentiell für die Gesundheit des gesamten Körpers. Ein Wissenschaftler entdeckte, daß die Q-10-Spiegel um 80% sinken, wenn wir altern. Eine Tierstudie zeigte, daß niedrigere Q-10-Spiegel und ein altersbedingt geschwächtes Immunsystem zusammenhängen.

Niedrigere Q-10-Spiegel wurden auch mit Herzkrankheiten und Leberproblemen in Zusammenhang gebracht. Beide Organe haben die höchste natürliche Konzentration des Coenzyms, und beide benötigen große Mengen davon für ihre stark energieabhängigen Funktionen. Forschungen zeigten, daß 50–70% der Herzpatienten Q-10 defizitär waren. Das Enzym unterstützt das Herz in seiner Pumptätigkeit. Wenn es nicht vorhanden ist, werden das Gewebe und die Muskelaktivität geschwächt. Untersuchungen haben gezeigt, daß die Behandlung mit dem Coenzym die Übungstoleranz von Herzpatienten im Tretmühlentest erhöhte. Nach einer vierwöchigen Behandlung waren 53% der Patienten mit einer Herzinsuffizienz symptomfrei. Q-10 ist auch gut für den Blutdruck, weil es Stoffwechselstörungen korrigiert, die zu Bluthochdruck führen.

Das Enzym unterstützt das Herz in seiner Pumptätigkeit

Energie für die Leber

Enzyme sind eine der wirksamsten Waffen gegen Gift- und Schadstoffe

Das Enzym versorgt die Leber mit Energie, damit sie maximal arbeiten kann. So unterstützt Q-10 auch die Reinigung des Körpers von gefährlichen Giftstoffen. Das ist besonders wichtig für Patienten, die Medikamente nehmen, die toxische Nebenwirkungen haben können. Daneben ist die Leber verantwortlich für die Produktion eines Stoffes, der Galle genannt wird. Dieser Stoff hilft beim Abbau von Fettreserven im Körper. Das bedeutet, daß Q-10 am Erhalt eines gesunden Körpergewichts beteiligt ist. Außerdem normalisiert es den Stoffwechsel, was den Fettverbrauch und seine Ablagerungen ausgleicht. Forschungen belegen, daß mehr als 50% der fettleibigen Patienten ein Q-10-Defizit hatten und nach einer Substitution, in Verbindung mit einer strikten Diät, erreichten Probanden einen Gewichtsverlust von über 11 kg nach nur neun Wochen.

Der Abbau von Fettreserven erhält den Körper gesund, Muskelbildung fördert die Aktivität

Diese besondere Substanz wird in Japan schon seit vielen Jahrzehnten benutzt und in den USA seit einigen Jahren. Das Coenzym Q-10 ist im allgemeinen gut verträglich, und außer daß es in einigen Fällen zu Brechreiz und Durchfall kommen kann, sind keine schwerwiegenden Nebenwirkungen bekannt.

Die Muskelbildung ist der Schlüssel

Protein. Weil sich die Abnahme der Muskelmasse direkt auf die altersbedingte Unfähigkeit, Muskeln zu bilden zurückführen läßt, ist die Muskelbildung der Schlüssel, um für viele Jahre aktiv und gesund zu bleiben. Möglicherweise ist Protein der entscheidende Stoff beim Aufbau der Muskeln. Die meisten Proteine nehmen wir auf, wenn wir Fleisch, Eier, Milch und Sojaprodukte essen. Wenn Sie trainieren, um Muskeln zu bekommen, brauchen Sie mehr Proteine, als in der Nahrung vorhanden sind. Wenn Sie diese Verstärkung wollen, haben wir hier ein paar Tips für Sie.

Das Protein Valin ist ein wertvoller Ersatzstoff, weil es die meisten verzweigtkettigen Aminosäuren enthält. Verzweigtkettige Aminosäuren beschaffen die Bausteine für die Aminosäuren Alanin, Glutamin und Leucin, die sehr wichtig für die Proteinsynthese der

Muskeln sind. Sie verhindern den Abfall des Muskelproteins während des Trainings. Leucin ist die wichtigste verzweigtkettige Aminosäure, weil die Muskeln dazu tendieren, mehr Leucin zu verbrennen als jede andere Aminosäure. Leucin unterstützt die natürliche Ausschüttung des HGHs, der Thyroidhormone und des Insulins. Durch die Einnahme dieser Aminosäuren müssen Ihre Muskeln während des Trainings weniger eigene Proteine verbrennen.

Soja enthält essentielle Isoflavone, die wirksam gegen Krebs sind

Auch Sojapulver ist empfehlenswert, obwohl es nicht so viele Proteine enthält wie Valin und andere Ersatzstoffe. Aber Soja enthält einige essentielle Isoflavone. Die sind krebsvorbeugend und reduzieren das Cholesterin um bis zu 35 %. Einer der wirksamsten Isoflavone gegen Krebs ist Genistein. Es wirkt als Antioxidant und verhindert die Vermehrung von Krebszellen, indem es die Nährstoffzellen aushungert, die diese zum Überleben brauchen. Es ist bekannt, daß die Menschen, die im Fernen Osten leben, sehr selten Dickdarm-, Brust- und Prostatakrebs bekommen, und die Experten sind überzeugt, daß das an der großen Menge von Soja liegt, die dort gegessen wird.

Drei andere Substitute sind gut für die Muskelbildung.

- Glutamin, die am reichlichsten in den Muskeln vorhandene freie Aminosäure, verbessert die Proteinsynthese und verhindert die Schädigung des Proteins während des Trainings.
- Hydroxymethylbuterat (HMB), ein Metabolit der Aminosäure Leucin, wirkt ebenfalls muskelbildend und beschützt sie vor Verletzungen beim Krafttraining.
- Kreatin unterstützt die Produktion von ATP, der größten Energiequelle des Körpers. Auch Kreatin ist nützlich bei Kraftsportarten und Aerobic.

Wasser für die »innere Sauberkeit«

Die meisten von uns kämen niemals auf die Idee, ihre Hände nur halb so oft zu waschen oder nur dann zu baden, wenn es wirklich angebracht ist. Im Gegenteil verbringen die meisten Menschen viel Zeit damit, ihren Körper zu reinigen. Der Aufwand und das Geld, die für die äußere Sauberkeit des Körpers und der Haare aufgewendet wird, steht dabei in keinem Verhältnis zur Vernachlässigung der inneren Sauberkeit des Körpers. Wir wissen, daß wir krank werden, wenn wir uns nicht die Hände waschen oder baden. Aber die Wahrscheinlichkeit, sich Viren oder Bakterien einzufangen, wird größer, wenn wir uns nicht auch innerlich »waschen«.

Wir müssen uns auch innerlich »waschen« und täglich Wasser trinken

Das Innere sauber zu halten bedeutet, daß der Körper ausreichend hydriert sein und mit Wasser versorgt werden muß. Das geht ganz einfach. Sie brauchen dafür keine teuren Cremes oder Pillen. Sie müssen einfach Wasser trinken. Falls Sie das lieber mögen, wählen Sie Flaschenwasser. Die einfachste, billigste und natürlichste Substanz, die wir kennen und die wir für unsere Gesundheit brauchen, wird unglücklicherweise zu oft vernachlässigt.

Wasser ist essentiell für unseren Körper

Mehr als 80% des menschlichen Körpers bestehen aus Wasser. Dieses Wasser ist essentiell für alles, was der Körper tut. Alle biochemischen Reaktionen finden im Wasser statt.

Wasser ist seit Urzeiten als Heilmittel bekannt

Nährstoffe werden mit Hilfe von Flüssigkeit transportiert, und Gift- und Abfallstoffe werden mit Wasser aus dem Körper geschwemmt. Experten schätzen, daß Erwachsene pro Tag durch natürliche biologische

Trinken Sie mehr Wasser, täglich mindestens 2 Liter

Abläufe fast zwei Liter Wasser verlieren, das heißt, wir schwitzen, verdunsten und scheiden es durch die Lunge aus. Wenn es nicht ersetzt wird, behindert das sämtliche Körperfunktionen. Sie sollten täglich wenigstens zwei Liter Wasser trinken. Wenn Sie viel trainieren oder in einer heißen und trockenen Gegend leben, brauchen Sie sogar noch mehr.
Das einfache, billige Wasser ist der Schlüssel zu vielen Aspekten unserer Gesundheit. Es transportiert Nährstoffe und schwemmt Schadstoffe aus, sorgt aber auch für eine konstante Körpertemperatur. Wenn Sie kaltes Wasser trinken, können Sie Fieber senken. Es ist ein natürlicher Appetitzügler und hilft beim Abnehmen, indem es den Körper bei der Verstoffwechslung des gespeicherten Fetts hilft. Vergessen Sie Ihre Diätpillen. Trinken Sie mehr Wasser. Auch für Abführmittel brauchen Sie kein Geld auszugeben, wenn Sie genügend Wasser trinken, denn es hilft gegen Verstopfung. Wenn Sie genug trinken, haben Sie weniger Verdauungsprobleme.

Wasser ist ein Schlüssel der Gesundheit

Wasser schwemmt Giftstoffe aus dem Körper

Wasser ist auch der Schlüssel für einen gesunden Muskel- und Hauttonus. Und Diabetiker können von diesem Stoff profitieren, weil überflüssiger Zucker aus dem Körper geschwemmt wird. Unbegründet sind Befürchtungen, das Wasser könnte sich im Körper ansammeln, wenn Sie viel trinken. Das Gegenteil ist der Fall. Die Nieren werden angeregt, Wasseransammlungen abzubauen.
Es ist erstaunlich, wieviel Geld manche Leute für Diätprogramme, plastische Operationen und teure Kosmetika ausgeben, wenn Sie denselben Nutzen durch richtige Ernährung und zusätzliche diätetische Maß-

nahmen haben könnten. Mit ein bißchen Vorausplanung und Sorgfalt ist beides zusammen eine zusätzliche Waffe gegen Krankheit und Altern. Auch Ihre Erscheinung bleibt jugendlicher. Eine gute Ernährung ist ein absolut notwendiger Teil jeder Anti-Aging-Kur.

Richtige Ernährung ist eine zusätzliche Waffe gegen das Altern

8 Gehirnbooster

Wenn Sie die Hormonsubstitutions-Therapie machen, um Ihren Körper wieder auf einen jugendlichen Status zu bringen, und sich dabei optimal ernähren, regelmäßig Sport treiben und Streß auf ein Minimum reduzieren, sollten Sie ein langes, ausgefülltes und gesundes Leben haben. Ihr Körper wird besser funktionieren als der von anderen in Ihrem Alter, und physisch werden Sie sich mit viel Jüngeren messen können. Aber auch die maximale Gehirnfunktion sollte unterstützt werden, und dabei helfen Gehirnbooster.

Sie haben Aussicht auf ein langes Leben

Obwohl die Hormonsubstitutions-Therapie Sie auch dabei unterstützt, geistig fit zu bleiben, gibt es Bedenken, daß das Gehirn nicht mit dem Körper mithalten könnte. Das trifft teilweise zu, wenn Sie in Ihrer Familie Alzheimer-, Parkinson- oder Fälle anderer degenerativer Gehirnkrankheiten hatten. Um diese Bedenken zu verstehen, müssen wir das Gehirn verstehen.

Halten Sie Ihr Gehirn so fit wie Ihren Körper

Das Gehirn ist gleich nach der Haut das zweitgrößte Organ des Körpers. Es wiegt am meisten und hat im

Gegensatz zu anderen Organen viele verschiedene Funktionen. Das Gehirn initiiert Bewegungen, Wahrnehmungen, die Sehkraft, das Denken, das Gedächtnis, den Geruchs- und Gehörsinn und viele andere Aufgaben. Zusätzlich kommuniziert es ununterbrochen mit anderen Teilen des Körpers und mit seinen eigenen unterschiedlichen Bereichen. Das alles sind permanente sauerstoffhungrige Aktivitäten, die ungefähr 45 % des Sauerstoffs verbrauchen, den wir produzieren. Es ist also kein Wunder, daß dieses besonders sauerstoffhungrige Organ am stärksten von der Oxidation betroffen ist, einem der signifikantesten Prozesse des Alterns.

Glücklicherweise ist die medizinische Wissenschaft kurz davor, neue Therapien einzusetzen, die in den »goldenen Jahren« eine maximale Gehirnfunktion unterstützen sollen. Vielleicht haben Sie schon von den »Smart Drugs« gehört, verschiedenen Substanzen, von denen wir heute wissen, daß sie die Gehirnfunktion unterstützen können. »Smart Drugs« ist allerdings die falsche Bezeichnung, weil Gehirnbooster ganz und gar keine Drogen sind. Was viele Mediziner auch als »Nootropika« bezeichnen (ein Wort aus dem Griechischen: das Gehirn unterstützen), sollten wir einfach Gehirnbooster nennen. Sie können auf eine oder mehrere Arten wirken: durch das Verlangsamen der Gehirndegeneration, durch das Reparieren der Gehirnzellen und durch die Unterstützung neuer Netzwerke im Gehirn.

Gehirnbooster sind keine Drogen, sie unterstützen die Gehirnfunktionen

Einige Aspekte, wie Gehirnbooster wirken und welche Gehirnfunktionen sie verbessern, sind: Verstand, Intelligenz, Gedächtnis, Lernfähigkeit, Reaktionszeit und Energielevel.

Gehirnbooster verbessern Verstand, Intelligenz, Energielevel und vieles mehr

Die Gehirnbooster-Liste

Gehirnbooster kommen in verschiedenen Formen vor. Manche sind Medikamente, die verschrieben werden müssen; manche sind Nährstoffe wie Vitamine und Aminosäuren; manche sind gewöhnliche Pflanzen, die in anderen Kulturen schon seit Jahrhunderten verwendet werden; und einige sind Hormone. Falls Sie gerade eine Vitaminkur machen oder eine Hormonsubstitutions-Therapie, nehmen Sie vielleicht schon einige davon.

Nur Ihr Arzt kann die ideale Kombination bestimmen

Weil alle Gehirnbooster ihre eigene Methode haben, die Gehirnfunktion zu verbessern, muß man herausfinden, welche für einen selbst gut sind. Nur Ihr Arzt kann die ideale Kombination bestimmen. Er kann die Mittel aber nicht nur verschreiben. Die Gehirnbooster, die Sie nehmen, geben dem Arzt Hinweise, wie Ihr Gehirn arbeitet. Damit kann er eventuell weitere Booster hinzuziehen. Falls Sie bereits Medikamente, Kräuterextrakte, Hormone oder Nährstoffe nehmen, müssen weitere Booster darauf abgestimmt werden, damit Sie nicht von dem einen oder anderen Stoff zuviel oder zuwenig bekommen.

Gehirnbooster helfen Ihnen, physisch und psychisch fit zu sein

Auf der Basis von Forschungsergebnissen empfiehlt das Palm Springs Life Extension Institute die folgenden Gehirnbooster und stellt sie seinen Patienten zur Verfügung; damit Sie so sein können, wie Sie sein möchten – physisch und psychisch.

Hormonelle Gehirnbooster

Alle Hormone, die abnehmen, wenn wir altern, können das Gehirn unterstützen und sollten substituiert werden. Was den Körper gesund erhält und das Herz schlagen läßt, kann auch das Gehirn versorgen. Besonders ein Hormon tut sich dabei hervor.

Pregnenolon

Falls Sie dieses Hormon bereits nehmen, fahren Sie damit fort. Es ist im Gehirn höher konzentriert als in anderen Organen. Aber es nimmt im Alter signifikant ab. Es wurde von der medizinischen Zunft lange ignoriert, weil es scheinbar keine andere unabhängige Funktion hatte, als sich in DHEA und Progesteron aufzuspalten (die sich ihrerseits in andere Steroide aufspalten wie Kortison, Aldosteron, Östrogen und Testosteron). Heute wissen wir, daß Pregnenolon neben der Produktion anderer Hormone auch folgende Eigenschaften besitzt: Es reduziert Entzündungen, repariert verletzte Gehirn- und Rückenmarkszellen, hilft unserem Körper bei der Streßbewältigung und ist eine potente Gedächtnisstütze.

Pregnenolon ist eine potente Gedächtnisstütze und hilft bei der Streßbewältigung und bei der Heilung von Verletzungen

Seit mehr als 50 Jahren belegt die Forschung die Verbesserung der geistigen Kräfte durch Pregnenolon. Testpersonen waren scharfsinniger, hatten mehr Energie, waren weniger erschöpft, hatten eine bessere Stimmung, ein besseres Gedächtnis und konnten leichter mit Streß umgehen, nachdem sie mit Pregnenolon substituiert wurden. Physikalische Testergebnisse zeigten eine reduzierte Harnausscheidung der 17-Ketosteroide, was ein deutliches Zeichen für Streßabbau ist.

Von allen Hormonen unterstützt das Pregnenolon das Gehirn am meisten und wirkt auch in einer hundertmal niedrigeren Dosis als andere gedächtsnisfördernden Mittel. Das Pregnenolon kann nicht nur dafür sorgen, daß der Gedächtnisverlust nicht weiter fortschreitet, sondern scheint in der Lage zu sein, den Verlust wieder aufzuheben.

DHEA

DHEA kann den altersbedingten Verlust kognitiver Fähigkeiten revidieren

Die Fähigkeit dieses Hormons, den altersbedingten Verlust kognitiver Fähigkeiten zu revidieren, ist von der Forschung im Tierversuch nachgewiesen worden. Kleine Mengen vermindern Amnesie und erhöhen das Langzeitgedächtnis bei Mäusen. Die Tiere erinnerten sich sogar an das, was sie vor der DHEA-Gabe gelernt hatten. Weil die Ergebnisse bei den Mäusen so vielversprechend waren, begann man mit Untersuchungen mit Menschen. Die gedächtnisverbessernde Wirkung des DHEAs wurde auch hier bestätigt. Studien zeigten, daß Alzheimerpatienten niedrigere DHEA-Spiegel haben. Das Hormon kann den Krankheitsverlauf verlangsamen oder aufhalten.

Nährstoff-Gehirnbooster

Vielleicht nehmen Sie auch schon einige der Booster, die wir in die Kategorie der Nährstoff-Gehirnbooster einordnen. Pflanzliche Nährstoffe, Vitamine, Aminosäuren und antioxidative Booster haben so viele Gemeinsamkeiten, daß es einfacher ist, sie in eine Kategorie zu fassen. Im Gehirn sorgen sie für die Nährstoffversorgung, eine bessere Durchblutung und eine verringerte Oxidation.

Als erstes beschäftigen wir uns mit den Vitaminen, die unseren Körper und damit unser Gehirn gesund erhalten. Die Forschung hat folgende Vitamine als wichtig kategorisiert:

Der Familienclan der B-Vitamine

Vitamin B_1, B_4, B_6 und B_{12}

Die orale Resorption dieser Vitamine nimmt mit dem Alter ab, darum müssen wir die Zufuhr steigern. Wenn Ihr Vitamin B-Spiegel niedrig ist, kann es sein, daß Sie Ihr Multivitaminpräparat nicht genügend verwerten können und Ihren Arzt aufsuchen sollten. B-Vitamine sind wichtig für die Bildung von Neurotransmittern, und sie unterstützen die Zellen bei der Abwehr von Krankheitserregern, während niedrige Vitamin B-Spiegel mit Gedächtnisverlust in Verbindung gebracht werden.

Diese Vitamine und Aminosäuren sind lebensnotwendig

Vitamin E

Wir empfehlen Vitamin E wegen seiner stark antioxidativen Wirkung und weil die Forschung gezeigt hat, daß es das Nachlassen der geistigen Kräfte enorm verlangsamen kann. Während eines zweijährigen Forschungsprojekts bekamen Alzheimerpatienten pro Tag 2 000 IE Vitamin E. Das Ergebnis war, daß der Tod, die Einweisung in ein Heim, der Verlust der Fähigkeit, die täglichen Verrichtungen zu bewältigen und die Entwicklung einer schweren Demenz durchschnittlich um 230 Tage aufgeschoben wurde.

Aminosäuren

Auch die vollständige Ergänzung der Aminosäuren ist notwendig für ein gesundes Gehirn. Aminosäuren sind die Bausteine oder das Rohmaterial, die das Gehirn für die Bildung der Neurotransmitter braucht. Aminosäuren sind essentiell für die Gesundheit aller Zellen. Es ist lebensnotwendig, daß Sie genügend Aminosäuren nehmen, wenn Sie Körper und Geist maximal gesund erhalten wollen.

ALC ist ein unerläßlicher Gehirnbooster

Acetyl-L-Carnitin

Der Nährstoff Acetyl-L-Carnitin oder ALC ist ein weiterer potenter Gerhirnbooster. Scheinbar verbessert er die Blutzufuhr zum Gehirn und die Aktivität des Neurotransmitters Acetylcholin. Vermutlich vermehrt er auch die Anzahl der Neurotransmitter im Gehirn und ist hilfreich bei der Genesung nach einem Schlaganfall oder anderen gehirnschädigenden Krankheiten. ALC besitzt auch die einzigartige Fähigkeit, altersbedingte Ablagerungen im Gehirn zu zerstören. Weil diese Substanz vom Körper produziert wird, ist sie ein sehr sicherer Gehirnbooster.

Die Liste der Verdienste ist lang

Gute Forschungsergebnisse

ALC wurde gut erforscht. Er verbessert die motorische Geschicklichkeit, die Reflexzeit und die Ausdauer, stärkt das Immunsystem, die Geistesschärfe, die Lernfähigkeit und das Gedächtnis, die Stimmung und die Aufmerksamkeitsspanne und lindert Depressionen. Kontrollierte Doppelblind-Studien, wie die des Italieners Alberto Spagnoli, M.D., bestätigen diese Aussagen. Spagnoli berichtete, daß dieses Medikament den kognitiven Verlust bei Alzheimerpatienten verlangsamen konnte.

Sie hatten bei 13 von 14 Messungen signifikant bessere Ergebnisse in bezug auf Gedächtnis, Aufmerksamkeit, sprachliche Fähigkeit und tägliche Verrichtungen als die Kontrollgruppe. Im Juni 1997 wurden neue Tierstudien veröffentlicht. Ratten, denen nach einem Schlaganfall ALC gegeben wurde, regenerierten weit mehr Gehirnfunktionen als die Kontrollgruppe.

Ginkgo Biloba

Ginkgo Biloba ist eine Pflanze, die seit Jahrhunderten medizinisch genutzt wird. Der Extrakt wird aus einem

Baum gewonnen, der selbst oft über 100 Jahre alt wird. Der Stoff hat zwei wichtige Funktionen in der Unterstützung des Gehirns: Es ist ein starkes Antioxidationsmittel, und es stützt den Kreislauf. In einer jüngeren Studie des New York Institute for Medical Research mit ambulanten Patienten, die an leichter bis schwerer Alzheimererkrankung oder einer anderen Demenz litten, bekam die eine Hälfte einen Extrakt der Pflanze, die andere Hälfte ein Placebo. Die Studie dauerte ein Jahr. Die Forscher fanden heraus, daß der Extrakt sicher war, stabilisierend wirkte und in der Mehrzahl der Fälle die kognitiven und sozialen Fähigkeiten der Patienten verbesserte. Insbesondere die kreislauffördernden Potenzen des Ginkgo Biloba machen diesen Extrakt zu einem Muß auf der Liste Ihrer Gehirnbooster.

Ginkgo Biloba ist ein Muß auf der Liste der Gehirnbooster

Medikamentöse Gehirnbooster

Phosphoidylserin (PS)

PS ist eine weitere Substanz, die Gehirnfunktionen verbessert. Sie ist eine Komponente der Gehirnzellenmembrane, ein körpereigener Bestandteil. Es wirkt beinahe wie ein biologisches Waschmittel, erhält die Wasserlöslichkeit fettiger Substanzen und damit die Zellmembrane viskös und gesund. Es unterstützt das Gehirn bei der Verstoffwechslung der Glukose, bildet neue, gesündere Netzwerke im Gehirn und stärkt die existierenden Zellen.

PS wirkt beinahe wie ein biologisches Waschmittel

In Studien, die in Zusammenarbeit mit den Stanford und Vanderbilt Universitäten durchgeführt wurden, gaben Wissenschaftler 149 Patienten PS dreimal täglich während einer zwölfwöchigen Periode. Die

Testergebnisse nach der Behandlung zeigten, daß die kognitive Zeituhr der Patienten um zwölf Jahre zurückgedreht worden war.

Untersuchungen bestätigen den Erfolg

Bei einem Versuch, der 1988 in Italien durchgeführt wurde, erhielten 70 Alzheimerpatienten PS über drei Monate. Alle Patienten hatten danach ein besseres Gedächtnis, auch noch drei Monate, nachdem das Medikament abgesetzt worden war. Die Resultate lassen vermuten, daß PS ein vielversprechender Kandidat für die Behandlung von Gedächtnisverlust in höherem Alter ist, oder daß sogar Gesunde von seinem Nutzen profitieren könnten.

Deprenil

Deprenil ist der sicherste unter den MAO-Hemmern

Deprenil, auch unter der Bezeichnung Selegilin bekannt, verlangsamt die Produktion von Monoaminoxidase-B (MAO-B), eine körpereigene Substanz, die manchmal überproduziert wird, bei höherem Spiegel das Gehirn altern läßt und die Parkinsonkrankheit hervorrufen kann. Es ist der sicherste unter den MAO-Hemmern, und Deprenil erhöht die Verfügbarkeit der Neurotransmitter Dopamin, Norepinephrin und Phenylethylamin, das eine kritische Rolle bei den motorischen und kognitiven Funktionen und bei der Motivation spielt. In Tierstudien mit Ratten verbesserte Deprenil das Gedächtnis, stärkte die kognitive Funktion, verlängerte die Lebenszeit um 40 % und erhielt ihre sexuelle Energie weit über das Alter unbehandelter Ratten hinaus. Neuere Studien zeigen, daß Parkinsonpatienten nach einer Behandlung mit L-Dopa und Deprenil signifikant länger lebten und produktiver waren als diejenigen, die nur L-Dopa bekommen hatten. Der Zustand von Alzheimerpatienten besserte sich nach der Einnahme von Deprenil auffällig.

Piracetam

Piracetam ist vor allem bei Schlaganfällen und allen physiologischen Gehirnschäden nützlich. Dieses Medikament verbessert die Kommunikation zwischen den beiden Gehirnhälften. Gehirnfunktionen sind meist in spezifischen Bereichen angesiedelt. Wenn ein solcher Bereich zerstört wird, können mit der Zeit andere Bereiche des Gehirns dessen Funktionen übernehmen, wenn die Kommunikation gut ist. Piracetam unterstützt diesen Prozeß in einmaliger Weise.

Die Kommunikation zwischen den beiden Gehirnhälften wird verbessert, die Gehirnregeneration wird unterstützt

Gegenwärtig ist dieses Medikament in den USA nicht erhältlich. Es ist aber gesetzlich erlaubt, sich für den eigenen Bedarf eine Dreimonatsdosis aus einem Land zu besorgen, wo dieses Medikament legal ist.

Hydergin

Hydergin ist ein Medikament, daß gewöhnlich bei zu hohem Blutdruck verschrieben wird. Die Patienten zeigten aber nach der Behandlung eine solche Verbesserung ihrer Stimmung, des Gedächtnisses und der Lernfähigkeit, daß Wissenschaftler begannen, auch Alzheimerpatienten damit zu behandeln. Hydergin hat ein breites Spektrum von Möglichkeiten, das Gehirn zu unterstützen: Es erhöht die Blutzufuhr und damit die Sauerstoffzufuhr zum Gehirn; es verstärkt die Fähigkeit des Gehirns, den Sauerstoff zu verwenden; es hat starke antioxidative Potenzen; es schützt das Gehirn vor Zerstörungen während einer verminderten Sauerstoffzufuhr und erhöht den Serotoninspiegel im Gehirn. Zusätzlich besitzt es eine unter den Gehirnboostern einmalige Fähigkeit, es unterstützt die Proteinsynthese und den Nervenwachstumsfaktor. Beide unterstützen die Gehirnregeneration.

9 Die Zukunft der Hormonsubstitution

Die neuesten Entwicklungen der Hormonsubstitution, die wir in diesem Buch kennengelernt haben, sind in der Tat sehr aufregend. Aber die Hormontherapie entwickelt sich ständig weiter, und dieses Buch ist mit Sicherheit nur das erste unter vielen, die von dem ungeheuren Nutzen der Hormonsubstitution berichten werden. Wir erzielen schon jetzt große Erfolge, müssen aber weiterforschen, um wirklich jeden Nutzen dieser Behandlung zu entdecken.

Wir sind erst am Anfang

Wir wissen heute zum Beispiel, daß die Hormone einen positiven Einfluß auf Krankheiten und Bedingungen haben, deren Entstehung man früher auf andere Gründe zurückführte. Durch die Wiederherstellung des Körpers auf der zellulären Ebene können wir vielen Krankheiten vorbeugen oder sie heilen. Aber es gibt noch offene Fragen, die beantwortet werden müssen.

Kann die Hormonsubstitution Schäden revidieren?

Eines Tages könnte es zum Standard der Präventivmedizin gehören, Zwanzigjährige auf defizitäre Hormonspiegel zu testen, damit eine Substitution rechtzeitig einsetzen kann. Aber bis es soweit ist, wird es Millionen von Menschen geben, die, wenn sie älter werden, ein geschwächtes Immunsystem und geschwächte Knochen und Muskeln haben, hervorgerufen durch sinkende Hormonspiegel. Unglücklicherweise merken die Betroffenen nichts davon, bis sie ernsthaft erkranken. Wir haben die enorme Kraft der Hormontherapie (besonders der HGH-Therapie), die Schäden reparieren oder rückgängig machen kann (bis fast an die Grenze der Rekonstruktion), die von niedrigen Hormonspiegeln hervorgerufen wurden, bereits kennengelernt. Aber bis zu welchem Punkt ist das möglich? Das Ausmaß der Schädigungen kann einen Umfang erreichen, wo die Hormontherapie nichts mehr reparieren kann. Aber die zukünftige Forschung könnte erweisen, daß die Fortschritte in der Hormontherapie und im Aufspüren der Probleme die Grenze, an der die Wirkung nachläßt, aufheben oder wenigstens verschieben und die Wohltaten der Hormontherapie erweitern könnte.

Möglicherweise werden die Grenzen der Rekonstruktionsmöglichkeiten durch eine Hormontherapie in Zukunft noch erweitert

Warum einige Krankheiten und andere nicht?

Wir waren schon angenehm überrascht, daß die Hormone viele verbreitete Krankheiten wirksam behandeln können. Aber bestimmte Leiden, angeborene Krankheiten wie zum Beispiel die zystische Fibrose, sind davon ausgeschlossen. Das mag auch daran liegen, daß solche Krankheiten das ganze Leben andauern und wir die Hormontherapie noch nicht lange genug anwenden, um ihren gesamten Nutzen zu verstehen. Möglicherweise könnte eine rechtzeitige Diagnose und Hormontherapie oder eine veränderte Behandlung auch zur Heilung scheinbar unheilbarer Krankheiten beitragen.

Rechtzeitige Hormontherapien können Krankheiten verhindern

Antworten auf die Fragen werden wir vielleicht früher erhalten als wir denken. Experten sagen voraus, daß sich unser Wissen in der Anti-Aging-Medizin enorm erweitern und im ersten Jahrzehnt des 21. Jahrhunderts verzehnfacht haben wird. Vielleicht stehen wir heute an der Schwelle zur Erkenntnis, wie einige der verheerendsten Krankheiten, von denen Millionen von Menschen betroffen sind, zu verhindern oder zu behandeln sind.

Wenn aber die Hormontherapie auch in Zukunft nicht in der Lage sein wird, alle diese Krankheiten vollständig zu heilen, hat sie doch ein enormes Potential, die Lebensqualität der Betroffenen zu verbessern. Das ist ein bedeutender Schritt bei der Behandlung von HIV und Aids. Die Therapie mit dem rekombinierten menschlichen Wachstumshormon kann den Körper nicht vollständig von dem tödlichen Virus befreien. Es hat sich aber gezeigt, daß sie den Ausbruch von Aids verschieben kann und damit die Lebensqualität der Patienten verbessert, ihre Knochen und Muskeln kräftigt und ihr Immunsystem unterstützt. Auch für viele andere Krankheiten ist die Hormontherapie ein einfaches Mittel.

Die richtige Hormontherapie kann allen zusätzliche gesunde Lebensjahre bescheren

Selbst wenn wir heute noch nicht wissen, wie bestimmte Krankheiten zu heilen sind, kann die richtige Hormontherapie allen ein paar zusätzliche gesunde Lebensjahre bescheren. Und selbst wenn kein weiterer Nutzen der Hormonsubstitution entdeckt wird, ist die generelle Verbesserung der Lebensqualität ein ungeheurer Segen.

Vergabemethoden der Hormonsubstitution

Neben dem Bemühen, Antworten auf offene Fragen zu finden, beschäftigt sich die Forschung mit verbesserten Vergabemethoden der Hormonsubstitution.

Beispielsweise wurde die Testosteronvergabe in den letzten Jahren enorm verbessert. Früher konnte dieses Hormon nur injiziert werden. Aber inzwischen wurden Gels und Pflaster entwickelt, zwei angenehmere und physiologischere Vergabemethoden. Wir haben die berechtigte Hoffnung, daß sich die Möglichkeiten der HGH-Vergabe ähnlich entwickeln.

Auch die HGH-Vergabe wird in Zukunft noch verbessert werden

Allerdings werden sich alle Verbesserungen der HGH-Vergabe vermutlich von der des Testosterons stark unterscheiden. In einem der vorigen Kapitel haben wir auf die Schwierigkeiten bei der HGH-Vergabe hingewiesen. Gels oder Pflaster sind hier nicht anwendbar. Im Juli 1996 dokumentierte eine Studie die Wirkungen einer die Ausschüttung unterstützenden Form des menschlichen Wachstumshormons. Die Forscher gaben Affen eine einzige Injektion von Mikrokügelchen, und daraufhin erhöhte sich sowohl der Spiegel des rekombinierten HGHs als auch der des Insulin-Wachstumsfaktors 1 (IGF-1) für länger als einen Monat. Die IGF-1-Spiegel waren sogar höher als bei der täglichen Injektion. Die Methode der Stabilisation und Verkapselung muß noch verbessert werden, bevor sie bei Menschen angewendet werden kann, ist aber vielversprechend für die Zukunft.

Die Angst vor der Nadel

Spritzen muß nicht sein

Viele Leute schrecken vor der Nadel zurück, egal, wie selten Injektionen sind. Eine kalifornische Firma entwickelt im Moment eine alternative Methode für die Vergabe großer Biomoleküle wie Insulin und HGH. Dabei wird ein Beutel mit pulverisierten Hormonen in eine Plastikröhre gesteckt. Ein Mechanismus sticht ein Loch in diesen Beutel, und durch den Druck auf einen Abzug wird die Kammer mit dem feinen weißen Pulver gefüllt, das dann inhaliert werden kann. Die Hormone gelangen direkt in die Lunge und von da aus schnell und sicher in den Blutkreislauf. Möglicherweise stehen dieses Gerät oder andere einfache Vergabemethoden bereits in fünf Jahren zur Verfügung.

Der Anfang und das Ende

Das Steuerhormon könnte eine Alternative sein

Während Forscher nach besseren Vergabemethoden für das menschliche Wachstumshormon suchen, beschäftigen sie sich auch mit Alternativen zur direkten Substitution des Hormons. Viele suchen immer noch nach dem idealen Sekretor, der so wirkungsvoll wie die direkte Substitution des HGHs wäre. Sie richten den Blick vor allem auf das Steuerhormon (GHRH) des Wachstumshormons. Das GHRH steht am Anfang des gesamten Ablaufs des HGHs, es bringt die Hypophyse dazu, HGH auszuschütten, wenn der Körper es braucht. Theoretisch würde ein Ersatz des GHRHs die HGH-Ausschüttung stimulieren und seinen optimalen Spiegel herstellen.

Die bisherigen Studien mit dem GHRH sind sehr positiv. Ein Bericht aus Spanien zeigt, das die Vergabe des Steuerhormons die HGH-Spiegel im Blut von HGH-defizitären Testpersonen um 40 % erhöhte. Aktuell beschäftigt sich eine Untersuchung mit der Bestimmung der Wirkung und Sicherheit der GHRH-Behandlung. Trotzdem bleibt das Problem, daß bei vielen älteren Patienten die Hypophyse bereits zu stark gealtert ist und kein HGH mehr produzieren oder ausschütten kann.

Am anderen Ende des Spektrums gibt es noch den Insulin-Wachstumsfaktor-1 (IGF-1), ein Produkt der

HGH-Ausschüttung. Viele Experten sind überzeugt davon, daß das IGF-1 zu weiten Teilen für den Nutzen der HGH-Therapie verantwortlich ist.

Es wird weiter geforscht – mit Erfolg

Einige Studien zeigen, daß daß IGF-1 bei einem neuen Knochenaufbau und dem Anwachsen der Knochenmasse sogar noch effektiver sein könnte als das HGH. IGF-1 stimuliert auch den Eiweißstoffwechsel, baut Körperfett ab und regt die immunverstärkenden Lymphozyten an. Eine niedrige Dosierung scheint gut verträglich zu sein, Nebenwirkungen sind nicht bekannt.

Bisher ist das IGF-1 nur für klinische Tests zugelassen, und es muß sich erst noch zeigen, ob die IGF-1-Therapie wirklich genauso wirksam ist wie die HGH-Therapie.

Die wunderbare Welt der Hormone

Natürlich beschränkt sich die Forschung nicht auf das menschliche Wachstumshormon. Ständig werden neue, verbesserte Vergabemethoden für alle möglichen Hormone entwickelt. Kontinuierlich lernen wir mehr darüber, wie die Hormone zusammenwirken und wie andere Substanzen die Ausschüttung von HGH, Melatonin, des Thyroidhormons des DHEAs und all der anderen Hormone stimulieren können. Am spannendsten aber ist, was die zukünftige Forschung über die Hormone herausfinden wird, die wir heute noch nicht so gut kennen. Zur Erinnerung: Noch vor einigen Jahren dachte man, daß das menschliche Wachstumshormon nur während der Pubertät wichtig wäre. Erst vor kurzem wurde sein immenser Einfluß auf unsere physische Gesundheit entdeckt. Welches Hormon wird als nächstes im Rampenlicht stehen?

Welches Hormon wird als nächstes im Rampenlicht stehen?

Nachwort: Victory Day

In der Medizin ist es üblich, Resultate mit vielen Zahlen zu quantifizieren. Im Anti-Aging-Bereich wird der Erfolg gern anhand der Jahre definiert, die jemand leben kann. Die Verlängerung des chronologischen Lebens ist ein wichtiger und interessanter Aspekt der Anti-Aging-Medizin. Aber wichtiger als alle Studien und Zahlen, die in Wissenschaftsjournalen veröffentlicht werden, ist der persönliche Erfolg, den alle erleben, wenn sie wieder gesund und vital sind.

An den »V-day«, den wir meinen, werden keine Paraden und keine offiziellen Feierlichkeiten erinnern. Es ist Ihr persönlicher »V-day« jeden Morgen, wenn Sie voller Energie und Enthusiasmus aus dem Bett steigen. Jeder Tag, an dem Sie stark und psychisch gesund sind und an den Aktivitäten teilnehmen können, die Sie lieben, sind Sie siegreich im Krieg gegen das Altern.

Das Wunder der Hormonsubstitution hat diese stillen Siege möglich gemacht, und Sie können sie heute aus erster Hand erleben. Je weiter sich die Technologie entwickelt und je mehr unser Wissen wächst, desto mehr Anti-Aging-Mittel wird es geben, und unsere persönlichen Siege werden noch größer sein. Aber den ersten Schritt dahin müssen wir ganz allein machen. Wir müssen uns entscheiden und unser Wissen im Kampf gegen das Altern einsetzen. Wir müs-

Den ersten Schritt zum persönlichen Erfolg müssen wir selber machen

sen akzeptieren, daß das Altern eine Krankheit ist, die behandelt werden kann.

Wir können einen Schritt weitergehen und neue Definitionen beispielsweise des »Alters« und der »goldenen Jahre« finden (der Begriff »Alter« wird hoffentlich bald nicht mehr verwendet). Die »goldenen Jahre« müssen nicht mehr die sein, wo Sie zwar auf der Sonnenseite des Lebens sitzen, aber darauf warten, daß Ihr Lebenslicht erlischt. Statt dessen könnten dies die Jahre sein, wo Sie die Zeit, die Energie, den Antrieb und die Lebensweisheit haben, die Sie sich immer ersehnt haben. Das sogenannte Alter oder die sogenannten goldenen Jahre könnten die besten Jahre ihres Lebens sein.

Die sogenannten goldenen Jahre könnten die besten des Lebens sein

Unglücklicherweise kennen die meisten Leute die strategischen Vorteile im Kampf gegen das Altern nicht. Die meisten fürchten sich vor den kommenden Jahren, weil die physischen und psychischen Einschränkungen so unausweichlich erscheinen.

Alle, die jemals ein älteres Familienmitglied oder einen Freund gepflegt haben, kennen die Qualen und die Agonie der schmerzgeplagten Patienten und wissen, welche Bürde die Pflege ist. Jedes Jahr wächst die Zahl der Menschen über 70, und wenn die »Babyboomer-Generation« älter wird, wird der Bevölkerungsanteil »älterer Individuen« in die Höhe schnellen. Das ist eine enorme ökonomische und physische Belastung für die Angehörigen und die gesamte Gesellschaft. Die gegenwärtige gerontologische Philosophie und die medizinische Praxis werden wenig zur Linderung der kommenden Probleme beitragen.

Jedes Jahr wächst die Zahl der Menschen über 70

Die Hormonsubstituition hat sich hingegen als die vielversprechendste und aussichtsreichste Methode erwiesen. Durch die einfache Wiederherstellung und

Verjüngung der körpereigenen Substanzen, die über die Jahre geringer geworden sind, können regelmäßige Gänge zum Arzt, Medizinschränkchen voller Antibiotika, schmerzhafte Operationen, lange Krankenhausaufenthalte, physische und psychische Instabilität bald der Vergangenheit angehören. Das »Alter«, das wir kennen, könnte obsolet werden.

Dieses Buch sollte Ihnen einen Überblick geben und die neue Behandlung und die Präventionsmöglichkeiten erläutern, die Ihnen zur Verfügung stehen. Wir selbst sind sehr beeindruckt von den bisherigen Erkenntnissen und voller Erwartung, wie sich die Anti-Aging-Medizin entwickeln wird. Vor allem aber wollen wir Ihnen ein wenig Hoffnung und Optimismus für die Zukunft vermitteln. Wir möchten Ihnen das Wissen und besonders den Willen zum Kämpfen geben. Planen Sie bei Ihrer Altersvorsorge eine Summe ein, die es Ihnen finanziell ermöglicht, bis über ein Alter von 100 Jahren hinaus einen aktiven Lebensstil beizubehalten.

Wissen, der Wille zum Kämpfen und eine gute Altersvorsorge sind gute Voraussetzungen für ein langes Leben

Es gibt keine Möglichkeit, den Kalender aufzuhalten oder Geburtstage zu verhindern. Aber wir können jeden Geburtstag zu einem schönen Fest machen und unser Leben voll ausschöpfen. Wir können dem Wunsch nach »viel mehr« Sinn geben. Jedes Jahr, das Sie leben, kann Ihre eigene Siegesfeier sein, Ihr persönlicher »Victory-day« – eines langen Lebens, des Glücks und einer guten Gesundheit.

Eine Adresse, die weiterhilft

Das European Life Extension Institute wurde 1998 gegründet. Die hier angewandten Behandlungsmethoden dienen der Prävention von Gesundheitsproblemen beim Älterwerden und ihrer Heilung, wenn sie bereits aufgetreten sind. Das erfolgreiche Anti-Aging-Programm verwendet ausschließlich naturidentische Hormone, deren Wirkung schon nach wenigen Wochen sichtbar wird und spürbar ist. Das individuell für jede Teilnehmerin und jeden Teilnehmer entwickelte Hormonsubstitutions-Programm ersetzt dabei jene Hormone, die im Körper nicht mehr ausreichend vorhanden sind. Physische und psychische Folgen des Alterns können damit abgewendet, gemildert und auch revidiert werden.

Das European Life Extension Institute praktiziert diese zukunftsweisende Präventivmedizin und vermittelt Anleitungen für eine Lebensweise, mit der man gesünder, länger und zufriedener leben kann.

Das European Life Extension Institute praktiziert eine zukunftsweisende Gesundheitsvorsorge

Sollten Sie Fragen zum Hormonsubstitutions-Programm haben, wenden Sie sich bitte direkt an das European Life Extension Institute. Gerne werden Ihre Fragen dort beantwortet.

European Life Extension Institute
Hammanstraße 10, D-60322 Frankfurt
Telefon: 0 69/59 79 31 31, Telefax: 0 69/59 79 31 32
E-Mail: kontakt@life-extension.de

Literatur

Althaus, B. U.; Staub, J. J.; Ryff-De Leche, A.; et al. »LDL/HDL Changes in Subclinical Hypothyroidism: Possible Risk Factors for Coronary Heart Disease«, *Clin. Endocrinol.* 28: 157-163, 1988.

Amaducci, L.; and SMID Group »Phosphatidylserine in the Dosing of Alzheimer's Disease«, *Psychopharmacol. Bull.* 24: 130-134, 1988.

Amato, G.; Izzo, G.; LaMontagna, G.; Bellastella, A. »Low Dose Recombinant Human Growth Hormone Normalizes Bone Metabolism and Cortical Bone Density and Improves Trabecular Bone Density in Growth Hormone Deficient Adults Without Causing Adverse Effects«, *Clin. Endocrinol.* (Oxf), 45: 27-32, 1996.

Andreone, P.; Cursaro, C.; Gramenzi, A.; Zavagliz, C.; et al. »A Randomized Controlled Trial of Thymosin-alpha1 versus Interferon Alfa Treatment in Patients with Hepatitis B Antigen Antibody – and Hepatitis B Virus DNA – Positive Chronic Hepatitis B«, *Heptatology* 24(4): 774-777, 1996.

Arslanian, S. A.; et al. »Growth Hormone Therapy and Tumor Recurrence. Findings in Children with Brain Neoplasms and Hypopituitarism«, *Am. J. Dis. Child.* 138(4): 347-350, 1985.

Astrom, C.; Christensen, L.; Gjerris, F.; Trojaborg, W. »Sleep in Acromegaly Before and After Treatment with Adenectomy«, *Neuroendocrinology* 53: 328-331, 1992.

Astrom, C.; Lindholm, J. »Growth Hormone-Deficient Young Adults Have Decreased Deep Sleep«, *Neuroendocrinology* 51: 82-84, 1990.

Astrom, C.; Pedersen, S. A.; Lindholm, J. »The Influence of Growth Hormone on Sleep in Adults with Growth Hormone Deficiency«, *Clin. Endocrinol.* 33: 495-500, 1990.

Barnes, B. »Hypothyroidism: The Unsuspected Illness«, New York: Harper Collins, 1976.

Barrett-Connor, E.; Khaw, K. T.; Yen, S. S. C. »A Prospective Study of Dehydroepiandrosterone Sulfate, Mortality and Cardiovascular Disease«, *N. Eng. J. Med.* 315(24): 1519-1524, 1986.

Beardsley, T.; Pierschabacher, M.; Wetzel, G. D.; Hays, E. F. »Induction of T-Cell Maturation by a Cloned Line of Thymic Epithelium (TEPI)«, *Proc. Nat'l. Acad. Sci.* 80: 6005, 1983.

Bengtsson, B. -A.; Eden, S.; Lonn, L.; et al. »Treatment of Adults with Growth Hormone (GH) Deficiency with Recombinant Human Growth Hormone«, *J. Clin. Endocrinol. Metab.* 76: 309-317, 1993.

Binners, A.; et al. »The Effect of Growth Hormone Administration in Growth Hormone Deficient Adults on Bone Protein, Carbohydrate and Lipid Homeostasis, as well as on Body Composition«, *Clin. Endocrinol.* Oxf. 37: 79-87, 1992.

Birkenhager-Gillesse, E.; et al. »DHEAS in Oldest Old«, *Ann N. Y. Acad. Sci.* 719: 543-522, 1994.

Bouillon, R. »Growth Hormone and Bone«, *Horm. Res.* 36, Suppl. 1: 49-55, 1991.

Braga, M.; Constantini, E.; Di Francesco, A.; Gianotti, L.; Baccari, P.; Di Carlo, V. »Impact of Thymopentin on the Incidence and Severity of Postoperative Infection: a Randomized Controlled Trial.«, *Br. J. Surgery* 81(2): 205-208, 1994.

Brixen, K.; Kassem, M.; Nielsen, H. K.; Loft, A. G. »Short-Term Treatment with Growth Hormone Stimulates Osteoblastic and Osteoclastic Activity in Osteopenic Postmenopausal Women: a Dose Response Study«, *J. Bone Miner res.* 10(12): 1865-1874, 1995.

Brody, J. »Restoring Ebbing Hormones May Slow Aging«, *New York Times*, 18 July 1995: B5-6.

Byrne, T. A.; Morrissey, T. B.; Nattakom, T. V.; Wilmore, D. W.; Ziegler, T. R. »Growth Hormone, Glutamine, and a Modified Diet Enhance Nutrient Absorption in Patients with Severe Short Bowel Syndrome«, *J. Parenter. Enteral. Nutr.* 19(4): 296-302, 1995.

Cheek, D. B.; Hill, D. E. »Effect of Growth Hormone on Cell and Somatic Growth«, *Handbook of Physiology.* Edited by R. O. Greep and E. B. Astwoods. Washington: American Physiological Society, 4(/): 159-185, 1974.

Christensen, H.; Flyvbjerg, A.; Orskov, H.; Laurberg, S. »Effect of Growth Hormone on the Inflammatory Activity of Experimental Colitis in Rats«, *Scand. J. Gastronenterol.* 28(6): 503-511, 1993.

Cleary, M. P. »The Antiobesity Effect of Dehydroepiandrosterone in Rats«, *Proc. Soc. Exp. Biol. Med.* 196(1): 8-16, 1991.

Crook, T. H.; et al. »Effects of Phosphatidylserine in Age-associated Memory Impairment«, *Neurology* 41: 644-649, 1991.

Crook, T. H.; et al. »Effects of Phosphatidylserine in Alzheimer's Disease«, *Psychopharmacol. Bull.* 28: 61-66, 1992.

Cuneo, R. C.; Salomon, F.; Wiles, C. M.; et al. »Growth Hormone Treatment in Growth Hormone-Deficient Adults: I. Effects on Muscle Mass and Strength«, *J. Appl. Physiol.* 70: 688-694, 1991.

Cuneo, R. C.; Salomon, F.; Wiles, C. M.; et al. »Growth Hormone Treatment in Growth Hormone-Deficient Adults: II. Effects on Exercise Performance«, *J. Appl. Physiol. 70: 695-700, 1991.*

Cuneo, R. C.; Wilmshurst, P.; Lowy, C.; et al. »Cardiac Failure Responding to Growth Hormone«, *Lancet* 1: 838-839, 1989.

Danese, C.; Zavattaro, E.; Calisi, L.; Marciano, F.; Perego, M. A. »Long Term Thymopentin Treatment in Systemic Scleroderma«, *Curr. Med. Res. Opin.* 13(4): 195-201, 1994.

de Boer, H.; et al. »Changes in Subcutaneous and Visceral Fat Mass During Growth Hormone Replacement Therapy in Adult Men«, *Int. J. Obes. Relat. Metab. Disord.* 20(6): 580-587, 1996.

De Ritter, E. »Nutrional Requirements of the Master Athlete: Preventive and Orthopedic Problems in Sports Medicine«, *Third Annual U. C. Irvine CME Program on Sports Medicine,* Feb. 13-14, 1987.

Dollins, A. B.; Zhdanova, I. V.; Wurtman, R. J.; et al. »Effect of Inducing Nocturnal Serum Melatonin Concentrations in Daytime on Sleep, Mood, Body Temperature, and Performance«, *Proc. Natl. Acad. Sci.* USA 91: 1824-1828, 1994.

Eckert, K.; Schmitt, M.; Garbin, F.; Wahn, U.; Maurer, H. R. »Thymosin Alpha 1 Effects, in Vitro, on Lymphokine-Activated Killer Cells from Patients with Primary Immunodeficiencies: Preliminary Results«, *Int. J. Immunopharmacology* 16(12): 1919-1025, 1994.

Fiasche, R.; Fideleff, H. L.; Moisezowicz, J.; Freieder, P.; Pagano, S. M.; Holland, M. »Growth Hormone Neurosecretory Dysfunction in Major Depressive Illness«, *Psychoneuroendocrinology* 20(7): 727-733, 1995.

Flood, J.; et al »DHEA and Its Sulfate Enhance Memory Retention in Mice«, *Brain Res.* 447(2): 269-278, 1988.

Ford, G. *Listening to Your Hormones.* Rocklin, California: Prima Pub., 1996.

Fraser, W. D.; Biggart, E. M.; O'Reilly, D. J.; et al. »Are Biochemical Tests of Thyroid Function of Any Value in Monotoring Patients Receiving Thyroxine Replacement?« *Br. Med. J.* 293: 808-810, 1986.

Frustaci, A.; et al. »Reversible Dilated Cardiomyopathy Due to Growth Hormone Deficiency«, *Am. J. Clin. Pathol.* 97: 503-511, 1992.

Ghiron, L. J.; Thompson, J. L.; Holloway; L.; Hintz, R. L.; et al. »Effects of Recombinant Insulin-Like Growth Factor I and Growth Hormone on Bone Turnover in Elderly Women«, *J. Bone Miner. Res.* 10(12): 1844-1852, 1995.

Ginspoon, S. K.; Baum, H. B.; Peterson, S.; Klibanski, A. J. »Effects of rhIGH-1 Administration on Bone Turnover During Short-term fasting«, *Clin. Invest.* 96(2): 900-906, 1995.

Gluckman, P.; Klempt, N.; Guan, J.; Mallard, C.; et al. »A Role for IGF-1 in the Rescue of CNS Neurons Following Hypoxic-Ischemic Injury«, *Biochem. Biophys. Res. Commun.* 182(2): 593-599, 1992.

Goth, L.; Shang, Z.; Roberts, E.; »Key Role for Pregnenolone in Combination Therapy That Promotes Recovery After Spinal Chord Injury«, *Proc. Natl. Acad. Sci. USA* 91: 12308-312, 1994.

Hamalainen, E. K.; Markkanen, M. H.; Makela, T. H.; Wahala, K. T. »Soybean Phytoestrogen Intake and Cancer Risk«, *Nutr.* 125(7): 1960, 1995.

Hansen, C. *Grape Seed Extract: Procyanidolic Oligomers (PCO).* New York: Healing Wisdom Publications, 1995.

Hargrove, J. T.; Maxson, W. S.; Wentz; A. C.; et al. »Menopausal Hormone Replacement Therapy with Continuous Daily Oral Micronized Estradiol and Progesterone«, *Ob. Gyn.* 73: 606-612, 1989.

Hays, E.; Beardsley, T. »Immunologic Effects of Human Thymic Stromal Graft and Cell Lines«, *Clin. Immunol. Immunopath.* 33: 381, 1984.

Hertoghe, T. »Growth Hormone Therapy in Aging Adults. » 1996 Annual Conference on Anti-Aging Medicine and Biomedical Technology, Las Vegas, Nevada.

Hirschberg, R. »Effects of Growth Hormone and IGF-1 on Glomerular Ultra Filtration in Growth Hormone-Deficient Rats«, *Regul. Pept.* 48(1-2): 241-250, 1993.

Isidori, A.; Lo Monaco, A.; Cappa, M. »A Study of Growth Hormone Release in Man after Oral Administration of Amino Acids«, *Current Medical Research and Opinion* /: 475-481, 1981.

Jardieu, P.; Clark, R.; Mortensen, D.; Dorshkind, K. »In Vivo Administration of Insulin-Like Growth-Factor-I Stimulates Primary B Lymphopoiesis and Enhances Lymphocyte Recovery After Bone Marrow Transplantation«, *J. Immunol. 152(9): 4320-4327, 1994.*

Johansson, A. G.; Burman, P.; Westermark, K.; et al. »The Bone Mineral Density in Acquired Growth Hormone Deficiency Correlates With Circulating Levels of Insulin-Like Growth Factor I«, *J. Intern. Med.* 232: 447-452, 1992.

Johnson, O. L.; Cleland, J. L.; Lee, H. J.; Charnis, M.; et al. »A Month-Long Effect From a Single Injection of Microencapsulated Human Growth Hormone«, *Nat. Med.* 2(7): 795-799, 1996.

Jorgensen, J. O. L.; et al. »Beneficial Effects of Growth Hormone Treatment in GH-Deficient Adults«, *Lancet* 1: 1221-1225, 1989.

Jospe, N.; Powell, K. R. »Growth Hormone Deficiency in an 8-Year-Old Girl with Human Immunodeficiency Virus Infection«, *Pediatrics* 86(2): 309-312, 1990.

Kaiser, F.; Morley, J. E. »Gonadotropins, Testosterone and the Aging Male«, *Neuro. Aging 15: 559-563, 1994.*

Kalimi, M.; Regelson, W. eds. *The Biologic Role of Dehydroepiandrosterone.* New York: Walter de Gruyter, 1990.

Kasai, K.; Kobayashi, M.; Shimoda, S. »Stimulatory Effects of Oral Glycine on Human Growth Hormone Secretion«, *Metabolism* 27(2): 201-208, 1978.

Kaufman, F. R.; Gomperts, E. D. »Growth Failure in Boys with Hemophilia and HIV Infection«, *Am. J. Pediatr. Hematol. Oncol.* 11(3): 292-294, 1989.

Kelley, K. W.; et al. »GH3 Pituitary Cells Can Reverse Thymic Aging in Rats«, *proc. Natl. Acad. Sci. USA* 83: 5663-5667, 1986.

Kemnitz, J. W.; Roecker, E. B.; Weindruch, R.; Elson, D. R.; Baum, S. T.; Bergman, R. N. »Dietary Restriction Increases Insulin Sensitivity and Lowers Blood Glucose in Rhesus Monkeys«, *Am. J. Physiol.* 266(4, pt. 1): E540-547, 1994.

Klein, I. »Thyroid Hormone and the Cardiovascular System«, *Am. J. Med.* 88(6): 631-637, 1990.

Knoll, J. »The Pharmacological Basis of the Beneficial Effects of Deprenil in Parkinson's and Alzheimer's Diseases«, *Jour. Neural Transm. Suppl.* 40: 69-91, 1993.

Knoll, J. »The Striatal Dopamine Dependency of Life Span in Male Rats«, *Mech. Aging Dev.* Dec. 46(1-3): 237-262, 1988.

Lamartiniere, C. A.; Moore, J.; Barnes, S.; Holland, M. »Neonatal Genistein Chemo Prevents Mammary Cancer«, *Proc. Soc. Exp. Biol. Med.* 208(1): 120-123, 1995.

Laue, L.; Pizzo, P. A.; Butler, K.; Cutler, G. B. Jr. »Growth and Neuroendocrine Dysfunction in Children with Acquired Immunodeficiency Syndrome«, *J. Pediatr.* 117(4): 541-545, 1990.

Laurie, M. B. *Resistance to Tuberculosis: Experimental Studies in Native and Acquired Defensive Mechanisms.* Cambridge, Mass.: Harvard Univer. Press, 1964.

Laursen, T.; et al. »Metabolic Effects of Growth Hormone Administered Subcutaneously Once or Twice Daily to Growth Hormone Deficient Adults«, *Clin. Endocrinol. Oxf.* 41(3): 337-343, 1994.

Le Bars, P.; et al. »A Placebo-controlled, Double-blind, Randomized Trial of an Extract of Ginkgo Biloba for Dementia. North American EGb Study Group«, *JAMA* Oct. 22;278(16): 1332, 1997.

Leal-Cerro, A.; Garcia, E.; Astorga, R.; Casanueva, F. F.; Dieguez, C. »Growth Hormone (GH) Responses to the Combined Administration of GH-Releasing Hormone Plus GH-Releasing Peptide 6 in Adults with GH Deficiency«, *Eur. J. Endocrinol.* 132(6): 712-715, 1995.

Lee, J. R. »Osteoporosis Reversal: The Role of Progesterone«, *Int. Clin. Nutr. Rv.* 10: 384-391, 1990.

Lee, John R., M. D. *What Your Doctor May Not Tell You About Menopause*, New York: Warner Books, 1996.

Lee, William H. *Coenzyme Q-10: Is it Our New Fountain of Youth?* New Canaan, Conn.: Keats Publishing, 1987.

Lesourd, B. »Nutrition and Immunity in the Elderly: Modification of Immune Responses with Nutritional Treatment«, *Aer. Jour. Clin. Nutr.* 66(2): 478S-484S, 1997.

Levy, J. B.; Husmann; D. A. »Micropenis Secondary to Growth Hormone Deficiency: Does Treatment with Growth Hormone Alone Result in Adequate Penile Growth?« *J. Urol.* 156(1): 214-216, 1996.

Lissoni, P.; Barni, S.; Meregalli, S.; et al. »Modulation of Cancer Endocrine Therapy by Melatonin: A Phase II Study of Tamoxifen Plus Melatonin in Metastatic Breast Cancer Patients Progressing under Tamoxifen Alone«, *Br. J. Cancer* 71: 854-856; 1995.

Lolic, M.; et al. »Neuroprotective Effects of Acetyl-L-Carnitine after Stroke in Rats«, *Ann. Emerg. Med.* Jun. 29(6): 758-765, 1997.

Mårin, P. »Testosterone and Regional Fat Distribution«, *Obesity Res.* 3 Suppl. 4: 609S-612S, 1995.

Mårin, P.; Holmang, S.; Jonsson, L.; et al. »The Effects of Testosterone Treatment on Body Composition and Metabolism in Middle-Aged Obese Men«, *Int. J. Obes.* 16: 991-997, 1992.

Markussis, V.; Beshyah, S. A.; Fisher, C.; Nicolaides, A. N.; Johnston, D. G. »Abnormal Carotid Compliance and Distensibility in Hypopituitarism«, *Lancet 340: 1188-1192, 1992.*

Marusich, W.; De Ritter, E.; Bauernfeind, J. C. »Provitamin Activity and Stability of Beta Carotene in Margarine«, *J. Am. Oil Chem. Soc.* 34: 217, 1959.

Mcgauley, G. A.; Cuneo, R. C.; Salomon, F.; et al. »Psychological Well-Being Before and After Growth Hormone Treatment in Adults with Growth Hormone Deficiency«, *Horm. Res.* 33 Suppl. 4: 52-54, 1990.

Meling, T. R.; Nylen, E. S. »Growth Hormone Deficiency in Adults: A Review.« *Am. J. Med. Sci.* 311: 153-166, 1996.

Mendelson, W. B.; Slater, S.; Gold, P.; Gillin, J. C. »The Effect of Growth-Hormone Administration On Human Sleep: A Dose-Response Study«, *Biol. Psychiatry.* 15: 613-616, 1980.

Mevorach, D.; Perot, S.; Buchanan, N. M.; Khamashta, M.; et al. »Appearance of Systematic Lupus Erythematosus after Thymectomy: Four Case Reports and Review of the Literature«, *Lupus* 4(1): 33-37, 1995.

Miller, J. F. »Immunological Function of the Thymus«, *Lancet* 2: 748, 1961.

Morales, A. J.; Nolan, J. J.; Nelson, J. C.; Yen, S. S. C. »Effects of Replacement Dose of Dehydroepiandrosterone in Men and Women of Advanting Age«, J. Clin. Endocrin. Metab. 78(6): 1360-1367, 1994.

Mulligan, K.; Grunfeld, C.; Hellerstein, M. K.; Neese, R. A.; Schambelan, N. »Anabolic Effects of Recombinant Human Growth Hormone in Patients with Wasting Associated with Human Immunodeficiency Virus Infection«, *J. Clin. Endocrin. Metab.* 77(4): 956-962, 1993.

Murray, F. *Ginkgo Biloba: The Amazing 200 Million-Year-Old Healer.* New Canaan, Conn.: Keats Publishing, 1993.

Nass, R.; et al. »Effect of Growth Hormone Replacement Therapy on Physical Work Capacity and Cardiac and Pulmonary Function in Patients with Growth Hormone Deficiency Acquired in Adulthood«, *J. Clin. Endocrinol. Metab.* 80: 552-557, 1995.

Nass, R.; Strasburger, C. J. »Effects of Growth Hormone Treatment on Serum Lipids and Lipoproteins in Adults with Growth Hormone Deficiency«, *Eur. J. Endocrinol.* 130 Supp. 2: 34, 1994.

Novitzky, D.; Cooper, D. K.; Chaffin, J. S.; Greer, A. E.; De Bault, L. E.; Zuhdi, N. »Improved Cardiac Allograft Function Following Triiodothyronine Therapy to Both Donor and Recipient«, *Transplantation* 49(2): 311-316, 1990.

O'Halloran, D. J.; Tsatsoulis, A.; Whitehouse, R. W.; Holmes, S. J.; Adams, J. E.; Shalet, S. M. »Increased Bone Density After Recombinant Human Growth Hormone (GH) Therapy in Adults with Isolated GH Deficiency«, *J. Clin. Endocrinol. Metab.,* 76: 1344-1348, 1993.

O'Shea, M.; Miller, S. B.; Finkel, K.; Hammerman, M. R. »Roles of Growth Hormone and Growth Factors in the Pathogenesis and Treatment of Kidney Desease«, *Curr. Opin. Nephrol. Hypertens.* 2(1): 67-72, 1993.

Osaba, D.; Miller, J. F. »The Lymphoid Tissues and Immune Responses of Neonatally Thymectomized Mice Bearing Thymus Tissue in Millipore Diffusion Chambers«, *Jour. Exp. Med.* 119: 177, 1964.

Ovesen, P.; Jorgensen, J. O. L.; Ingerslev, J.; Ho, K. K.; Orskov, H.; Christiansen, J. S. »Growth Hormone Treatment of Subfertile Males«, *Fertil. Steril.* 66(2): 292-298, 1996.

Paolisso, A.; Gambardella, D.; et al. »Vitamin E, Chronic Heart Disease and Hyperinsulinemia«, *Am. J. Clin. Nutr.* 81: 848-852, 1995.

Papadakis, M. A.; Grady, D.; Black, D.; etal. »Growth Hormone Replacement in Healthy Older Men Improves Body Composition but not Functional Ability«, *Ann. Int. Med.* 124(8): 708-716, 1996.

Phillips, G. B.; Pinkernell, B. H. »The Association of Hypotestosteronemia with Coronary Artery Disease in Men«, *Arterioscler. Thromb.* 14: 701-706, 1994.

Pierpaoli, W.; Bulian, D.; Dall'Ara, A. »Circadian Melatonin and Young-to-Old Grafting Postpone Aging and Maintain Juvenile Conditions of Reproductive Functions in Mice and Rats«, *Exp. Gerontology* in press; Abstract: Third Int. Symp. on Neurobiology and Neuroendocrinology of Aging, 1996.

Pierpaoli, W.; Regelson, W. »Pineal Control of Aging: Effect of Melatonin and Pineal Grafting on Aging Mice«, *Proc. Natl. Acad. Sci.* USA 94: 787-791, 1994.

Pierpaoli, W.; Regelson, W. *The Melatonin Miracle.* New York: Simon and Schuster, 1995.

Pincus, G.; Hoagland, H. »Effects of Industrial Production of the Administration of delta 5 Pregnenolone to Factory Workers«, *I. Psychosomatic Med.* 7: 342-346, 1945.

Pincus, G.; Hoagland, H. »Effects of Administered Pregnenolone on Fatiguing Psychomotor Performances«, *J. Aviat. Med.* 15: 98-115, 1944.

Powrie, J.; Weissberger, A.; Sonksen, P. »Growth Hormone Replacement Therapy for Growth Hormone-Deficient Adults«, *Drugs* 49(5): 656-663, 1995.

Prior, J. C. »Progesterone as a Bone-Trophic Hormone«, *Endocrine Revs.* 11: 386-398, 1990.

Pritchett, J. W. »L-Dopa in the Treatment of Nonunited Fractures.« *Clin. Orthop.* 255: 293-300, 1990.

Regelson, W.; Coleman, C. *The Superhormone Promise.* New York: Simon and Schuster, 1996.

Reiter, R. J. »Pineal Function During Aging: Attenuation of the Melatonin Rhythm and its Neurobiological Consequences«, *Acta. Neurobiol. Exp.* 54: 31-39, 1994.

Reiter, R. J.; Tan, D. X.; Poeggeler, B.; et al. »Melatonin as a Free Radical Scavenger: Implications for Aging and Age-Related Diseases«, *Ann. N. Y. Acad. Sci.* 719: 1-12, 1994.

Roberts, G. »Dehydroepiandrosterone (DHEA) and its Sulfate (DHEAS) as Neural Facilitators: Effects on Brain Tissue in Culture and on Memory in Young and Old Mice. Acyclic GMP Hypothesis of Action of DHEA and DHEAS in Nervous System and Other Tissues«, *The Biologic Role of Dehydroepiandrosterone (DHEA)*, edited by M. Kalimi and W. Regelson. New York: Walter de Gruyter, 1990.

Rosen, T.; Bengtsson, B. A. »Premature Mortality Due to Cardiovascular Disease in Hypopituitarism«, *Lancet* 336: 285-288, 1990.

Rosen, T.; Johannsson, J. O.; Bengtsson, B. A. »Consequences of Growth Hormone Deficiency in Adults and the Benefits and Risks of Recombinant Human Growth Hormone Treatment«, *Horm. Res.* 43: 93-99, 1995.

Rudling, M.; Norstedt, EF.; Olivecrona, H.; Reiner, E.; et al. »Importance of Growth Hormone for the Induction of Hepatic Low Density Lipoprotein Receptors«, *Proc. Natl. Sci. USA* 89: 6983-6987, 1992.

Rudman, D.; et al. »Effects of Human Growth Hormone in Men over 60 Years Old«, *N. Eng. J. Med.* 323: 1-6, 1990.

Russel, R. »New Views on RDAs for Adults«, *Jour. Amer. Diet. Assoc.* 97(5): 515-518, 1997.

Russel-Jones, D. L.; Weissberger, A. H.; Bowes, S. B.; et al. »The Effect of Growth Hormone Replacement on Serum Lipid, Lipoproteins, Apolipoproteins and Cholesterol Precursors in Adult Growth Hormone Deficiency Patients«, *Clin. Endocrinol.* 41: 345-350, 1994.

Russel-Jones, D. L.; Weissberger, A. H.; Bowes, S. B.; Kelly, J. M.; et al. »The Effects of Growth Hormone on Protein Metabolism in Adult Growth Hormone Deficient Patients«, *Clin. Endocrinol. Oxf.* 38(4): 427-431, 1993.

Russell-Jones, D. L.; Weissberger, A. H.; Bowes, S. B.; et al. »Protein Metabolism in Growth Hormone Deficiency, and Effects of Growth Hormone Replacement Therapy«, *Acta. Endocrinol.* 128 Suppl. 2: 44-47, 1993.

Salomon, F.; Cuneo, R. C.; Hesp, R.; et al. »The Effects of Treatment with Recombinant HGH on Body Composition and Metabolism in Adults with Growth Hormone Deficiency«, *N. Eng. J. Med.* 321: 1797-1703, 1989.

Sandstrom, R.; Svanberg, E.; Hyltander, A.; Haglind, E.; et al. »The Effect of Recombinant Human IGF-1 on Protein Metabolism in Post-Operative Patients Without Nutrition Compared to Effects in Experimental Animals«, *Eur. J. Clin. Invest.* 25(10): 784-792, 1995.

Sano, M.; et al. »A Controlled Trial of Selegiline, Alpha-tocopherol, or Both as Treatment for Alzheimer's Disease«, *New Engl. Jour. Med.* 336(17): 1216-1222, 1977.

Schwartz, A. G.; Pashko, L. L. »Cancer Chemoprevention with the Adrenocortical Steroid Dehydroepiandrosterone and Structural Analogs«, *J. Cell. Biochem.* Suppl. 17G: 73-79, 1993.

Shealy, N. C. *DHEA: The Youth and Health Hormone.* New Canaan: Keats Publishing, Inc., 1996.

Snyder, D. K.; Underwood, L. E.; Clemmons, D. R. »Persistent Lipolytic Effect of Exogenous Growth Hormone During Caloric Restriction«, *Am. J. Med.* 98(2): 129-134, 1995.

Sonntag, W. E.; Forman, L. J.; Miki, N.; Trapp, J. M.; Gottschall, P. E.; Meites, J. »L-dopa Restores Amplitude of Growth Hormone Pulses in Old Male Rats to that Observed in Young Male Rats«, *Neuroendocrinology* 34(3): 163-168, 1982.

Sonntag, W. E.; Lenham, J. E.; Ingram, R. L. »Effects of Aging and Dietary Restriction on Tissue Protein Synthesis: Relationship to Plasma Insulin-like Growth Faktor-1«, *J. Gerontol.* 47(5): B159-163, 1992.

Spagnoli, A. »Long-term Acetyl-L-Carnitine Treatment in Alzheimer's Disease«, *Neurology, 41(11): 1726-1732, 1991.*

Stabler, S. »Vitamin B-12 Deficiency in the Elderly: Current Dilemmas«, *Amer. Jour. Cli. Nutri.* 66(4): 741-749, 1997.

Stiller, M. J.; Shupack, J. L.; Kenny, C.; Jondreau, L.; Cohen, D. E.; Soter, N. A. »A Double-Blind, Placebo Controlled Clinical Trial to Evaluate the Safety and Efficacy of Thymopentin as an Adjunctive Treatment in Atopic Dermatitis«, *J. Am. Acad. Dermatol.* 30(4): 597-602, 1994.

Stokkan, K. A.; Reither, R. J.; Nonaka, K. O.; Lerchl, A.; Yu, B. P.; Vaughn, M. K. »Food Restriction Retards Aging of the Pineal Gland«, *Brain Res. (Neth)* 545(102): 66-72, 1991.

Sundal, E.; Bertelletti, D. »Management of Viral Infections with Thymopentin«, *Arzneimittel-Forschung* 44(7): 866-871, 1994.

Thompson, J. L.; Butterfield, G. E.; Marcus, R.; Hintz, R. L.; et al. »The Effects of Recombinant Human Insulin-Like Growth Factor-1 and Growth Hormone on Body Composition in Elderly Women«, *J. Clin. Endocrinol. Metab.* 80(6): 1845-1852, 1995.

Thoræen, M.; Wivall-Helleryd, I. L.; Hall, K.; Department of Endocrinology, Karolinska Hospital, Stockholm, Sweden, »Effects of Recombinant Human Insulin-Like Growth Factor I Administration in Adults with Growth Hormone Deficiency«, *Acta Paediatr. Suppl.,* 1993 Mar, 388: 45-48.

Turturro, A.; Blank, K.; Murasko, D.; Hart, R. »Mechanisms of Caloric Restriction Affecting Aging and Disease«, *Ann. N. Y. Acad. Sci.* 719: 159-170, 1994.

Vollenhoven, R. F.; Engleman, E. G.; McGuire, J. L. »Dehydroepiandrosterone in Systemic Lupus Erythematosus«, *Arthr. Rheum.* 38(12): 1826-1831, 1995.

Wahlin, A.; et al. »Measurement of Folic Acid and Vitamin B12 in the Elderly. Low Serum Levels Result in Worse Memory«, *Lakaertidningen* 94(23): 2177-2182, 1997.

Walford, R. L.; Harris, S. B.; Gunion, M. W. »The Calorically Restricted Low-fat Nutrient-dense Diet in Biosphere 2 Significantly Lowers Blood Glucose, Total Leukocyte Count, Cholesterol, and Blood Pressure in Humans«, *Proc. Natl. Acad. Sci.* USA 89(23): 11533-37, 1992.

Weindruch, R.; Walford, R. L.; Fligiel, S.; Guthrie, D. »The Retardation of Aging in Mice by Dietary Restriction: Longevity, Cancer, Immunity and Lifetime Energy Intake«, *J. Nutr.* 116(4): 641-654, 1986.

Whitehead, H. M.; et al. »Growth Hormone Treatment of Adults with Growth Hormone Deficiency: Results of a 13-Month Placebo Controlled Cross-Over Study«, *Clin. Endocrinol.* 36: 45-52, 1992.

Wuster, C. H. R.; Slenczka, E.; Siegler, R. »Increased Prevalence of Osteoporosis and Arteriosclerosis in Conventionally Substituted Anterior Pituitary Insufficiency: Need for Additional Growth Hormone Substitution?« *Klin. Wochenschr.* 69(16): 769-773, 1991.

Yang, R.; Bunting, S.; Gillett, N.; Clark, R. G.; Jin, H. »Effects of Growth Hormone in Rats with Postinfarction Left Ventricular Dysfunction«, *Cardiovasc. Drugs Ther.* 9(1): 125-131, 1995.

Zhandova, I. V.; Wurtman, R. J.; Lynch, H. J.; et al. »Sleep-inducing Effects of Low Doses of Melatonin Ingested in the Evening«, *Clin. Pharmacol. Ther.* 57: 552-558, 1995.

Zhao, X.; Unterman, T. G.; Donovan, S. M. »Human Growth Hormone But Not Human Insulin-Like Growth Factor-1 Enhances Recovery from Neonatal Malnutrition in Rats«, *J. Nutr.* 125(5): 1316-1327, 1995.

Zubialde, J. P.; Lawler, F.; Clemenson, N. »Estimated Gains in Life Expectancy with the Use of Postmenopausal Estrogen Therapy: A Decision Analysis«, *J. Fam. Prac.* 36: 271-289, 1993.

Register